Gigi Tomasek · Birgit Claire Engel

Hallo Tarzan!

Gigi Tomasek • Birgit Claire Engel

Hallo Tarzan!

Durch bessere Kommunikation zu einer glücklichen Beziehung

Die PowerConnections®-Methode

Wunderlich

5. Auflage Oktober 2009

Illustrationen Donald Rae
Satz Proforma PostScript QuarkXPress
bei KCS GmbH, Buchholz bei Hamburg
Druck und Bindung CPI – Clausen & Bosse, Leck
Printed in Germany

ISBN 978 3 8052 0761 4

Inhalt

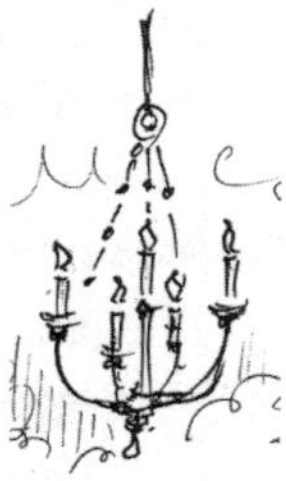

Sie wollen eine glückliche Beziehung? Werden Sie sein Coach!

Der Mann, den Sie gerade küssen, könnte schon bald Ihr Märchenprinz sein. Das glauben Sie nicht? Weil es mit ihm längst nicht mehr so romantisch ist wie früher, weil seine Aufmerksamkeit deutlich nachgelassen hat und, vor allem, weil er Sie einfach nicht versteht?

Tatsache ist: Männer können Frauen nicht verstehen. Wie denn auch? Wir wissen mittlerweile, dass Männer vom Mars kommen und völlig anders gestrickt sind als wir: Wenn sie Probleme haben, greifen sie nicht zum Telefon, um ihren besten Freund anzurufen, sondern machen Überstunden, oder sie vergraben sich stundenlang hinterm heimischen Computer. Und das liegt nicht an ihrer Erziehung, sondern daran, dass ihr Gehirn anders funktioniert: männlich eben.

Frauen wollen verstanden werden.
Männer wollen akzeptiert werden.

Das Hauptthema von Männern ist es, akzeptiert zu werden. In einer Partnerschaft ist das für sie ganz besonders wichtig. Draußen in der Welt muss Ihr Partner täglich neue Probleme in den Griff kriegen und erfolgreich sein. Zu Hause will er nicht auch noch unter Leistungsdruck stehen. Er will entspannen – und einfach so akzeptiert werden, wie er ist. Und während da draußen lauter andere Männer de facto erfolgreicher sind als er, will er zumindest an einem Ort auf der Welt der Größte sein: bei Ihnen!

Nun, Sie haben auch eine Menge um die Ohren, und alles, was Sie sich wünschen, ist ein bisschen mehr Verständnis und Einfühlungsvermögen von seiner Seite. Wenn Sie frustriert und erschöpft sind, sehnen Sie sich danach, in seinen Armen zu liegen und sich Ihren Kummer von der Seele reden zu können. Sie brauchen Streicheleinheiten, keine Ratschläge! Doch das mitfühlende Zuhören und wortlose Verstehen, das Sie von Ihren Freundinnen gewohnt sind, liegt ihm nun mal nicht. Er denkt, es sei das Beste, Sätze zu sagen wie: «Komm schon, so schlimm kann es doch gar nicht sein!» Das macht Sie rasend. Natürlich ist es schlimm! Und nun ist es noch viel schlimmer, weil er Sie partout nicht verstehen will. Er ist irritiert. «Jetzt hab ich ihr den besten Tipp gegeben, den ich kenne, und sie wird sauer auf mich!», denkt er. Er versucht nochmal, Ihnen den Frust zu nehmen, in der Annahme, Ihnen damit einen Gefallen zu tun. Und bekommt wieder einen auf den Deckel: «Du bist so unsensibel!»

Nun sind Sie beide frustriert. Keiner hat bekommen, was er will: Er versteht Sie einfach nicht, und Sie akzeptieren seine Art nicht. Das ist der Grundkonflikt. Und hier ist die Lösung:

Werden Sie sein Coach!

Männer wollen ihre Partnerinnen glücklich machen. Oft wissen sie aber nicht, wie. Denn sie denken und fühlen komplett anders als wir. Sie sind von Natur aus dazu gemacht, gewinnen zu wollen und schnurstracks aufs Ziel zuzumarschieren. Schwäche zu zeigen würde bedeuten, sich angreifbar zu machen und den Glauben an sich selbst zu verlieren. Das ist das Schlimmste, was einem Mann passieren kann.

Deshalb verleugnen Männer ihre Gefühle und stehen ratlos davor, wenn wir jammern und unseren Gefühlen hemmungslos freien Lauf lassen. In solchen Momenten machen sie sich ernsthaft Sorgen um uns und unseren Geisteszustand. Für sie ist es rätselhaft, wie man sich dermaßen gehen lassen kann, ohne psychisch Schaden zu nehmen! So tun sie alles, um uns abzulenken und unsere Probleme herunterzuspielen. Und haben nicht die leiseste Ahnung, was wir meinen, wenn wir sagen: «Versteh mich doch endlich!»

Wenn Sie wollen, dass ein Mann Ihnen zuhört, müssen Sie ihn zuallererst so akzeptieren, wie er ist. Mit allen seinen Stärken und Schwächen. Und dann können Sie ihn coachen, Ihnen zuzuhören.

Männer lassen sich gern coachen. Sie kennen es vom Sport, z. B. vom Fußball, und vom Berufsleben. Männer wollen gewinnen, und deshalb hören sie auf ihren Coach.

Ein guter Coach motiviert seine Spieler, indem er immer fest daran glaubt, dass sie Erfolg haben werden. Das gibt ihnen Selbstvertrauen. Fehler zu machen ist okay, dann versucht man's eben nochmal. Ein guter Coach ist auf der Seite seines Teams. Er spielt keine Spielchen mit seinen Leuten, sondern gibt klare Instruktionen und sorgt dafür, dass sie Spaß bei der Sache haben. So schafft er ein Klima, in dem sie über sich hinauswachsen. Deshalb bewundern, respektieren und vertrauen Männer ihrem Coach. Für ihn geben sie alles.

Sie können den gleichen Zugang zu Ihrem Mann haben: Behandeln Sie ihn wie ein guter Coach.

Sie können ihn in allem coachen.

Praktisch auf jedem Gebiet funktioniert diese Methode. Sie können ihn coachen, romantisch zu sein, wieder neugierig auf Sie zu werden, Haushaltspflichten mit Ihnen zu teilen, an Ihren Geburtstag zu denken, Sie gern gehen zu lassen, wenn Sie mal was ohne ihn vorhaben, und Sie herzlich in Empfang zu nehmen, wenn Sie zurückkommen. Sie können ihm sogar beibringen, in welchem Ton er mit Ihnen spricht, wie er Ihnen zuhört, wie er im Gespräch auf Sie eingeht, wie er Sie im Bett verwöhnt ... was immer Ihr Herz begehrt!

Warum coacht er sich nicht selbst? Männer sind zwar interessiert an einer Beziehung, aber wie wir alle wissen, gehört es nicht gerade zu ihren Stärken, eine Partnerschaft aufzubauen und lebendig zu halten. Ihre Stärken liegen woanders, wie wir später sehen werden – und da können dann wir Frauen eine Menge von ihnen lernen.

Natürlich sind für eine Beziehung beide Partner gleichermaßen verantwortlich. Doch damit die Liebe funktioniert, braucht es Know-how und viel gute Pflege. Und darin sind wir Frauen von Natur aus die Experten.

Auch Sie haben das Zeug dazu, ein guter Coach zu sein!

Wer das Wissen hat, hat auch die Verantwortung. Wenn Sie eine starke und glückliche Beziehung wollen, müssen Sie akzeptieren, dass die Qualität Ihrer Partnerschaft zu hundert Prozent in Ihren Händen liegt. Sie denken, das ist unfair? Sie haben Recht. Und nun? Sie können sich darüber ärgern, oder Sie können das Beste daraus machen. Sehen Sie's einfach ganz pragmatisch: Wenn Sie ein gutes Leben haben wollen, krempeln Sie die Ärmel hoch und legen Sie los!

Keine Sorge, Sie haben von Natur aus das Talent dazu, ein großartiger Coach zu sein. Und Sie haben bereits eine Menge Erfahrung. Sie coachen Männer nämlich schon, seit Sie auf der Welt sind: Ihren Vater, Ihren Bruder, Ihre Freunde und alle anderen Männer, die seitdem in Ihr Leben getreten sind. Wenn Sie mit Ihrem Coaching-Stil bisher nicht die Resultate erzielt haben, die Sie sich wünschen, dann sollten Sie Ihre Herangehensweise ändern.

Probieren Sie es einfach aus.
Sie können nur gewinnen.

In diesem Buch werden Sie professionelle Coaching-Skills kennen lernen, das sind Trainingsfertigkeiten, mit denen Sie die besten Seiten Ihres Partners zum Vorschein bringen können. Diese Skills funktionieren mit allen Männern, zum Beispiel mit Ihrem Sohn, Ihrem Chef, bei Kollegen, Mitarbeitern, Kunden oder Geschäftspartnern. Alle Ihre Beziehungen, privat oder beruflich, werden davon profitieren, wenn Sie diese Skills anwenden.

Die Methode, die wir Ihnen in diesem Buch vorstellen, heißt PowerConnections®, was auf Deutsch «starke Verbindungen» bedeutet. Tausende Frauen weltweit haben es mit dieser Methode bereits geschafft, ihre Beziehungen mit Männern von Grund auf zu erneuern – Sie können das auch!

Die PowerConnections®-Skills bauen aufeinander auf. Um beste Resultate zu erzielen, brauchen Sie alle sieben. Doch schon wenn Sie die ersten Skills anwenden, werden Sie erleben, dass die Verbindung zu Ihrem Partner deutlich stärker wird.

Erwarten Sie allerdings nicht, dass alle Probleme über Nacht gelöst werden. Für Beziehungen gibt es keine Schnellreparatur. Die PowerConnections®-Methode funktioniert ganz allmählich, ein Schritt nach dem anderen. Und in ein paar Monaten blicken Sie zurück und denken sich: Meine Güte, das habe ich schon alles erreicht? Unglaublich!

Vielleicht fragen Sie sich jetzt, wie Sie die Veränderungen, die Sie sich wünschen, alleine schaffen sollen?

Die Antwort ist: Sie sind nicht allein. Da draußen sind viele Frauen, die etwas ändern wollen. Dabei können Sie sich gegenseitig unterstützen! Sie könnten zum Beispiel mit Ihren Freundinnen eine PowerConnections®-Gruppe gründen. (Wie das geht, erfahren Sie auf unserer Website www.powerconnections.info) Viel Spaß macht es auch, einen der regelmäßig stattfindenden PowerConnections®-Coachingabende in Ihrer Nähe zu besuchen oder an einer telefonischen Coachinggruppe teilzunehmen.

Wenn Sie gute Beziehungen mit Männern wollen, brauchen Sie zuerst produktive Beziehungen mit Frauen.

Wir Frauen lieben es, uns gegenseitig unsere Beziehungsgeschichten zu erzählen. Wenn wir zusammenkommen und unsere Erfahrungen austauschen, entspannen wir («Ahh, tut das gut, sie versteht mich!») und laden unsere Batterien wieder auf. Wir erleben Nähe und menschliche Wärme.

Doch Sie kennen es wahrscheinlich selbst: Zu viel Beziehungsdrama mag man auch nicht hören. Wie können wir uns gegenseitig aus unseren Opferfilmen herausholen? Mit den PowerConnections®-Skills. Denn die funktionieren auch für uns selbst.

Wenn Frauen keine Lust mehr auf unproduktive Dramen haben und neugierig darauf werden, wie es auch anders gehen könnte, nehmen die Dinge oft eine Wendung, die man sich zwar gewünscht, aber kaum für möglich gehalten hätte. Einige dieser Geschichten werden wir Ihnen im Laufe des Buches erzählen. Zum Beispiel,

- wie Anja ihren Ehemann dazu brachte, die Weingläser sorgfältiger zu spülen;
- wie Tiffany ihrem Partner abgewöhnte, sie zu vernachlässigen;
- wie Birgit ihren Freund zurückgewann;
- wie Ritas Freund seine Bedenken überwand, mit ihr zusammenzuziehen, und nun glücklich mit ihr zusammenlebt;
- wie Silke ihren Freund animierte, wieder Spaß an Romantik zu haben und auch selbst dafür zu sorgen;
- wie Heike ihren Mann motivierte, ihr ihre Traumküche zu kaufen;

- wie Madeleine sich bei ihren männlichen Kollegen Respekt verschaffte;
- wie Petra ihren Mann inspirierte, ihr ein Wochenende in einem Wellnesshotel zu schenken;

Das klingt alles zu schön, um wahr zu sein? Nun, wir kennen die Frauen persönlich, die dies geschafft haben, und was immer Sie sich wünschen – Sie können es auch erreichen. Haben Sie Vertrauen, selbst wenn es nicht gleich so klappt, wie Sie es gern hätten. Nehmen Sie den Erwartungsdruck raus. Oft laufen die Dinge anders als gedacht, und wir sehen erst viel später am Endresultat, dass es genau so am allerbesten war!

Stimmen Sie unseren Ideen bitte nicht voreilig zu, aber lehnen Sie sie auch nicht ab. Experimentieren Sie damit und beobachten Sie, was funktioniert.

Es ist wichtig, dass Sie offen und unvoreingenommen mit dem umgehen, was Sie lesen werden. Stimmen Sie unseren Ideen bitte nicht sofort zu und lehnen Sie sie auch nicht voreilig ab. Probieren Sie unsere Vorschläge einfach aus. Machen Sie Ihre eigenen Erfahrungen.

Gehen Sie an die Sache heran wie an ein wissenschaftliches Experiment: Legen Sie einen Versuchszeitraum fest (ein guter Zeitraum sind sieben Monate), in dem Sie die neue Methode konsequent anwenden und beobachten, welche Resultate Sie damit erzielen. Anschließend ziehen Sie Ihr Resümee: Was hat mir gute Ergebnisse gebracht, was nicht? Werfen Sie weg, was für Sie nicht funktioniert, und behalten Sie bei, was für Sie gut klappt.

Wir empfehlen Ihnen, sich jeden Monat eine der sieben Skills vorzunehmen und sie Tag für Tag ganz bewusst einzusetzen. Es braucht dreißig Tage, bis sich eine neue Gewohnheit entwickelt, und je mehr Übung Sie haben, desto virtuoser werden Sie als Coach. Gehen Sie mit Neugier und Experimentierfreude ans Werk, dann öffnet sich Ihnen eine völlig neue Welt!

Gigis Geschichte: PowerConnections® – Wie alles begann

Bevor es mit den Coaching-Skills losgeht, würde ich Ihnen gern meine Geschichte erzählen. Ich hatte den gleichen Einwand wie Sie: Warum soll immer ich den ersten Schritt machen, damit unsere Beziehung besser funktioniert? Das ist unfair! Ich tue sowieso schon so viel dafür. Er muss doch selbst sehen, dass es so nicht geht. Er sollte sich ein bisschen mehr Mühe geben und endlich einsehen, dass er auf dem falschen Weg ist … Bis ich schließlich erkannte, dass genau diese Einstellung mich von allem trennte, was ich mir wünschte.

1987 gründeten mein damaliger Ehemann und ich zusammen ein Unternehmen, das Kommunikations- und Selbstverwirklichungstrainings für Führungskräfte aus aller Welt anbot. In unserer Zusammenarbeit gab es Phasen, in denen die Verbindung zwischen uns so stark war, dass die Luft um uns herum vor Energie und Inspiration nur so vibrierte. Dann arbeiteten wir Hand in Hand, hatten die besten Ideen und waren extrem produktiv.
Doch es kam immer wieder zum Streit, oft aus heiterem Himmel. Eines Tages, wir waren gerade mitten in einer heftigen Auseinan-

dersetzung, fiel mir plötzlich ein Satz ein, den mein Partner irgendwann einmal während eines Seminars zu einem Klienten gesagt hatte:

«Willst du Recht haben?
Oder willst du reich sein?»

Das war's doch! Hier waren zwei Leute, die beide glaubten, Recht zu haben, und sich dabei selbst im Wege standen. Ich klinkte mich also aus der Auseinandersetzung aus und zog mich zurück, um nachzudenken. Als ich erkannte, welch hohen Preis wir für unsere Kämpfe zahlten, war ich schockiert:
Wir verloren unsere positive Ausstrahlung und hatten kaum noch Spaß an der Arbeit. Unsere Energie nahm ab. Bis jeder von uns seinen gewohnten Produktivitätslevel wieder erreicht hatte, dauerte es meist drei bis vier Tage, und das bedeutete: Uns entging eine Menge Geld, das wir in dieser Zeit hätten verdienen können. Schlimmer noch war der Vertrauensverlust: Wir brauchten bis zu zehn Tage oder länger, bis wir den Groll aufeinander überwunden hatten und wieder in Verbindung waren.

Streit kostet Energie, Vertrauen, Nähe,
Ausstrahlung, Produktivität und Geld.

So konnte es nicht weitergehen! Wenn es also nicht klappte, unsere Standpunkte auszudiskutieren – was konnte dann funktionieren? Ich beschloss, beim nächsten Mal die Dynamik zwischen uns einmal ganz nüchtern zu beobachten.
Ich musste nicht lange warten. Bereits am nächsten Morgen erzählte er mir, wie so oft, von einer neuen Idee für unser Unternehmen. In meinen Augen war und ist er einer der brillantesten Denker dieser Zeit. Trotzdem, in solchen Momenten zählte für mich nur das, was ich sah, und das waren all die Punkte, wo etwas schief gehen konnte. Also mischte ich mich ein und machte ihn darauf aufmerksam. Ich hatte kaum ausgeredet, da unterbrach er mich und argumentierte in die genau entgegengesetzte Richtung.

Bisher war ich an diesem Punkt immer ziemlich sauer geworden. Warum sah er nicht, dass ich es gut meinte? Mit meinen Hinweisen wollte ich ihm doch nur helfen, keinen Fehler zu machen.

Zweifel unterstützen nicht.
Zweifel trennen.

Was erreichte ich damit? Gerade war er noch voller Enthusiasmus gewesen, jetzt war sein Strahlen wie fortgeblasen, und sein Gesicht sah angespannt aus. Ich versetzte mich für einen Moment in ihn hinein. Und sah, dass er nicht gegen mich kämpfte, sondern nur seine Idee verteidigte. Jetzt ging mir auf, dass ich alles andere als unterstützend gewesen war. Ursprünglich war er kreativ, kooperativ und gut gelaunt gewesen. Doch dann hatten meine Zweifel ihn heruntergezogen. Jetzt war er im Kampfmodus und misstraute mir. Wie konnte ich ihn da wieder herausholen?
Um ihn wirklich zu unterstützen, musste ich aufhören, ewig skeptisch zu sein, und stattdessen wie ein Coach handeln: nüchtern und professionell. Schließlich war das auch mein Beruf, und die Frage, die ich sonst meinen Klienten stellte, stellte ich mir nun selbst:

«Was willst du erreichen?»

Die Antwort war klar: «Ich will eine starke Verbindung, Spaß, Geld und eine gute, vertrauensvolle Zusammenarbeit!»
Wie konnte ich den Druck, der sich zwischen uns aufgebaut hatte, mildern, sodass wir diesmal nicht tagelang sauer aufeinander sein würden?
Ich entschied mich nachzugeben, denn ich spürte, dass das für mich leichter war als für ihn. Sie können sich sicher vorstellen, dass mich das einige Überwindung kostete! Doch nachdem der innere Schritt einmal gemacht war, ging alles wie von selbst. Ich lehnte mich zurück, entspannte mich und bat meinen Partner, mir seine Idee noch einmal zu schildern. Diesmal war ich wirklich neugierig (meine Einwände hatte ich für eine Weile beiseite

gestellt). Ich hörte interessiert zu, ohne ihn zu unterbrechen. Und siehe da, er wurde immer lebendiger. Sein Enthusiasmus kehrte zurück! Wir waren wieder in Verbindung. Nach einigen Tagen kam er übrigens von allein von der Idee ab. Ohne, dass wir uns deshalb hatten streiten müssen. Jetzt verstand ich es endlich: Seine Kreativität funktionierte besser, wenn er laut über seine Ideen nachdenken und verschiedene Szenarien durchspielen konnte.

Von nun an hütete ich mich davor, mich in seine Gedankenprozesse einzumischen. Ich blieb professionell, egal, was geschah.

Manchmal suchte er das Gespräch, wenn er aufgebracht über irgendetwas war und Luft ablassen wollte. Wenn ich sah, dass er unter Druck stand, ließ ich ihn ausreden und lenkte dann seine Aufmerksamkeit auf Dinge, auf die er neugierig war. Oder ich zog mich freundlich aus der Affäre: «Ich muss ein Training vorbereiten. Können wir heute Abend darüber sprechen?» Meist hatte sich die Sache bis dahin schon erledigt, und es ging ihm wieder gut.

Wenn ich in irgendeiner Sache relevante Informationen für ihn hatte, sprach ich nur dann darüber, wenn er es wirklich wissen wollte: «Ich sehe da etwas, das könnte für dich nützlich sein. Willst du es hören?» Ich beschloss, dass es mir völlig egal war, was er mit diesen Informationen machte. Manchmal hörte er auf mich, manchmal nicht. Ich nahm das nicht mehr persönlich. Langfristig kostete es mich nämlich viel mehr, im Unfrieden mit ihm zu sein. Solange ich mich eingemischt hatte, war *ich* das Problem gewesen – was mir nur Ärger und Stress eingebracht hatte. Den hatte ich jetzt nicht mehr. Denn nun traf er seine Entscheidungen allein und war für die Folgen selbst verantwortlich. So lernen Menschen sowieso am besten.

Meine Einstellung sah nun so aus: «Okay, du willst das tun? Hier sind die Dinge, die ich sehe. Entscheide selbst, was du damit anfängst. Was immer du tun wirst, ich stehe hinter dir und unterstütze dich.»

Wenn ein Mann oft genug erlebt, dass er keine Kritik zu befürchten hat, wird er seine Verteidigungshaltung aufgeben und sich öffnen.

Nach rund zwei Monaten fing er an, mich ausdrücklich um meine Meinung zu bitten, und nahm ernst, was ich ihm sagte. Nun wurde unsere Verbindung unglaublich produktiv: Weil er bei mir erlebte, dass ich ihm zuhörte, ohne ihn zu kritisieren, begann er, auch mir zuzuhören. Unser gegenseitiges Vertrauen wuchs. Ich coachte ihn, er coachte mich.

Er lernte zu erkennen, wann es besser war, innezuhalten, statt vorauszupreschen, weil er es sich bei mir abgeschaut hatte. Ich lernte von ihm, meine Neigung, mich um alles zu kümmern (mich in alles einzumischen!), beiseite zu stellen und mich aufs Wesentliche zu konzentrieren. Er lernte, empfänglich zu sein; ich lernte, zielorientiert zu handeln – und dabei entspannt zu bleiben. Innerhalb eines Jahres kletterte unser Umsatz von einer halben Million auf eineinhalb Millionen Dollar.

Wir können von Männern lernen, wie Business funktioniert. Männer können von uns lernen, wie Partnerschaft funktioniert.

Eines Tages zeigte mein Partner mir einen Zeitungsartikel, in dem es um einen Mann ging, der mit Pferden in ihrer Sprache kommunizierte – um Monty Roberts, den Pferdeflüsterer. Dieser Mann hat die einzigartige Gabe, jedes scheue, störrische oder aggressive Pferd so zu beruhigen, dass es schon nach wenigen Minuten bereitwillig mit Menschen kooperiert und Dinge tut, vor denen es gerade noch panisch davongelaufen ist.

«Gigi, wenn ihr Frauen uns Männer so gütig und einfühlsam behandeln würdet, wie dieser Mann mit seinen Pferden umgeht – weißt du, wir Männer wären viel kooperativer. Das würde zu wirklich starken Verbindungen zwischen den Geschlechtern führen!» Ich war wie elektrisiert. Was für ein spannender Gedanke!

Mein Partner hatte bereits weiter gedacht: «Stell dir vor, du würdest diese Idee aufnehmen und auf der Grundlage unserer Trainingsmethode ein Seminar entwickeln, in dem Frauen lernen, besser mit ihren Männern zurechtzukommen! Wie würde dieses Seminar aussehen?»
In den folgenden Tagen ließ mich Martins Idee nicht mehr los. Konnte es sein, dass es nicht nur eine «Pferdesprache», sondern auch eine Art «Männersprache» gab? Wie funktionierten Männer eigentlich? Wie dachten und fühlten sie? Die ermutigenden Erfahrungen mit meinem Partner machten mich neugierig, weiter in diese Richtung zu forschen.
Einige Monate später lief mein neues Seminar zum ersten Mal. Es hieß «How to train your man®» – «Wie Sie Ihren Mann trainieren» und war sofort ein Hit. Zwar gefiel manchen Leuten der Titel überhaupt nicht, und mir war bewusst, er war frech und politisch mehr als unkorrekt. Aber er funktionierte. Wann immer Frauen davon hörten, unterbrachen sie das, was sie gerade taten, und fragten mich, worum es in meinem Seminar ging.
«In diesem Seminar können Sie herausfinden, wie Ihr Verhalten auf Ihren Partner wirkt», sagte ich ihnen dann, «nämlich, ob Sie ihn aufbauen oder herunterziehen! Sich das einmal ehrlich anzuschauen kann schockierend sein, aber auch sehr heilsam. Wenn Sie anfangen, so ermutigend mit Ihrem Mann zu sprechen wie ein guter Coach, werden Sie neues Vertrauen aufbauen. Und dann haben Sie die Basis, um Ihre Beziehung mehr und mehr nach Ihren Wünschen zu gestalten!»

Im Laufe der Jahre entwickelte ich das Training weiter und benannte es 1998 um in PowerConnections® – die Kunst, starke Verbindungen aufzubauen. Gleichzeitig begann ich, Trainerinnen auszubilden, die heute die tragenden Säulen im ständig wachsenden internationalen PowerConnections®-Netzwerk sind.
Es gibt zwei Dinge, die mich an unserer Arbeit besonders begeistern: dazu beizutragen, dass kraftvolle, kooperative Verbindun-

gen zwischen Frauen und Männern entstehen und Familien und Unternehmen besser funktionieren. Und der Kontakt zu großartigen Frauen rund um die Welt, die Möglichkeit, unsere Beobachtungen, Aha-Erlebnisse und Erfolge miteinander zu teilen.

Vielleicht finden Sie immer noch, dass Ihr Partner einlenken und Ihnen entgegenkommen sollte. Wollen Sie Recht haben oder wollen Sie glücklich sein? Ich sage Ihnen: Es ist viel interessanter und lohnenswerter, wenn Sie selbst den ersten Schritt machen!

1. Coaching-Skill: *Beobachten*

Wir glauben, wir wüssten alles.
In Wahrheit wissen wir nichts.

Sie wollen Ihren Mann coachen? Dann fangen Sie bei sich selbst an: Machen Sie einen Spaziergang. Allein. Seien Sie ganz präsent und nehmen Sie Ihre Umgebung wahr. Was sehen Sie?

Vielleicht bemerken Sie heute zum ersten Mal ein Vogelnest, das schon lange in diesem Baum hängt, doch Sie sind immer daran vorbeigelaufen. Mit Menschen sind wir oft ähnlich unaufmerksam: Wir begegnen jemandem, sagen «Hallo, wie geht's?», unterhalten uns kurz miteinander, doch wir nehmen einander nicht wirklich zur Kenntnis. Oft sind wir so absorbiert von unseren eigenen Gedanken, dass wir nur automatisch reagieren. Solche Begegnungen hinterlassen ein flaches, unbefriedigendes Gefühl.

Im Moment glauben Sie sicher, dass Sie Ihren Partner, Ihre Kollegen oder Ihre Kinder kennen. Wann waren Sie das letzte Mal wirklich interessiert an ihren Antworten und haben ihnen wirklich zugehört? Mit der ersten Coaching-Fertigkeit, *Beobachten*, beginnen Sie, Menschen auf eine ganz neue Art und Weise zu sehen – vor allem Ihren Partner.

Wachen Sie auf!
Seien Sie aufmerksam und gehen Sie auf Empfang.

Wenn Sie ihn das nächste Mal treffen, gehen Sie ganz bewusst auf Empfang – genauso wie bei Ihrem Spaziergang. Wenn Sie Ihren Partner aufmerksam anschauen, werden Sie viele Informationen erhalten, die Ihnen im Alltagstrubel leicht entgehen. Vielleicht sieht sein linkes Auge etwas müde aus. Oder seine Lippen sind schmaler geworden. Es ist immens wichtig, diese Informationen nicht zu interpretieren oder zu bewerten.

Warum ist *Beobachten* eine Coaching-Fertigkeit? Weil Sie für eine tiefe Verbindung zu einem anderen Menschen klare Informationen über ihn brauchen. Nur sieben Prozent unserer Kommunikation geschehen durch Worte. Die nonverbale Kommunikation ist viel mächtiger und direkter. Als angehender Coach müssen Sie lernen, nonverbale Signale objektiv zu lesen. Das braucht Übung und Selbstdisziplin.

Denn wir sind es gewohnt, das, was wir sehen, sogleich zu interpretieren. Das führt leicht zu Missverständnissen und Konflikten. Was bedeutet es zum Beispiel, wenn jemand mit verschränkten Armen dasitzt? Nach traditionellem psychologischem Verständnis würde man sagen: Dieser Mensch ist verschlossen, er hat sich auf sich selbst zurückgezogen. Ist das wirklich wahr? Vielleicht ist dieser Person ganz einfach kalt. Oder sie ist gerade dabei, sich selbst zu umarmen. Was genau in dieser Person abläuft – wir wissen es nicht!

Interpretieren und bewerten Sie nicht.

Ebenso wenig können Sie wissen, warum zum Beispiel das Auge Ihres Mannes müde aussieht. Selbst wenn er Ihnen sagt, er habe letzte Nacht schlecht geschlafen, wäre es eine Interpretation, wenn auch seine eigene. Genauso gut kann es sein, dass er deprimiert ist. Was auch immer die wahre Ursache ist – Sie kennen sie nicht. Das müssen Sie sich klar machen.

Sprechen Sie nicht mit ihm darüber, dass Sie sich gerade im Beobachten üben. Machen Sie kein Aufhebens darum. Behalten Sie das, was Sie sehen, für sich. Trainieren Sie *Beobachten* ganz entspannt und diskret, bis es sitzt. Diese Coaching-Fertigkeit sieht nicht sehr spektakulär aus, doch sie ist die Grundlage, auf der Ihr Erfolg ruhen wird.
Waren Sie schon einmal in einer Situation, in der Sie das Geschehen um sich herum aus einer Beobachterposition wahrgenommen haben und emotional nicht involviert waren in das, was da passierte? Man kann als Beobachter eine klare Wahl treffen. Man kann wählen, ob man das Glas halb leer oder halb voll sehen will. Zu beobachten heißt, die Dinge aus einer gesunden inneren Distanz zu betrachten. Das befreit von den vorgefassten Annahmen, die man über sich selbst und den Partner hat.

Wenn Sie mit der Haltung eines Beobachters unterwegs sind, nehmen Sie all die kleinen Dinge nicht länger persönlich.

Für Katrin brachte das eine enorme Erleichterung: «Bisher hatte ich immer gedacht, mein Partner ist sauer auf mich, wenn er mit verschränkten Armen vor mir saß. Das machte mich unsicher und misstrauisch, und früher oder später stritten wir uns dann. Mittlerweile, wenn er mal so dasitzt, denke ich nur: ‹Hm, er hält die Arme verschlossen.› Mehr nicht. Ich bin lockerer geworden, und das tut unserer Liebe richtig gut.»
Nicht seine Körpersprache, sondern ihre Interpretation hatte die Verbindung unterbrochen. Weil Katrin aufhörte, das Verhalten ihres Freundes zu bewerten, änderte sich ihr inneres Bild von ihm. Sie sieht ihn nicht länger als schuldig, sondern als unschuldig. Ihr Herz bleibt offen für ihn. Das hält die Verbindung stark.

Sie coachen ihn mit Ihren Gedanken.
Denn was Sie über ihn denken, teilt sich ihm mit.
Nonverbal.

Sozialpsychologische Studien haben ergeben, dass Menschen einander nach ihren Erwartungen formen. Bewusst oder unbewusst kommunizieren wir mit unzähligen subtilen Hinweisen, was wir von unserem Gegenüber denken: Wir neigen den Kopf leicht, heben unsere Augenbrauen, weiten die Nasenflügel, ziehen die Mundwinkel hoch, … unsere gesamte Mimik und Körperhaltung spricht Bände. Diese Kommunikation erreicht andere auf direktem Wege, und zwar über das Unterbewusstsein. Menschen neigen unwillkürlich dazu, den Botschaften anderer zu entsprechen, indem sie ihr Verhalten daran ausrichten.

Dieses Phänomen wird *Der Pygmalion-Effekt* genannt – angelehnt an das Theaterstück *Pygmalion* von George Bernard Shaw, in dem Professor Higgins versucht, ein Blumenmädchen durch Sprach- und Benimmtraining in eine Lady zu verwandeln. «Sehen Sie», sagt Eliza Doolittle, «abgesehen davon, was jeder leicht erlernen kann (wie man sich kleidet, wie man ordentlich spricht und so weiter), liegt der Unterschied zwischen einer Lady und einem Blumenmädchen nicht in ihrem Benehmen, sondern wie man sich ihr gegenüber benimmt. Für Professor Higgins werde ich immer ein Blumenmädchen sein, weil er mich immer wie ein Blumenmädchen behandelt. Aber ich weiß, dass ich für Sie, Oberst Pickering, eine Lady sein kann, weil Sie mich immer wie eine Lady behandeln.»

Wie behandeln Sie Ihren Partner? Was denken Sie über ihn? Solange Sie schlecht von ihm denken, werden Sie immer etwas an ihm auszusetzen haben. Und ihm damit unterstellen, sich nicht genug Mühe zu geben oder Sie nicht wirklich zu lieben. Irgendwann tut er's dann vielleicht wirklich nicht mehr. Und das nur wegen irgendwelcher Kleinigkeiten, die Sie persönlich genommen haben …

Wenn Sie das Beste von ihm denken, motiviert ihn das, diesem Bild zu entsprechen.

Deshalb ist es so wichtig, dass Sie aufhören, Dinge persönlich zu nehmen. Er ist anders als Sie, und jetzt müssen Sie das, was Sie bisher über Ihren Partner im Besonderen oder über die Männer im Allgemeinen gedacht haben, erst mal über Bord werfen. Viel Spaß beim mentalen Großreinemachen!

1. Coaching-Skill: Beobachten

Hier ist Ihr Trainingsprogramm für die nächsten 4 Wochen:

Nehmen Sie sich jeden Tag eine Dreiviertelstunde Zeit, in der Sie ganz für Ihren Partner da sind. Machen Sie kein Aufhebens darum. Vielleicht bleiben Sie nach dem Abendessen noch etwas am Tisch sitzen und unterhalten sich mit ihm, oder Sie machen einen Spaziergang zusammen. Richten Sie Ihre Aufmerksamkeit nicht auf ihn (das ist Männern meistens unangenehm), sondern

- auf das, wovon er Ihnen erzählt,
- was Sie gerade zusammen erleben oder
- was Sie tun (zum Beispiel ihm die Schultern massieren).

Wenn er etwas anderes vorhat, auch gut, dann seien Sie aufmerksam und zugewandt, wenn Sie ihn verabschieden und wenn er heimkommt.

Was auch immer geschieht, grübeln Sie nicht darüber nach, sonst bleibt Ihre Aufmerksamkeit stecken. Fließen Sie mit dem, was geschieht. Sie können verspielt, humorvoll, zärtlich, kontrovers oder provokant sein. Hauptsache, Sie sind natürlich. Und zwischendurch gehen Sie immer wieder in Ihre Beobachter-Haltung. Da wollen Sie nichts, da wissen Sie nichts, da sind Sie einfach auf Empfang. Sie sind achtsam, interessiert, gelassen und gütig.

Ihre Beziehung bekommt viel Saft, wenn Sie Ihrem Partner echte Aufmerksamkeit schenken.

Bei allem, was Sie sehen oder hören, sagen Sie sich innerlich: «Interessant!» Nehmen Sie es einfach wahr, ohne es zu bewerten. Machen Sie sich klar: Es geht nicht darum zu wissen, warum er dieses tut und jenes lässt. Oder warum er gerade diese oder jene Laune hat. Es geht einfach darum, jetzt für ein Weilchen *Beobachten,* Ihre neue Coaching-Fertigkeit, zu üben.
Bleiben Sie bei sich. Machen Sie sich locker. Genießen Sie es!

Birgits Geschichte: Mein erstes Mal

«Was ist die Frage, die Männer am meisten bewegt?» Gigi Tomasek schaute interessiert in die Runde.

«Wann gibt's was zu essen?», rief eine Frau, und gleich darauf kamen aus verschiedenen Richtungen weitere Vorschläge: «Wo sind die Autoschlüssel?»

«Schatz, wo ist das Geld geblieben?»

«Wann wird der FC Köln endlich wieder Deutscher Meister?»

Das fing ja gut an! Ich schüttelte mich vor Lachen und war neugierig auf das, was noch kommen würde. Ich befand mich in einem hellen Konferenzraum in der Kölner City, um mich herum zirka zwanzig Frauen zwischen sechzehn und Mitte fünfzig, die sich ebenfalls köstlich amüsierten. Eine Freundin hatte mich überredet mitzukommen: «Du wirst sehen, das PowerConnections®-Programm ist unglaublich kraftvoll. Wenn du willst, kann dieses Training dein Leben und deine Partnerschaft auf eine Weise verbessern, wie du es dir nie hättest träumen lassen!»

Auch Gigi lachte herzhaft, als die Dolmetscherin die Beiträge der Frauen auf Englisch an sie weitergab. Dann ging sie zum Flipchart und blätterte die nächste Seite auf: «Hier ist die eine Frage, die Männer am meisten bewegt: ‹War ich gut?›

Jeder Mann will wissen: «War ich gut?»

Männer beschäftigt diese Frage ständig. Es ist für sie immens wichtig, von Frauen für das, was sie tun, anerkannt zu werden.
Hier ist ein Beispiel: Es ist früher Morgen, im Urwald geht gerade die Sonne auf. Tarzan schwingt sich durch den Urwald auf der Suche nach einem köstlichen Frühstück für seine Jane. Endlich findet er, was er sucht. Er macht sich eilends auf den Weg zurück zum Baumhaus. Tatsächlich, sie ist schon wach! Er zeigt Jane stolz, was er ihr mitgebracht hat. Aber die verzieht das Gesicht und sagt: ‹Eine Banane zum Frühstück? Heute hätt ich aber viel lieber eine Orange!›
Was denken Sie – wie fühlt Tarzan sich jetzt?»
Gigi machte eine Pause. Es war sehr still im Raum.
«Es ist einfach entmutigend für ihn! Frauen machen das oft mit Männern. Ihr Partner bringt Ihnen Schokolade mit, und Sie hätten lieber Blumen. Sie sagen es vielleicht nicht, aber er merkt, dass Sie über sein Geschenk nicht gerade begeistert sind. Oder Ihr Mann hat das Abendessen gekocht, um Sie zu überraschen, und Sie sind sauer, weil die Küche so durcheinander ist. Er fährt dreihundert Kilometer, um Sie irgendwo hinzubringen, und Sie beschweren sich, dass er neulich keine Zeit hatte, Sie vom Tennis abzuholen. Wir merken gar nicht, wie wir unserem Partner auf diese Weise die Lust nehmen, etwas für uns zu tun!

Männer lieben Frauen, bei denen sie gewinnen können.

Das männliche Prinzip ist: Taten sprechen lauter als Worte. Männer zeigen ihre Liebe weniger durch Worte, sondern durch das, was sie für ihre Partnerin tun. Ob Sie es glauben oder nicht: Die Jungs wollen, dass wir glücklich sind! Es ist für jeden Mann das Größte, wenn seine Frau ihn anstrahlt und ihm zeigt, wie zufrieden sie mit ihm ist. Dann fühlt er sich wie ein Sieger, und sein angeborener Ehrgeiz, sein Bestes zu geben, wird noch stärker.

Doch viele Männer heutzutage sind vollkommen entmutigt. Was ich von Männern immer wieder höre, ist: ‹Egal, was ich tue, sie ist nie damit zufrieden.› Und: ‹Es ist so schwer, herauszufinden, was sie wirklich will.› Was passiert, wenn Ihr Mann Sie fragt, was Sie möchten?»

«Ich kann mich oft gar nicht entscheiden, was ich will.» Ich nickte der Frau zu, die gerade gesprochen hatte. Dieses Phänomen kannte ich aus eigener Erfahrung.

«Ja», schmunzelte Gigi, und warf ihre Stirn in Falten, so, als ob sie angestrengt nachdenken würde: «Pizza wäre nicht schlecht, aber Sushi ist auch lecker, oder einfach nur ein kleiner Salat … ach, es ist so schwer, sich festzulegen!»

Eine andere Frau meldete sich zu Wort: «Ich sage oft: Schatz, lass dir was Schönes einfallen. Ich hätte so gern, dass mein Freund selbst herausfindet, was ich mag, und mich damit überrascht.»

«Und», fragte Gigi, «funktioniert's?» – «Eher nicht.»

«Also bekommen Sie nicht, was Sie sich wünschen? Nun, viele Frauen erwarten, dass ihr Partner in der Lage ist, ihre Wünsche zu erspüren.» Gigi schüttelte den Kopf. «Vergessen Sie's! Männer können das nicht! Sie machen Ihr Geburtstagsgeschenk auf, und es ist haarscharf daneben. Muss man sich da noch wundern, dass Männer Geburtstage vergessen? Es ist der Tag, an dem man in höchste Gefahr gerät, ein Drama auszulösen!

Ich sag Ihnen: Es gibt nichts Erleichterndes für Männer, als klare Instruktionen zu haben. Männer können keine Gedanken lesen!

Wenn Sie bestimmte Wünsche haben,
müssen Sie ihm exakt sagen, was Sie wollen.

Wenn zum Beispiel Ihr Geburtstag näher rückt, dann könnten Sie ihm eine kleine Notiz in seinen Kalender stecken: ‹Schatz, du weißt ja, ich habe nächsten Samstag Geburtstag. Vielleicht suchst du noch eine Idee, was du mir schenken könntest? Ich hätte gern …›» Plötzlich meldete sich eine Frau zu Wort und sagte: «Das ist aber nicht romantisch!»

«Stimmt!», antwortete Gigi. «Aber es funktioniert!»
Alle Frauen im Raum waren sprachlos.
«Hier ist eine andere Möglichkeit, ihn Ihre Wünsche wissen zu lassen: Sie würden gern mit ihm in den Urlaub fahren. Ans Meer, irgendwohin, wo es warm ist. Besorgen Sie sich ein paar Bildbände aus der Bücherei und ein paar Reisekataloge, und wenn Sie mal eine ruhige Minute haben, rufen Sie ihn zu sich und verwickeln Sie ihn mit Enthusiasmus ins Gespräch: ‹Schau mal hier, ist das nicht schön? Wo würdest du gern hinfahren?› Ihr Ton wird ihn neugierig machen! Seien Sie spielerisch, wie ein kleines Kind: ‹Ich würde sooo gern nach Griechenland!› Wenn es ein begeisterter Austausch ist, und Sie genießen ihn beide, dann wird er Ihnen geben wollen, was Sie sich wünschen.»
Als ich hörte, was Gigi sagte, dachte ich: «Oh, das hab ich schon ein paar Mal probiert, und es hat nie geklappt.» In diesem Moment sprach eine andere Frau laut aus, was ich gerade gedacht hatte. Gigi wandte sich ihr zu: «Hatten Sie dabei eine Erwartung an ihn?»
«Sicher. Ich wollte natürlich, dass er mir meinen Wunsch erfüllt.»
«Hier, Ladys, ist eine sehr subtile Unterscheidung, die Sie in Ihrer Kommunikation machen müssen: In dem Moment, in dem Sie etwas von jemandem erwarten, erzeugen Sie unterschwellig Druck. Ihr Partner spürt diesen Druck, noch bevor Sie Ihren Mund aufmachen. Eine der meistzitierten Studien über Kommunikation stammt von dem Psychologen Albert Mehraban. Das Ergebnis der Studie zeigt: Die Botschaft, die wir aussenden, wird fünfmal mehr von unserem Ton bestimmt als von unseren tatsächlichen Worten. Und wissen Sie, wie dieser Ton zustande kommt? Durch Ihre innere Haltung. Wenn Sie ein Musikinstrument spielen, wissen Sie, was ich meine. Sie können Ihrem Partner alles Mögliche sagen. Doch was Sie wirklich fühlen und denken, bekommt er ganz direkt mit, und zwar durch Ihre Körpersprache und durch den Ton Ihrer Stimme.»

Ihr Ton ist alles.

Blitzartig erinnerte ich mich: Hatte mir nicht vor Jahren ein Freund ans Herz gelegt, besser keine Erwartungen zu haben? Wie man das schaffen sollte, war mir bis heute ein Rätsel geblieben. Vielleicht wusste Gigi ja, wie man das hinkriegt? Ich musste sie fragen.

«Aber wenn ich etwas will, wie kann ich da keine Erwartungen haben?»

«Natürlich können Sie Erwartungen haben. Setzen Sie sie nur nicht auf eine Person. Es gibt Millionen Wege, wie das, was Sie sich wünschen, zu Ihnen kommen kann. Sie könnten zum Beispiel selbst dafür sorgen. Lassen Sie Ihren Partner Ihre Wünsche wissen und haben Sie gute Laune! Seien Sie sich absolut klar darüber, dass Sie bekommen werden, was Sie wollen. Wenn er es Ihnen gibt, gut. Wenn er es Ihnen nicht gibt, auch gut! Sie finden schon einen Weg, es zu kriegen!

Der erste Schritt, dabei erfolgreich zu sein, ist, offen über Ihre Wünsche zu sprechen. Wenn Frauen es unterlassen, klar und offen um etwas zu bitten, öffnen sie die Tür für Missverständnisse und Enttäuschung. Dabei würde oft schon ein einziger Satz ausreichen!

Und denken Sie daran, wann immer er etwas für Sie tut, müssen Sie ihn anerkennen!

Männer wollen gewinnen. Ihre Anerkennung spornt ihn an, sein Bestes zu geben.

Drehen wir den Film nochmal zurück. Tarzan hechtet durch den Urwald und kommt schweißgebadet bei Jane an. Die strahlt ihn an: ‹Tarzan! Du hast Bananen gebracht! Du bist der Größte!›

Männer sind wie Rennpferde. Sie lieben Herausforderungen – und sie wollen siegen. Wenn Sie unfreundlich mit Ihrem Rennpferd sprechen und es vernachlässigen, wird es für Sie rennen wollen? Wenn überhaupt, dann nur mit großem Widerwillen.

Wenn Sie Ihr Rennpferd gut behandeln, ihm gutes Futter geben, sein Fell pflegen und sanft und gütig zu ihm sprechen, wird es für Sie rennen wollen? Absolut!
Und wenn Sie es am Ziel voller Freude empfangen, es streicheln und ihm sagen, wie stolz Sie auf seine Leistung sind, wird es sich beim nächsten Mal noch mehr ins Zeug legen? Hundertprozentig! Ihre Zufriedenheit ist für Ihren Mann das Allerwichtigste. Wenn ein Mann eine Frau sieht, die Zufriedenheit und Lebensfreude ausstrahlt, findet er das sehr anziehend. Es ist wirklich nicht wichtig, ob sie einen kleinen Busen, eine krumme Nase oder ein Doppelkinn hat. Er spürt: Bei dieser Frau kann ich mich entspannen. Hier muss ich nicht befürchten, ständig kritisiert zu werden, im Gegenteil, hier kann ich gewinnen! Diese Frau versteht es, glücklich zu sein!

**Eine Frau, die zufrieden ist,
ist für Männer sehr anziehend.**

Natürlich, keine Frau ist jeden Tag glücklich. Es geht um Ihre grundsätzliche Gestimmtheit, um den Grundton, der sich anderen mitteilt. Deshalb ist es so wichtig, dass Sie für Ihre Zufriedenheit sorgen! Wir Frauen lassen uns so leicht von allem Möglichen ablenken. Wir neigen dazu, uns um alle und um alles zu kümmern – und dabei vergessen wir uns selbst. Was passiert dann? Wir regen uns über andere auf – dabei sind wir im Grunde mit uns selbst unzufrieden. Oder wir leiden still und verbreiten eine Atmosphäre, die alle anderen herunterzieht.
Es gibt dieses Sprichwort: ‹Wenn Mama nicht happy ist, ist niemand happy.› – Das ist sooo wahr! Frauen geben den Ton an in Beziehungen. Wenn wir mies drauf sind, oje … Können wir es unserem Partner dann gönnen, Spaß zu haben? Kaum.
‹Wie kann er Spaß haben, wenn es mir schlecht geht? Er sollte sich um mich kümmern! Mir helfen! Mich verstehen! Er sollte Rücksicht nehmen …›», spielte Gigi uns mit herzzerreißender Dramatik vor – wurde aber sofort wieder nüchtern.

«Lassen Sie's uns mal aus einer anderen Richtung betrachten: Sie sitzen im Büro, sind gut drauf und freuen sich auf Ihren Urlaub. Da kommt eine Kollegin in den Raum und verkündet mit miesepetrigem Gesichtsausdruck und leidender Stimme: ‹Ach, mir geht's so schlecht. Ich brauche dringend Urlaub.› Wie fühlen Sie sich jetzt?»

Einige Frauen antworteten:

«Ich fühle mich schuldig.»

«Ich bin sauer! Sie geht mir auf die Nerven mit ihrem Selbstmitleid.»

«Meine gute Laune ist verschwunden.»

«Richtig», nickte Gigi mit Nachdruck. «Wer unzufrieden ist, zieht die Menschen um sich herum herunter. Jeder tut das. Es ist einfach eine schlechte Angewohnheit. Wenn es uns schlecht geht, wünschen wir uns Mitgefühl und Rücksichtnahme. Doch inwieweit nehmen wir selbst Rücksicht? Inwieweit gönnen wir es anderen, glücklich zu sein? Oft gehen wir gerade mit den Menschen, die wir am meisten lieben, am sorglosesten um. Das unterminiert das Vertrauen und bricht die Verbindung. Hier ist der Weg, der in Beziehungen funktioniert:

Sie kommen zuerst!

Erinnern Sie sich an die lebensrettenden Maßnahmen, die erklärt werden, wenn Sie an Bord eines Flugzeuges gehen? Ein wichtiger Punkt sind die Sauerstoffmasken. Wenn es einen Notfall gibt, wem müssen Sie die Sauerstoffmaske zuerst aufsetzen – Ihrem Kind oder sich selbst?» Gigi machte eine kurze Pause und blickte fragend in die Runde.

«Mir selbst!», antworteten einige Teilnehmerinnen, und mir ging ein Licht auf.

«Genau!», sagte Gigi dann. «Denn bevor Sie anderen etwas geben können, müssen Sie zuerst dafür sorgen, dass es Ihnen selbst gut geht! Sie *müssen* sich selbst an erste Stelle setzen. Sorgen Sie dafür, dass Sie das bekommen, was Sie brauchen! Das kann eine Massage sein oder etwas Zeit mit einem Buch ganz allein auf dem Sofa oder ein Konzertbesuch einmal im Monat oder ein neues Kleid. Wichtig sind auch gute, inspirierende Gespräche mit Freunden und die Gesellschaft von anderen Frauen. Wenn Frauen sich treffen, tanken sie auf!

Also, sorgen Sie täglich für Ihre Zufriedenheit. Wenn Sie zufrieden sind, fühlen Sie sich gut. Wenn Sie sich gut fühlen, sind Sie locker. Und sobald Sie locker und gelassen sind, können alle um Sie herum entspannen! Ihr Partner fühlt sich erleichtert und kann aufatmen, weil der Erwartungsdruck weg ist. Ihre Kinder hören auf, sich insgeheim Sorgen um Sie zu machen. Sie fühlen sich sicherer und blühen auf. Sie wissen ja, Kinder ahmen das nach, was sie bei ihren Eltern sehen.

Erinnern Sie sich an einen Zeitpunkt in Ihrem Leben, an dem Sie sich mit sich und der Welt im Einklang fühlten. Da waren Sie gelassen und großzügig, stimmt's? Frauen, die zufrieden sind, verbreiten eine Atmosphäre, in der man sich einfach wohl fühlt. Einer meiner Klienten hat es mal so gesagt: ‹Wenn meine Frau zufrieden ist, ist das Leben viel einfacher. Ich kann mich besser auf das konzentieren, was getan werden muss, und habe mehr Lust, mit ihr zusammen zu sein.›

Gerade haben wir von den kleinen Alltagswünschen gesprochen. Die sind sehr wichtig für Ihre Zufriedenheit. Lassen Sie uns jetzt einen Schritt weiter gehen. Ich meine die großen Wünsche – Ihre tiefsten Sehnsüchte.

Wovon träumen Sie? Was würden Sie wirklich gerne tun? Was war schon immer Ihre große Leidenschaft?

Frauen, die ihre Träume Schritt für Schritt verwirklichen, werden dabei immer selbstsicherer, interessanter und lebendiger. Sie werden magnetisch!

Wenn Sie das tun, was Sie lieben, werden Sie unwiderstehlich!

Vielleicht mögen Sie es, Leute zu verwöhnen, und Sie träumen von einer kleinen, feinen Massage-Praxis. Oder vielleicht tanzen Sie für Ihr Leben gern, aber nun stecken Sie so sehr im Hamsterrad des Alltags, dass Sie gar nicht auf die Idee kommen, einen Bauchtanzkurs mitzumachen oder mit Ihrem Partner Salsa tanzen zu lernen.

Vielleicht haben Sie als Mädchen davon geträumt, eines Tages vor vielen Leuten zu stehen, spannende Reden zu halten und rund um die Welt zu reisen. Vielleicht träumen Sie heute davon, eine Heilpraktikerin zu sein, die Menschen hilft, auf ganzheitliche Weise gesund zu werden. Vielleicht macht es Ihnen Spaß, Leute zu managen und ihnen zu sagen, was sie tun sollen – wäre es nicht toll, ein eigenes kleines Unternehmen zu haben? Vielleicht wünschen Sie sich seit Jahren, mit einer Band Musik zu machen ... Sie sollten es mal ausprobieren! Machen Sie ein kleines Projekt, nebenberuflich, und sehen Sie, wie es für Sie funktioniert. Wenn es gut läuft, machen Sie weiter, wenn nicht, probieren Sie etwas anderes aus. Fangen Sie an, Ihre Träume zu leben! Das ist unglaublich wichtig für Ihre Zufriedenheit.

Wenn Leute das tun, was sie lieben – was können Sie bei diesen Menschen beobachten?» Gigi trat einen Schritt zur Seite und wartete auf Vorschläge.

«Sie sind voller Begeisterung.»

«Sie sind lebendig.»

«Sie strahlen Intensität aus.»

«Genau! Und nach diesen Qualitäten werden wir jetzt Ausschau halten. Ich werde jede Frau fragen, was ihre Wünsche im Leben sind. Und ich möchte, dass Sie alle beobachten, was mit ihr geschieht.

Beobachten Sie, ohne zu werten oder zu interpretieren. Schauen Sie nach Anzeichen für zunehmende Lebendigkeit.

Was können Sie sehen, wenn Sie ihre Augen anschauen? Was sehen Sie in ihrem Gesicht? Interpretieren Sie nicht. Beschreiben Sie einfach, was Sie sehen und spüren. Wirkt sie lebendiger? Nimmt ihre Ausstrahlung ab oder zu? Wir sagen dazu: Gehen ihre Lichter aus oder an?

Hier ist eine andere Möglichkeit: Sie können einfach ‹wärmer› oder ‹kälter› sagen, so, wie bei dem Spiel, das Sie aus Ihrer Kindheit kennen. Jetzt machen wir uns auf die Suche nach Ihren innersten Wünschen. Wer möchte anfangen?»

Eine Frau nach der anderen hatte nun die Gelegenheit, durch das Feedback der anderen herauszufinden, was für sie wirklich stimmte und was ihr Kraft brachte. Wenn eine Seminarteilnehmerin über ihre wahren Wünsche sprach, sah sie tatsächlich jünger aus. Ihr Gesicht bekam mehr Farbe, und der Ausdruck änderte sich. Ihre Augen begannen zu leuchten. Bei manchen Frauen veränderte sich sogar die Körperhaltung: Sie richteten sich auf wie eine durstige Pflanze, die man gerade frisch gegossen hat. Sie strahlten mehr Energie aus. Sie waren buchstäblich «angeschaltet»! Ich war fasziniert: Solange sie «vom Kopf her» sprachen, inspirierte es mich nicht. Doch je mehr sie mit dem Herzen sprachen, desto neugieriger wurde ich auf die betreffende Person, und umso verbundener fühlte ich mich mit ihr.

Nun war ich dran. «Was würden Sie am liebsten tun, Birgit? Was sind Ihre Wünsche im Leben?» Gigi schaute mich interessiert an und wartete auf meine Antwort. Ich fühlte, wie Kummer und Resignation von mir Besitz nahmen.

«Eigentlich will ich ja nur, dass meine Partnerschaft besser funktioniert.» Das Auf und Ab in der Beziehung mit meinem Freund war definitiv mein größtes Problem. Ich konnte kaum an etwas anderes denken.

Gigi wandte sich an die übrigen Teilnehmerinnen und fragte: «Was seht ihr in ihrem Gesicht? Hat sich etwas verändert?»
«Sie sieht ernst aus.» – «Kein Licht.»
«Gut! Ich sehe etwas Licht», sagte Gigi und lächelte mich ermutigend an: «Was machen Sie beruflich?»
«Ich arbeite als Lektorin für einen Wirtschaftsverlag und schreibe für Führungskräfte.»
«Da ist definitiv etwas Lebendigkeit. Und worüber würden Sie sonst gern schreiben?»
Hm. Ich war verwirrt. Zu Hause hatte ich Kladden voller Ideen, doch das war alles alter Kram, der mich nicht wirklich fesselte. Darüber brauchte ich hier gar nicht erst sprechen. Also schwieg ich. Dann dachte ich, na super, jetzt hast du schon mal die Gelegenheit, über deine Träume und Visionen zu sprechen, und prompt versiebst du es! Mein inneres Drama wäre vermutlich noch lange so weitergelaufen, wenn Gigi mich nicht unterbrochen hätte. Sie wollte es offenbar wirklich wissen.
«Birgit, wovon haben Sie als Mädchen geträumt? Was wollten Sie schon immer gern schreiben?»
Voilà, da war's! «Ich habe immer davon geträumt, ein Buch zu schreiben.»
«Feedback!», wandte sich Gigi an die Frauen.
«Seht mal, wie sie strahlt!», rief meine Freundin.
«Sie sieht jünger aus», bemerkte eine Frau.
«Sie steht aufrechter», fügte eine andere hinzu.
Ich war glücklich. Ja, ich wollte Autorin sein und Bücher schreiben. Ich fühlte das mit jeder Faser meines Körpers. Zusammen mit der Freude, zu dieser Klarheit gefunden zu haben, spürte ich eine tiefe innere Ruhe und Kraft. Das war genug Information für den Moment. Ich wusste, alles andere würde sich finden.
«Okay!», sagte Gigi und nickte mir zu. Dann sagte sie:

Sie können es spüren, wenn jemand seine tiefste Wahrheit ausdrückt.

Für einen kleinen Moment war es still im Raum. Dann klatschte Gigi in die Hände: «Okay, Ladys, wer ist die Nächste?»

Einige Stunden später – wir hatten inzwischen über die Unterschiede zwischen Männern und Frauen gesprochen, hatten erfahren, wie die Männersprache funktioniert, entdeckt, welche unproduktiven Spiele wir in unseren Beziehungen spielen, und waren bei den PowerConnections®-Skills angelangt, die wir gerade in Rollenspielen trainierten – kam mir eine Idee: Gab es eigentlich schon ein Buch über Gigis Arbeit? Falls nicht, könnte ich nicht das Buch zum PowerConnections®-Programm schreiben?

Nach dem Seminar ging ich auf sie zu und fragte sie, ob sie Interesse an einer Zusammenarbeit hätte. Gigis Antwort war kurz und professionell: Sie schlug ein Treffen am nächsten Morgen vor.

Als ich nach Hause kam, sprudelte mein Kopf nur so vor Ideen und Plänen. «Du strahlst ja so, Mama!», sagte meine Große. «Was habt ihr denn gemacht?» «Oh, eine Menge!», antwortete ich. «Ich erzähle es dir später, ich muss jetzt schnell nach oben ins Büro und ein paar Ideen aufschreiben! Kannst du mal eben die Katze füttern?»

Als ich den Satz noch nicht beendet hatte, bemerkte ich, wie die Freude aus ihrem Gesicht wich. Plötzlich wurde mir klar, wie oft ich achtlos mit meinen Kindern umgegangen war, ohne zu ahnen, wie ich ihnen damit die Lichter löschte.

Können Sie sich vorstellen, wie schockiert ich war? Mit dem neuen Wissen sah ich plötzlich auch meine Verantwortung: Ich hatte es in der Hand, sie glücklich oder unglücklich zu machen. Das rüttelte mich auf. Statt die Treppe hinaufzugehen, setzte ich mich zu meiner Tochter an den Küchentisch und fragte sie, wie ihr Tag gewesen war. Dabei achtete ich darauf, bei welchen Punkten sie lebendiger wurde. Es war, als ob ich sie völlig neu entdecken würde!

Nun wurde ich ganz neugierig auf meine Süßen. Es machte solchen Spaß zu sehen, wie sie bei bestimmten Dingen aufstrahlten! Das sagte mir viel klarer als alle Worte, was ihnen gut tat, und half mir, sie gezielt zu unterstützen. Dabei vertiefte sich unsere Verbindung, weil sie spürten, dass ich auf ihrer Seite war.
Würde mir das mit meinem Partner auch gelingen? Ich hoffte es sehr. Die typischen Missverständnisse zwischen Frauen und Männern hatten uns bereits so sehr voneinander entfremdet, dass zwischen uns seit ein paar Wochen Sendepause herrschte. Mir lag eine Menge an diesem Mann, doch ich hatte keine Ahnung gehabt, wie es mit uns funktionieren konnte – deshalb hatte ich ja auch am PowerConnections®-Training teilgenommen.
Dort war mir klar geworden, warum wir solche Probleme hatten: Weil ich es nicht besser wusste, hatte ich ihm Vorwürfe über Vorwürfe gemacht. Dafür, dass er so war, wie er war, und dafür, dass er sich kaum noch für mich interessierte. Statt mich in ihn hineinzuversetzen, hatte ich ihn mit Forderungen unter Druck gesetzt und war ständig unzufrieden gewesen, in der Annahme, dass ihn das zur Einsicht bewegen würde … Kein Wunder, dass er sich zurückgezogen hatte.
Nun, mit den Skills, schöpfte ich neues Selbstvertrauen. Jetzt hatte ich endlich Alternativen zu den unproduktiven Beziehungsspielen, mit denen ich bisher versucht hatte, Liebe zu finden. Ich hatte nichts zu verlieren – und alles zu gewinnen …

2. Coaching-Skill: *Neugier*

In jedem Moment unseres Lebens verändert sich unser Energiepegel: Entweder sinkt er, oder er steigt.

Stellen Sie sich vor, Ihr Partner gibt Ihnen zwei Geschenkpakete. Beim einen wissen Sie genau, was drin ist: eine CD, die Sie sich gewünscht haben. In dem anderen steckt eine Überraschung … «Was könnte das sein? Etwa dieser seltene … oder etwas für … oder … – was hat er sich wohl für mich ausgedacht?», denken Sie, voller Spannung und freudiger Erwartung. Ihre Augen leuchten. Mit kindlichem Vergnügen betasten Sie das Paket, um herauszufinden, was drin ist. Sie sind neugierig, aufmerksam und hellwach.

Wenn Sie neugierig sind, steigt Ihre Lebensenergie.

Neugier ist eine ganz besondere Kraft: Sie bringt Babys dazu, laufen und sprechen zu lernen. Sie macht Kindern Lust, die Welt zu entdecken, und sie treibt Erwachsene an, Neues auszuprobieren. Neugier entfesselt unsere Lebensenergie und hält uns jung. Und unsere Neugier funktioniert wie ein Wegweiser: Sie führt uns hin zu den Dingen und Menschen,

- die uns erfreuen,
- an (bzw. mit) denen wir wachsen können und
- die unserem Wesen entsprechen.

Sie können es deutlich sehen, wann jemand auf einem Weg ist, der ihm gut tut: Wenn Menschen neugierig werden, beginnen ihre Augen zu glänzen, und ihr Gesicht leuchtet auf. So, als ob eine innere Sonne aufgehen würde. Diese sichtbare (und auch spürbare) Veränderung nennen wir «Licht an». Genauso können Sie sehen, wann jemand auf einem Weg ist, der ihm nicht gut tut: Seine Ausstrahlung lässt nach, seine Energie sinkt ab. Irgendetwas hat ihm «die Lichter ausgeschaltet».

Sie können einem Menschen «die Lichter ausschalten», wenn Sie ihn langweilen, kritisieren oder unter Druck setzen – und Sie können einem Menschen «die Lichter anschalten», indem Sie ihm mit Neugier begegnen und sich wirklich dafür interessieren, was ihn bewegt.

Neugier ist ansteckend!

Sie kennen dieses Phänomen: Wenn Sie frisch verliebt sind, ist die Welt wunderschön, selbst wenn es regnet. Wenn Sie verstimmt sind, sieht die Welt düster aus, auch wenn die Sonne noch so schön scheint. Es ist Ihr inneres Licht, das den Unterschied ausmacht.

Sie müssen nicht abwarten, bis jemand anders es Ihnen anknipst. Sie brauchen nicht auf die richtigen Umstände zu warten. Sie können es selbst tun! Das intensive Glücksgefühl, nach dem Sie sich manchmal sehnen, können Sie aktiv wiederfinden und mit Ihrem Partner teilen: Indem Sie zuerst sich und dann auch ihn mit *Neugier* coachen.

Beobachten Sie: Wann nimmt Ihre Energie zu? Wann nimmt sie ab?

Gehen Sie aufmerksam durch Ihren Alltag. Wann fühlen Sie sich müde, wann fühlen Sie sich kraftvoll? Vielleicht bemerken Sie, dass Sie sich frisch und lebendig fühlen, während Sie an Ihrem Bericht arbeiten, und dann kommen Sie zum Meeting, und dort sinkt Ihre Energie wieder ab: Ihre Aufmerksamkeit lässt nach, Sie müssen gähnen. Oder Sie reden mit einer Freundin über deren Probleme und merken dabei, dass Sie das Gespräch immer weniger genießen. Dann erzählt Sie Ihnen auf einmal etwas, das Ihr Interesse weckt, und Ihre Lebensgeister kehren zurück: Das Gespräch ist plötzlich wieder spannend!

Manchmal kann schon eine Kleinigkeit die Stimmung heben, zum Beispiel eine Tüte Schokoladeneis mit Sahne. Oder ein Lächeln, das man verschenkt. Es sind die kleinen Freuden, die sich am Ende des Tages zu einem zufriedenen Grundgefühl summieren. Je öfter Sie daran denken, einen Moment lang von Druck auf Entspannung oder von Widerwillen auf Freude umzuschalten, desto wohler fühlen Sie sich insgesamt.

Coachen Sie sich selbst:
Was zündet Ihre Lichter an? Tun Sie's!

Erinnern Sie sich an die Sauerstoffmasken im Flugzeug? Wir Frauen müssen zuallererst für unser eigenes Wohl sorgen. Dann klappt's auch mit dem Partner besser! Machen Sie es sich zum Prinzip, täglich Ihre Batterien zu füllen:

- Achten Sie auf genügend Schlaf, Bewegung und Sonnenschein.
- Nutzen Sie jede noch so kleine Gelegenheit, sich zu entspannen, sich zu vergnügen, kreativ zu sein und Begegnungen zu genießen!

Besorgen Sie sich ein dickes Notizbuch (Sie werden es im Laufe des Buches noch öfter brauchen) und schreiben Sie alle Aktivitäten auf, die Ihnen gut tun:

- Was macht Ihren Körper locker?
- Wo findet Ihr Denken Ruhe?
- Was bringt Sie wieder in Ihre innere Mitte?
- Was inspiriert Sie?
- Wann fühlen Sie sich wach und lebendig, sind hochkonzentriert bei der Sache und haben unglaublich viel Spaß?

Schreiben Sie auf Ihre Liste bewährte Dinge ebenso wie neue Ideen, die Sie schon immer mal ausprobieren wollten. Und dann integrieren Sie diese Aktivitäten in Ihren Alltag, sodass Sie sich täglich auf etwas freuen können, das Ihnen die Lichter einschaltet!

Entdecken Sie Ihre Herzenswünsche – und verwirklichen Sie sie.

Sie sind einmalig. Der Schlüssel zu Ihrer Bestimmung sind Ihre tiefsten Wünsche und Träume, und wenn Sie die kennen lernen und verwirklichen, ist das ein Gewinn für alle: Es macht Sie glücklich, und es schafft einen einzigartigen Beitrag, der andere Menschen inspirieren, unterstützen und bereichern wird.
Fragen Sie sich selbst: Wovon habe ich schon immer geträumt? Was interessiert mich brennend? Was sagt mir meine Intuition schon lange? Was würde ich beruflich am allerliebsten tun? Schreiben Sie all die Puzzlesteinchen auf, die Ihnen einfallen: Am Meer leben ... meine eigene Modekollektion entwickeln ... Kinderbücher schreiben ... Italienisch lernen ... Stepptanzen ... in einem Haus mit offenem Kamin wohnen ... eine Charity-Organisation gründen ... mich zur Pferdetrainerin ausbilden lassen ... ein Wellness-Hotel aufmachen ...
«Lauter schöne Ideen», sagen Sie sich vielleicht, sobald Ihre Wunschliste fertig vor Ihnen liegt, «aber wie soll ich das alles umsetzen?» Indem Sie sich objektive Informationen darüber verschaffen, wo Sie die meiste Energie haben. Denn etwas, für das Sie regelrecht «brennen», wird Ihnen bei der praktischen Umsetzung so viel Freude machen, dass sich Ihre Energie von ganz allein erhöht. Und das gibt Ihnen dann die Power, auch Ihre anderen Wünsche nach und nach zu verwirklichen.
Ihre Neugier hat Sie zu Ihren Wünschen geführt, gehen Sie jetzt einen Schritt weiter: Holen Sie sich Feedback von jemandem, der es versteht, *Neugier* als Coaching-Tool einzusetzen. Das sollte eine Person sein, die keine festgelegten Bilder von Ihnen hat bzw. mit Ihnen keine Eigeninteressen verfolgt. So stellen Sie sicher, dass Sie nicht unbewusst in eine bestimmte Richtung gedrängt werden, sondern objektives Feedback bekommen.

Es gibt zwei Wahrheiten:
die konzeptionelle und die aktuelle.

Konzepte sind Annahmen, Urteile und Überzeugungen. Zum Beispiel: «Ich mag Kinder, also sollte ich mich in einem Verein engagieren, der sich um Kinder kümmert.» Wenn jemand gedanklich in seinen Konzepten lebt, hat er relativ wenig Energie. Aber immerhin, etwas Energie ist schon da, also kann man die Information nehmen und mit *Neugier* weiterfragen (wie das geht, erfahren Sie ein paar Seiten weiter).
Entdeckt jemand seine aktuelle Wahrheit, lässt ihn das strahlen: «Ich liebe Fußball. Ich könnte mithelfen, eine Mädchenfußballmannschaft aufzubauen!» Sie können es sehen und fühlen: Echte Leidenschaft bringt Licht in die Augen, Farbe auf die Haut und Wärme ins Herz.
Bitten Sie Ihren Coach, nach Zeichen für echte Leidenschaft bei Ihnen Ausschau zu halten! Einfaches, ehrliches Feedback ohne Rat oder Kritik hilft Ihnen, Ihre wahren Wünsche zu identifizieren. Sie werden herausfinden, welche Ihrer Ideen in Ihnen die meiste Energie entfesselt. Womöglich werden Sie dabei sogar entdecken, dass Ihre Wahrheit ganz woanders liegt, als Sie immer gedacht haben. Mit den Informationen, die Sie jetzt haben, können Sie sich dem Leben nähern, das Sie aufleuchten lässt und glücklich macht.

Bewegen Sie sich täglich in Richtung Ihrer wichtigen Ziele!
Dabei werden Sie stärker, jünger und produktiver.

- **Was können Sie sofort tun, um Ihrem wichtigsten Ziel näher zu kommen?** Setzen Sie diesen Aktionsschritt noch in dieser Woche um.
- **Verfolgen Sie Ihre Interessen mit Leidenschaft!** Auch wenn Sie gerade drei Kleinkinder zu versorgen haben oder der Job Ihnen alles abverlangt – sagen Sie sich: Es hat oberste Priorität, dass ich mich einmal in der Woche für ein paar Stunden aus-

klinke! Gehen Sie raus. Sammeln Sie Informationen über die Themen, die Sie brennend interessieren, besuchen Sie Seminare, Messen und Network-Events, kontaktieren Sie Leute, die Sie spannend finden. Verabreden Sie sich mit ihnen auf einen Kaffee. Seien Sie interessiert, dann werden Sie interessant! Sie denken, Sie seien zu erschöpft für solche Unternehmungen? Sie werden sehen, wenn Sie anfangen, Ihre wahren Interessen zu verfolgen, fühlen Sie sich wie neugeboren: erfüllt und voller Energie.

- **Entwerfen Sie einen Plan.** Setzen Sie sich Etappenziele.
- **Treten Sie in Aktion.** Was zählt, sind Resultate! Feiern Sie jedes Teilergebnis.
- **Übernehmen Sie sich nicht – achten Sie auf sich selbst!** Füllen Sie Ihre Batterien, indem Sie sich zwischendurch immer wieder entspannen. Und halten Sie Ihre Energie hoch, indem Sie offen und neugierig sind, dann werden Sie die notwendigen Menschen und Mittel magnetisch anziehen.
- **Es gibt Ihnen viel Schwung, wenn Sie Ihr Ziel jeden Tag vor Augen haben.** Suchen Sie in Magazinen und Prospekten nach Bildern, die Ihre Vision zum Ausdruck bringen, und fertigen Sie aus diesen Bildern eine Collage, die Sie sich aufhängen, um sich davon täglich inspirieren zu lassen.

Ist Ihr Partner inzwischen ganz neugierig geworden und fragt, wie er Sie unterstützen kann? Oder ist er so eingespannt in seine gewohnte Routine, dass er Ihre Veränderungen kaum bemerkt? Ist er womöglich gar irritiert darüber, dass Sie nun nicht mehr ständig zur Verfügung stehen? Wenn Sie wollen, dass er aufmerksamer wird, seien Sie es zuerst! Das bringt frische Energie in Ihre Beziehung, und über kurz oder lang wird er Sie mit neuen Augen sehen.

Coachen Sie Ihren Partner: Achten Sie auf Signale für abnehmende und zunehmende Energie.

Kennen Sie das? Sie sitzen beim Abendessen und fragen Ihren Mann: «Wie war dein Tag?» Und oft antwortet er einfach nur: «Gut.» Sodass Sie sich fragen, wann Sie mit ihm jemals wieder ein tiefes Gespräch erleben werden. Viele Frauen bohren dann nach: «Ach komm, erzähl mal, wie war's?» Druck taut Männer aber nicht auf, sondern macht sie noch ungesprächiger. Dass Druck nicht funktioniert, erkennen Sie daran, dass die Energie sofort abnimmt – bei Ihrem Partner und bei Ihnen selbst.

So erkennen Sie abnehmende Energie:
Augen und Haut hören auf zu leuchten. Ihr Partner wirkt blasser, kühler, distanzierter, weniger lebendig und älter – ganz egal, wie jung er ist. Er hat kaum Licht.

Wenn Sie merken, dass Sie ein bisschen angespannt sind, relaxen Sie Ihren Körper. Und dann schalten Sie um auf *Neugier*: Sie sind locker, total interessiert und dabei so spielerisch wie ein Kind. Stellen Sie sich vor, Sie sind auf Schatzsuche: Immer dem Licht nach, dann öffnen sich Türen.

So erkennen Sie zunehmende Energie:
Augen und Haut beginnen zu leuchten. Ihr Partner wirkt wärmer, offener, lebendiger und jünger – ganz egal, wie alt er ist. Er hat viel Licht. Übrigens: Ein Lächeln bedeutet nicht zwangsläufig, dass seine Lebendigkeit zunimmt. Haben Sie schon einmal jemanden gesehen, der gelächelt hat, aber nicht wirklich glücklich war? Achten Sie darauf, wann er wirklich aufleuchtet, wann seine Energie zunimmt. Sie können es sehen und spüren.

Zunehmende Energie ist immer ein Zeichen für zunehmende Neugier! Warten Sie nicht auf großartige Reaktionen. Schauen Sie einfach danach, wo Sie bei ihm ein bisschen Neugier aufblitzen sehen. Gehen Sie weiter in diese Richtung.

Lernen Sie, so zu fragen, dass Ihr Partner sich öffnen kann.

Fragen Sie ihn zum Beispiel:

- «Wie läuft's bei euch in der Firma? Welches Projekt ist gerade besonders wichtig?» oder
- «Welches Projekt macht dir zurzeit besonders viel Spaß?»
- Gut funktioniert auch: «Was machst du gerade in deinem Job? Ich bin so neugierig darauf!»

Schauen Sie ihn dabei an – die Augen sind das Fenster zur Seele. Wenn Ihr Partner spürt, dass Sie es wirklich wissen wollen, wird er sich öffnen.

Manchmal erzählen Männer dann von ihren Erfolgen. Lassen Sie ihn gewinnen – geben Sie ihm die Anerkennung! Und fragen Sie nach bei Punkten, wo er aufstrahlt. Genießen Sie es, zu sehen, wie er aus sich herausgeht, und versuchen Sie ein Gefühl dafür zu bekommen, wie wichtig ihm sein Job ist.

Wenn Sie sich nicht mehr konzentrieren können, zwingen Sie sich nicht dazu, weiter zuzuhören, sonst kommt nur Unwillen auf, und die Verbindung reißt ab. Ändern Sie charmant das Thema! Oder springen Sie auf und schlagen Sie vor, etwas zu unternehmen. Folgen Sie *Ihrer* Neugier, das hält die Energie zwischen Ihnen auf einem hohen Niveau.

Was, wenn er unbedingt will, dass Sie ihm weiter zuhören? Dann könnten Sie dies als Gelegenheit nutzen, mehr Vertrauen mit ihm aufzubauen. Sie könnten sich zurücklehnen, sich entspannen und sich von seiner Lebendigkeit unterhalten lassen.

Wenn Männer ehrliches Interesse an ihrem Job erfahren, fangen sie oft an, von den Problemen zu erzählen, mit denen sie sich gerade herumschlagen. Tut Ihrer das auch? Lassen Sie ihn erzählen. Hören Sie aktiv zu und unterbrechen Sie ihn nicht. Geben Sie ihm keine Ratschläge.

Mit öffnenden Fragen können Sie ihn coachen, neugierig auf eine gute Lösung zu werden und sie selbst zu entwickeln.

Denken Sie daran: Sie wissen überhaupt nichts. Mit dieser inneren Einstellung können Sie so richtig neugierig auf *seine* Sicht der Dinge sein – so bringen Sie die Intelligenz und Brillanz eines Mannes zum Vorschein.

Annas Mann Tobias, der als Nachwuchs-Führungskraft bei einem Telekommunikationskonzern arbeitet, hatte von einem Kollegen eine lange E-Mail voller Vorwürfe erhalten und war sehr wütend auf ihn, weil dieser die E-Mail auch an andere Kollegen und Vorgesetzte gesandt hatte. «Der spinnt doch! So was kann der doch nicht mit mir machen!», regte er sich auf.

Statt ihm zu bestätigen, dass er unfair behandelt worden sei, und ihn dafür zu bemitleiden, blieb Anna neugierig und in ihrer Beobachter-Haltung. Sie wollte in Verbindung mit ihm bleiben und einfühlsam sein, ohne ihm in sein Drama zu folgen.

Auf ihre Frage «**Was willst du tun?**» spielte er alle möglichen Racheszenarien durch. Anna spürte, wie sie sich zu sorgen begann, er könne sich noch weiter in die Schwierigkeiten hineinreiten. Doch sie wusste, dass zweifelnde Gedanken ihre Verbindung mit ihm unterbrechen würden. Also blieb sie einfach weiter neugierig. Und fragte ihn: «**Was könntest du noch tun? Welchen Rat würdest du dir selbst geben?**» Nun beruhigte er sich etwas und fing an, ein paar Vorschläge zu machen. Irgendwann meinte er: «Na, dann muss ich mich wohl bei dem Kollegen entschuldigen.» Auf Anna wirkte das nicht sehr überzeugend. Es war zwar richtig, was er sagte, doch es klang kraftlos. In diesem Moment fiel ihr der Unterschied zwischen konzeptioneller und aktueller Wahrheit ein.

Wie konnte sie ihn aus seinen «Würde-müsste-sollte»-Gedanken, also aus seinen Konzepten, herausholen? Indem sie ihn in Verbindung brachte mit dem, was er wirklich wollte: mit seiner aktuellen Wahrheit. Genau das tat Anna jetzt.

«Welches Resultat würdest du am liebsten erreichen?»
«Der Kollege ist mir eigentlich egal. Mit dem habe ich eh nicht so viel zu tun. Aber ich will nicht, dass mein Mentor schlecht über mich denkt. Ich habe morgen ein Gespräch mit ihm, und er hat diese blöde E-Mail auch bekommen.»
Als Tobias seinen Mentor erwähnte, kam eine Menge Lebendigkeit rüber. Eine heiße Spur für Anna! Jetzt wollte sie es genau wissen: **«Sag mal konkret: Was soll dein Mentor über dich denken?»**
«Na ja, dass ich über solchem Kinderkram stehe. Dass ich ein Profi bin!» Tobias grinste, und seine Augen leuchteten.
«Genau! Ich bin sicher, du wirst morgen das Richtige tun!»

**Je näher jemand seinen Zielen kommt,
desto mehr leuchtet er, und desto mehr löst sich der Druck.**

Als Anna am nächsten Abend nachfragte, wie das Gespräch mit dem Mentor gelaufen sei, antwortete Tobias mit glänzenden Augen: «Cool. Ich habe ihm gesagt, dass ich zuerst ziemlich wütend auf den Kollegen war, aber mir dann dachte: ‹Komm schon, mit so etwas muss man professionell umgehen!› – Da hat er vielleicht geschaut! Ich glaube, ich habe ein paar Punkte bei ihm gemacht.»
Probieren Sie es aus: Wenn Sie wirklich neugierig auf Ihren Partner sind, holen Sie das Beste aus ihm heraus!

**Neugier ist der Schlüssel zu allem,
was Sie sich wünschen.**

Neugier ist ein mächtiges Werkzeug. Damit stoppen Sie die Abwärtsspirale und starten einen Aufwärtstrend, der Sie und Ihren Partner wieder nach oben bringt: in Richtung Verständigung, Verbindung, Lebendigkeit und Freude. Also, werden Sie neugierig!

- Es tut *Ihnen* gut. Ihre Neugier gibt Ihnen frische Energie und macht Sie einfach unwiderstehlich.
- Es tut *Ihrem Partner* gut. Es schaltet seine Lichter an. So kann er

sich allmählich öffnen und seine Stärken in die Beziehung einbringen.
- Es tut *Ihrer Partnerschaft* gut. Sie lernen sich ganz neu kennen und begegnen sich tiefer als je zuvor.

2. Coaching-Skill: Neugier

Hier ist Ihr Trainingsprogramm für die nächsten 4 Wochen:

- Beobachten Sie, wann bei Ihrem Partner die Lichter angehen. Welche Tätigkeiten, Themen, Situationen lassen ihn aufstrahlen? Wofür begeistert er sich? Machen Sie sich Notizen.
- Sprechen Sie über diese Themen mit ihm, sooft es geht. Und zwar in einer Weise, die seine Lichter anlässt:
- Halten Sie Ihren Partner grundsätzlich für fähig. Sagen Sie nicht: «Was, du willst dich selbständig machen? Wie soll das denn gehen?» – denn mit einem skeptischen Unterton schalten Sie ihm die Lichter aus. Sprechen Sie mit echter, warmherziger Neugier: «Interessant! Wie willst du das machen?» So coachen Sie ihn, alle Möglichkeiten und Aspekte gründlich zu durchdenken.
- Es sind nicht seine Antworten, die die Energie heben – es sind Ihre offenen, interessierten Fragen: «Was willst du tun?» und «Was ist dein Ziel dabei?», und danach: «Wann wirst du es tun?» Die Energie, die dabei entsteht, ermöglicht einen Start in die richtige Richtung, das «Wie» kann sich entwickeln.
- Wer fragt, führt. Seien Sie behutsam dabei. Widerstehen Sie der Versuchung zu interpretieren. Und vergessen Sie's, Recht haben zu wollen: «Ich sehe doch, dass du da viel Energie hast!» Das wird automatisch seinen Widerspruch hervorrufen, und Sie wollen doch keine Konfrontation, sondern entdecken, was Ihren Partner bewegt und was für ihn wichtig ist.

Im Zustand echter *Neugier* sind Sie offen, interessiert, entspannt, sicher, unbekümmert, frei, verbunden, fröhlich, spielerisch, aufmerksam und empfänglich. Diese Mischung erscheint auf den ersten Blick paradox – dabei ist sie genau das, was funktioniert. Fühlen Sie sich hinein, und Sie werden es erleben: Wenn Sie Ihrem Partner auf dieser Wellenlänge begegnen, entsteht eine Leichtigkeit, die Sie beide beflügelt, näher zueinander bringt und Sie ganz neue Möglichkeiten sehen lässt.

Birgits Geschichte: Wer ist der Fremde in meinem Bett?

Eigentlich wollte ich ja nur meinen Freund zurückhaben. Doch dann wurde weit mehr daraus: eine Entdeckungsreise in die Welt der Männer, die mich lehrte, das andere Geschlecht mit ganz neuen Augen zu sehen.

Als Martin und ich uns das nächste Mal trafen (um ehrlich zu sein, flog ich zu ihm nach London, klingelte unangemeldet, umarmte ihn und bat um eine Tasse Tee), war ich entspannt und gut gelaunt. Am Tag zuvor hatte ich mir einen Besuch im Thermalbad genehmigt.

Gemütlich auf sein Sofa gekuschelt, trank ich meinen Tee und sah zu, wie er seine Hemden bügelte, sich dann in den drei Meter entfernten Sessel fallen ließ und den Fernseher ausschaltete. Er war nicht gerade gut gelaunt – sondern ziemlich zugeknöpft.

Egal. Ich fragte ihn nach seinem Job und hakte da nach, wo seine Augen ein wenig aufleuchteten. Als er merkte, dass ich wirklich interessiert war, redete er sich so in Fahrt, dass er gar nicht mehr aufhören wollte. Irgendwann zündete er eine Kerze an, und es wurde ziemlich romantisch.

In den nächsten Tagen achtete ich bei allen Gesprächen darauf, was ihn besonders interessierte. Sein Job, klar. Seine Häuser, na-

türlich. Und ich hatte noch nicht mal alle fünfe gesehen – ganz schön unaufmerksam von mir … Doch seine größte Leidenschaft war definitiv Rad fahren – insbesondere Rennrad fahren. Ich wusste das, doch ich hatte nicht geahnt, wie viel ihm dieser Sport tatsächlich bedeutete. Eines Morgens, wir saßen gerade beim Frühstück, fragte ich ihn, wie er zu dieser Sportart gekommen sei. Schon strahlten seine Augen, und seine Stimme war voller Begeisterung. Dann erzählte er mir, dass er schon seit langem kein Rennen mehr gefahren sei, und sein Strahlen ließ nach.
«Wie kommt's, dass du das aufgegeben hast?», wollte ich wissen.
«Keine Zeit! Ich habe einfach so viel zu tun», antwortete er wenig überzeugend, und dann fügte er noch halb grinsend, halb grummelnd hinzu, «und überhaupt, ich bin ja auch nicht mehr der Jüngste!»
Ich erinnerte mich daran, was Gigi uns gesagt hatte: «Wenn Männer grummeln, hör darüber hinweg. Männer wollen, dass man an sie glaubt!» Also ließ ich ihm diese Ausrede nicht durchgehen. «So ein Quatsch, du bist im besten Alter, mein Lieber! Schau dich doch mal an, weißt du eigentlich, wie knackig du bist? Warum fängst du nicht einfach wieder an und fährst ab und zu ein Rennen?», lachte ich ihn an. «Ich bin sicher, du wirst dabei eine Menge Spaß haben!»
Und richtig, er fing an zu strahlen. «Lass uns eine Runde auf dem Tandem drehen!», schlug er vor. Ich freute mich. Auf dem Tandem war Martin immer so gesprächig, und außerdem liebte ich es, mit ihm durch die Landschaft zu düsen.
Unterwegs erzählte er mir von den magischen Momenten, die man nur beim Rennradfahren erleben konnte. Von der unglaublichen Anspannung, so schnell wie möglich zu fahren und doch im Bruchteil einer Sekunde reaktionsbereit zu sein, wenn man ausweichen musste. Alles zu geben, an die Grenze zu gehen – und dennoch seine Herzfrequenz gerade noch im grünen Bereich zu halten.
Ich hatte das Gefühl, ihn jetzt erst wirklich kennen zu lernen. Ich

hatte ja keine Ahnung gehabt, wie viel ihm dieser Sport bedeutete! Er erzählte mir noch viel an diesem Tag. Vom Durchhalten, auch wenn alles wehtut. Vom Adrenalinkick beim Sprint kurz vor dem Ziel. Von Momenten der Verbundenheit und Kameradschaft unter Gegnern, wenn mehrere Fahrer sich dabei abwechseln, die Führungsposition zu übernehmen, sodass die anderen im Windschatten fahren und dabei Kraft sparen können. Und er schilderte mir das unbeschreibliche Hochgefühl während des Rennens, das auch danach noch lange anhält.

Ich hatte mich ihm noch nie so nahe gefühlt. Ich merkte, es ging ihm genauso. Abends fragte er mich, ob ich noch Lust auf einen Spaziergang hätte, und wir wanderten mehrere Stunden lang Arm in Arm durch Wald und Wiesen. Es war unglaublich romantisch.

In den nächsten Wochen verwöhnte er mich aufs allerschönste, lud mich zum Essen ein, bot mir Massagen an, fragte mich, wo er mir helfen könne, und war neugierig auf meine Arbeit. Dieser eine Tag hatte das Eis zwischen uns gebrochen.

Ein paar Monate später – Martin trainierte inzwischen wieder regelmäßig und ging zweimal pro Woche zum Zeitfahren – fragte er mich, ob ich Lust hätte, ihn zu einem Rennen nach Belgien zu begleiten. Und ob ich Lust hatte! Ich war sehr gespannt darauf, die Männerwelt des Radrennsports kennen zu lernen.

Ohne mein neues PowerConnections®-Know-how wäre dieser Tag höchstwahrscheinlich ein Desaster geworden. Hatten wir es doch früher jedes Mal geschafft, uns bei einem gemeinsamen Ausflug mit dem Auto über unsere Fahrstile zu streiten. Doch dank dem, was ich von Gigi gelernt hatte, wurde es einer der unvergesslichsten Tage meines Lebens.

Auf dem Weg nach Belgien – ich saß am Steuer – bemerkte ich, dass er ein wenig unruhig wurde und auf die Uhr schaute. Ich schaute zu ihm herüber und sagte: «Schatz, sag mir einfach, was ich tun soll. Ich liebe es, für dich im Service zu sein!» Im gleichen Moment fing er an zu lächeln und entspannte sich. Ich war der-

maßen überrascht – der Tipp, den Gigi mir beim Telefoncoaching gegeben hatte, funktionierte ja wirklich!
Dann verfuhren wir uns. Die Zeit wurde knapp. Und wir hatten keine Ahnung, wo wir uns befanden. Ich merkte, dass Martin immer mehr unter Druck geriet. Ich beschloss, mich zu entspannen und darauf zu vertrauen, dass er alles gut hinkriegen würde. Heute war sein Tag, er war der Boss. Es war das Beste, dass er entschied, was zu tun war. «Soll ich anhalten und jemanden nach dem Weg fragen?», schlug ich vor.
«Gute Idee. Halt mal da vorn bei der Tankstelle an.»
Ich unterdrückte den Impuls, selbst auszusteigen und den Tankwart um Hilfe zu bitten. Stattdessen ließ ich ihn gehen und nutzte die Pause, um mich etwas zu entspannen. Als Martin wiederkam, lächelte ich ihn an. Er stieg ein und war sachlich: «Okay, fahr nach links und dann geradeaus über die Kreuzung.» Bingo. Er hatte die Situation wieder im Griff, und ich sah, wie er sich entspannte. Gut, dass ich ihm die Verantwortung überlassen hatte. Er fühlte sich am wohlsten, wenn er die Dinge selbst unter Kontrolle hatte, das wusste ich inzwischen.
Und ich musste schmunzeln bei dem Gedanken, wie persönlich ich es früher genommen hatte, wenn er ein Lächeln von mir nicht mit einem Lächeln beantwortete. Nun war mir klar, dieser Mann war gerade im Kampfmodus. Im Moment ging es nur darum, ein Ziel zu erreichen, und nicht darum, romantisch zu sein.
Es war das erste Mal, dass ich ein Radrennen live erlebte. Die Atmosphäre kurz vor dem Start war prickelnd. Überall Männer in eng sitzenden Renntrikots, die auf ihren Rennrädern umherfuhren, um sich aufzuwärmen. Martin besorgte sich seine Startnummer, und ich war gespannt darauf, ihn gleich beim Rennen zu sehen.
Kurz vor dem Start gab er mir letzte Instruktionen. «Stell dich da hinten an den Hügel! In der fünften Runde werde ich eine neue Wasserflasche brauchen, halt sie so am Griff fest (er zeigte mir, wie ich es machen sollte) und stell dich mit dem Gesicht zu mir.

Wenn du mich kommen siehst, musst du rückwärts laufen, denn sonst bin ich zu schnell und kann die Flasche nicht greifen. Hey, ich muss jetzt los!» Ich küsste ihn und sagte, ich sei mir sicher, dass er unter die ersten zehn kommen würde. «Gib alles! Du bist der Größte!»
«Bis nachher!» Nun lächelte er nicht mehr. Ich wusste, er musste sich innerlich sammeln, um sich ganz aufs Rennen zu konzentrieren. Früher hätte ich das – Sie ahnen es bereits – persönlich genommen.
Der erste Übergabeversuch schlug fehl. Martin brüllte «Shit» und raste weiter. Bei der nächsten Runde – ich hatte inzwischen ein paar Leute, die sich auskannten, um Rat gefragt – klappte es. Meine Güte, war ich erleichtert. In Runde zwölf hielt ich ihm eine weitere Flasche hin, und es ging wieder gut. Bei seinen letzten Runden schrie ich, so laut ich konnte: «Go, Martin, go! Super!», und fieberte mit ihm mit. Es war atemberaubend, mit welchem Tempo er auch in Runde zwanzig und einundzwanzig noch den Hügel hinaufkam. Ich war so stolz auf ihn!
Nachdem er – wie sich später herausstellte, als Neunter in seiner Altersgruppe – ins Ziel gefahren war, rollte er zu mir und sagte noch etwas atemlos: «Hi, Schatz, sorry, dass ich dich angebrüllt habe. Ich hoffe, du bist mir nicht böse.» «Schon vergessen!», antwortete ich lachend. «Wer so kämpft wie du, der darf auch mal brüllen!» Dann umarmte ich ihn und sagte ihm, wie großartig ich ihn fand. Er strahlte. «Du hast so viel für mich getan, jetzt bist du dran!»
Frisch geduscht und mit immer noch heftig pumpendem Herz fuhr er uns nach Hasselt, zeigte mir die schönsten Ecken der historischen Altstadt und lud mich zum Essen ein. Als wir spät am Abend zurück nach Hause kamen, nahm er mich in die Arme und sagte mit bewegter Stimme: «Diesen Tag werde ich nie vergessen. Das hat noch niemand für mich getan.» Dann bat er mich, die Augen zu schließen, und überraschte mich mit einem wunderschönen Geschenk. Ich war im siebten Himmel.

Das war für mich der Beginn einer neuen Welt. An diesem Tag hatte ich zum ersten Mal ganz bewusst erlebt, wie viel Power ein Paar hat, wenn sie relaxed ist und er ganz er selbst sein kann.
Was für ein Unterschied zu früher: Ich war so angespannt gewesen. Immer bemüht, nett, lustig und unkompliziert zu sein. Während im Hintergrund ständig die unterschwellige Angst mitschwang: Mache ich's richtig? Bin ich liebenswert genug? Wenn's dann mit der Liebe nicht so funktionierte, wie ich es mir wünschte, wurde ich ärgerlich. Ich hatte mir doch so viel Mühe gegeben! Mal suchte ich die Schuld bei meinem Partner, mal bei mir selbst. Ich dachte, eine gute Beziehung sei harte Arbeit. Nun sah ich, dass genau dieses Bemühen der Grund war, warum es zwischen uns nicht funktioniert hatte.
Denn wann immer ich mich dafür entschied, mich zu entspannen, ging auf einmal alles leichter. Ich hörte auf, die Dinge persönlich zu nehmen, weil ich immer neugieriger darauf wurde, seine männliche Sichtweise kennen zu lernen. Dabei schmolzen meine Urteile und Widerstände dahin, denn ich entdeckte, dass die Punkte, die ich bisher an ihm kritisiert hatte, in Wahrheit ein Ausdruck seiner Stärken waren.
Er kritisierte meinen Fahrstil? Früher hatte ich mich geärgert. Jetzt konnte ich sehen, dass es ihm um unsere Sicherheit ging – und zugegeben, einige Feinheiten des englischen Straßenverkehrs waren mir tatsächlich noch nicht geläufig. Also gab ich nach: «Sorry. Okay, sag mir, was ich tun soll.»
Er blockte meine Vorschläge ab? Ich erkannte, wie sehr mein Ton ihm das Gefühl vermittelt hatte, nicht okay zu sein, und ich fing an, ihn eher beiläufig zu inspirieren, indem ich laut über meine Wünsche nachdachte. Einige Resultate: Er schaffte sich ein neues Auto an, lud mich zu einem Ausflug ans Meer ein, renovierte mein Wohnzimmer usw.
Er weigerte sich, sich meine Klagen anzuhören, und drängte mich, einen Spaziergang mit ihm zu machen? Früher wäre ich ihm an die Gurgel gesprungen und hätte ihm vorgeworfen, mich

nicht ernst zu nehmen. Wir hätten uns gestritten. Nun überwand ich meinen inneren Widerstand, denn ich hatte oft genug beobachtet, wie schnell seine Lichter ausgehen, wenn wir ein Problemgespräch im geschlossenen Raum sitzend führen. Da wird er leicht ungeduldig und drängt auf eine Lösung. Wenn wir hingegen auf dem Rad oder zu Fuß unterwegs sind, ist er wie ausgewechselt. Kaum waren wir im Park, hatten sich meine Gefühle beruhigt, und er war nun interessiert daran zu verstehen, was mich beschäftigte. Er nahm mich in den Arm und hörte zu.

Diese Erfahrungen (und viele andere, die zu erzählen den Rahmen dieses Buches sprengen würde) haben meine Einstellung zu Männern verändert. Früher begegnete ich Männern, ohne sie wirklich zu sehen. Denn meine Wahrnehmung war gefärbt von dem tiefen Misstrauen Männern gegenüber, das unter Frauen so verbreitet ist. So war ich bei jedem Mann, den ich traf, von vornherein defensiv eingestellt, und das führte früher oder später unweigerlich zu Missverständnissen, Streit und Trennung.

Wenn ich heute Männern begegne, sehe ich ihre männlichen Eigenschaften in einem ganz neuen Licht: Ich empfinde Anerkennung für die zielorientierte Art und Weise, wie sie die Dinge anpacken, und staune darüber, was für ein großes Herz Männer haben – sie sind nicht nachtragend, obwohl wir Frauen ihnen so oft die Lichter löschen.

Ich erlebe mittlerweile täglich, wie leicht und mühelos ich von Männern Unterstützung bekommen kann – zuvor war das für mich ein Buch mit sieben Siegeln. Es ist tatsächlich so: Männer lieben es, uns glücklich zu machen und uns das Leben zu erleichtern, indem sie etwas für uns tun. Das allein lässt eine Beziehung aber noch nicht funktionieren – die wichtigste Voraussetzung für eine glückliche Beziehung ist, dass Sie wissen, was Sie wirklich wollen.

Wonach sehnt sich Ihr Herz?

Eine Beziehung zwischen zwei Menschen ist nichts Statisches, sondern sie verändert sich ständig. Manche Beziehungen verlangen uns das Äußerste an Anstrengung ab, andere genießen wir wie einen erholsamen Urlaub.

Vor allem eine Liebesbeziehung – und eine dauerhafte umso mehr – bietet Ihnen das volle Reiseprogramm! Mal führt es Sie durch wunderschöne Landschaften, ein anderes Mal müssen Sie Berge überwinden und Schluchten durchqueren, um weiterzukommen, manchmal sitzen Sie für eine Zeit lang irgendwo fest und müssen darauf warten, bis Sie wieder losziehen können, und es gibt Phasen, da scheint es, als befänden Sie sich mitten in einem Dschungel, ohne zu wissen, wie Sie da wieder herausfinden.

Verirrt im Beziehungsdschungel?
Entspannen Sie sich und lauschen Sie nach innen.

Kennen Sie Ähnliches von Ihrer Partnerschaft oder aus früheren Beziehungen? Manchmal, wenn die Dinge nicht rund laufen, neigen wir dazu, unserem Partner die Schuld zu geben – oder uns selbst zu verurteilen. Verzeihen Sie es sich, falls Sie denken, in Ihrer Partnerschaft Fehler gemacht zu haben, und hören Sie auf da-

mit, Ihrem Partner Schuld zuzuweisen oder Fehler anzulasten. Betrachten Sie ihn und sich selbst mit Mitgefühl.
Es ist unrealistisch, Perfektion zu erwarten. Wenn Sie tiefer schauen, ist das, was Sie wirklich wollen, wahrscheinlich nicht Perfektion – sondern etwas ganz anderes. Was will Ihr Herz wirklich?

Befreien Sie sich von Normen und Idealvorstellungen. Finden Sie heraus, was Ihre wahren Wünsche sind!

Oft vergleichen Frauen ihr Leben mit dem, das sie bei anderen Frauen sehen. Wir sind darauf programmiert, dass Beziehungen und Lebensumstände auf eine ganz bestimmte Weise zu sein haben. Weicht unsere Realität von diesem Idealbild ab, sind wir enttäuscht und werden unzufrieden mit uns selbst – oder mit unserem Partner. Doch wer bestimmt denn, wie eine «gute» Partnerschaft auszusehen hat? Das, was für Martina gilt, ist für Petra noch lange nicht das Richtige. Die Zeiten haben sich geändert. Heute kann jede Frau so leben und lieben, wie es ihr gefällt!
Es ist wichtig, alte Vorstellungen davon, wie eine Partnerschaft zu laufen hat, über Bord zu werfen. Erst dann sind Sie frei, zusammen mit Ihrem Partner genau das Beziehungsmodell zu modellieren, das für Sie und Ihre Partnerschaft stimmt.
Auch wenn Sie noch nicht herausgefunden haben, welches Modell zu Ihnen passt – oder Sie noch weit davon entfernt sind, es so hinzukriegen, wie Sie es sich vorstellen, oder wenn Sie gerade nach einem Partner suchen: Machen Sie sich nicht verrückt. Wo auch immer Sie gerade beziehungsmäßig stehen: Es ist der perfekte Ausgangspunkt, um jetzt durchzustarten!

Freiheit und Liebe

Vielleicht sind Sie ja gar nicht gemacht für das klassische Beziehungsmodell «Glück zu zwei'n im trauten Heim». Vielleicht sind Sie eine Individualistin, die viel Raum für sich braucht und für die eine Partnerschaft am besten funktioniert, wenn jeder seine eigenen vier Wände hat. Warum sich also quälen, wenn es mit dem Zusammenleben einfach nicht klappen will? Vielleicht wären Sie beide viel glücklicher, wenn Sie auf Teilzeit-Basis zusammenleben würden: Mal wohnen Sie für paar Tage oder Wochen bei ihm, dann wieder ist er für eine Weile bei Ihnen, und gelegentlich ist jeder für sich. Oder Sie führen eine Wochenend-Ehe, während die Kinder bei Ihnen leben – oder bei ihm. Vergleichen Sie sich nicht mit anderen Paaren. Kreieren Sie Ihr eigenes Erfolgsmodell und leben Sie so, wie es Ihnen passt!

Vertrautheit und Leidenschaft

Vielleicht läuft Ihre Partnerschaft eigentlich ganz prima, und es gibt nur einen kleinen Wermutstropfen: Langeweile. Wie Sie Ihre Beziehung wieder spannend machen, wissen Sie ja jetzt: durch *Neugier*. Dennoch wird es immer wieder auch mal Phasen geben, in denen Ihnen alles ein wenig eintönig und gewöhnlich vorkommt, irgendwie austauschbar.

Machen Sie sich bereit, eine der großen Herausforderungen in einer Partnerschaft zu meistern: Das Gewöhnliche zu akzeptieren – und es lieben zu lernen. So wie der mit Mitte dreißig gerade erwachsen werdende Rob im Film «High Fidelity», der eines Tages erkennt: «Wenn du mit einer Frau zusammenlebst, siehst du jeden Tag ihre Baumwollunterhosen auf der Wäscheleine, und du begreifst, dass sie, genau wie du selbst, scharfe Unterwäsche nur an den Abenden anzieht, an denen sie mit dir ins Bett gehen will.» Ihre Beziehung wird an Tiefe gewinnen, wenn Sie ihn seine Baumwollunterhosen mit Würde tragen lassen und auf sich selbst Acht geben. Immer nur Party hält ja auch keiner aus – aber ab und zu mal was Besonderes, das hält die Liebe frisch!

Endlich Mr. Right finden

Vielleicht sind Sie schon so lange Single, dass Sie sich nichts sehnlicher wünschen als dieses ganz gewöhnliche, alltägliche Leben als Paar: zusammengeknüllte dunkle Socken neben dem Bett, abrasierte Barthaare im Waschbecken, sich sonntags mittags beim Frühstück die Zeitung teilen. Gemeinsame Dinge wie Urlaubsreisen, Häuserbauen oder Kinderkriegen planen und vor dem Einschlafen seine sanften Küsse im Nacken spüren. Nun, es besteht Grund zur Vorfreude: Beim nächsten Mann wird alles anders! Denn wenn Sie dieses Buch gelesen haben, werden Sie die typischen Beziehungsfallen einer frischen Liebe geschickt umschiffen können und mit Ihrem Schatz eine starke Partnerschaft aufbauen.

Ein klares Ja! bekommen

Zögert der Mann Ihres Herzens, sich klar für Sie und Ihre gemeinsame Beziehung zu entscheiden? Sind Sie es leid, die zweite Geige zu spielen? Es ist hart, in solch einem Schwebezustand zu leben. Mit der Zeit geht das wirklich an die Substanz. Machen Sie sich klar: Je mehr Sie um ihn kreisen, in der Hoffnung, ihn endlich doch noch überzeugen zu können, desto unattraktiver werden Sie für ihn. Sorry, aber so ist das nun mal! Denn im Leben gilt die Regel: Worauf auch immer Sie Ihre Aufmerksamkeit setzen, das wird Realität werden.

Nehmen Sie Ihre Aufmerksamkeit also weg von Ihren Beziehungsproblemen und widmen Sie sich nur noch Ihrem eigenen Leben. Melden Sie sich bei dem Workshop an, den Sie schon immer machen wollten. Besuchen Sie die Orte, auf die Sie schon immer neugierig waren. So gewinnen Sie innerlich Abstand und können klarer sehen, wie engagiert Ihr Partner tatsächlich ist. Beziehen Sie dabei nicht nur sein aktuelles Verhalten, sondern auch die bisherigen Erfahrungen ein.

«Liebe bedeutet, wiedergeliebt zu werden», sagt Erika Berger, Deutschlands bekannteste Expertin für Liebe und Sex. Mit diesem Satz im Kopf werden Sie sich nicht länger mit halben Glücksportionen zufrieden geben. Entweder er liebt Sie – dann schieben auch Sie alle Zweifel beiseite und entscheiden sich hundertprozentig für ihn. Oder er liebt Sie nicht. Dann finden Sie Ihr Glück eben woanders!

Eine Familie gründen

Vielleicht wünschen Sie sich nichts sehnlicher als eine eigene große Kinderschar, doch der Mann an Ihrer Seite kann sich mit dem Kinderkriegen gar nicht anfreuden. Dann tun Sie sich selbst den Gefallen, den Tatsachen ins Auge zu schauen: Wahrscheinlich ist er nicht der Richtige für Sie! Sie haben die Wahl: Sie können weiter warten und hoffen, dass er irgendwann seine Meinung ändert. Oder Sie können Ihr Glück selbst in die Hand nehmen! Haben Sie es schon mal mit einer Kontaktanzeige probiert? «Klassefrau sucht Traummann zur Gründung einer turbulenten Großfamilie, Chiffre Babyboom» oder so ähnlich – da melden sich garantiert nur Kandidaten, die wirklich startklar fürs Vaterwerden sind!

Sich im Guten trennen

Manchmal kommt man an einen Punkt, an dem man etwas verändern muss. Es gibt Situationen, in denen eine Trennung oder Scheidung die sinnvollste Lösung ist. Zum Beispiel dann, wenn Ihre und seine Wertvorstellungen so sehr auseinander klaffen, dass einer von beiden sich vollkommen verbiegen müsste, um gemeinsam weitergehen zu können. Dann ist es das Beste, die notwendigen Schritte zu tun und mit allen Beteiligten achtsam und verantwortungsbewusst umzugehen: mit sich selbst, mit dem Partner und mit den Kindern, wenn Kinder im Spiel sind.

Die Beziehung reparieren

In vielen Fällen trennen sich Paare allerdings nicht aufgrund unterschiedlicher Ziele und Werte, sondern weil sie vor lauter Missverständnissen, Enttäuschungen und Kränkungen die Verbindung zueinander verloren haben. Doch solange Sie Ihr Herz noch für ihn öffnen können, ist ein gemeinsamer Neuanfang möglich! Selbst wenn Sie manchmal so verzweifelt sind, dass Sie ihn am liebsten zum Mond schießen würden: Tun Sie's nicht. Haben Sie etwas Geduld. Sie haben jetzt die Chance, ein ganz neues Vertrauen mit Ihrem Partner aufzubauen und wirklich glücklich miteinander zu werden. Setzen Sie einfach die Vorschläge, die wir Ihnen in diesem Buch geben, Schritt für Schritt um.

Übernehmen Sie zu hundert Prozent die Verantwortung für die Qualität Ihrer Beziehung.

Was auch immer Sie sich in puncto Beziehung und Partnerschaft wünschen: Zuallererst müssen Sie die gegenwärtige Situation als gegeben akzeptieren. Schauen Sie genau hin. Sehen Sie der Wahrheit ins Gesicht. Und sagen Sie zu sich selbst: «Okay. So ist es also jetzt im Moment.»

Wenn Sie dabei bei sich selbst eine Haltung von «Na ja, so ist es eben, c'est la vie ...» bemerken, dann ist das nur ein oberflächliches Akzeptieren. Gehen Sie tiefer. Wirkliches Akzeptieren ist bedingungslose Liebe. Es bedeutet, sich die Situation ehrlich anzuschauen. Sich klar zu machen: Ich wünschte, es wäre so und so. Doch zurzeit ist es *so*. Auch wenn es schlimm ist. Auch wenn es wehtut. Und obwohl es unglaublich ärgerlich ist.

Was, wenn Sie einen Fehler gemacht haben? Erkennen Sie es an. «Sorry, ich habe Mist gebaut. Ich war sauer auf dich und hab dich unter Druck gesetzt. Das war ein Fehler. Es tut mir Leid.» Erklären Sie es nicht. Belassen Sie es dabei. Indem Sie Ihren Irrtum anerkennen, machen Sie den Weg frei, sodass er zu Ihnen finden kann, wann immer er dazu bereit ist. Erwarten Sie nicht, dass er seine Arme sofort öffnet. Bei Männern brauchen emotionale Prozesse länger, weil ihr Gehirn in dieser Hinsicht anders funktioniert (mehr dazu im nächsten Kapitel).

Akzeptieren heißt, okay zu all dem Unbequemen und Schmerzhaften zu sagen und es für ein Weilchen auszuhalten – mit dem Wissen, dass es bald besser wird. Was gibt Ihnen diese Gewissheit? Die Tatsache, dass Sie nicht länger ihn für Ihr Befinden verantwortlich machen, sondern dass Sie Ihr Glück selbst in die Hand nehmen.

Warten Sie's ab: Sobald Sie beginnen, für Ihre eigene Zufriedenheit zu sorgen, wird er mehr und mehr mitziehen. Denn im Grunde seines Herzens ist er nicht gegen, sondern absolut *für* Sie. Er will, dass Sie glücklich sind! Das glauben Sie nicht? Machen Sie sich bereit, ein paar Dinge über Männer zu erfahren, die Ihnen die Augen öffnen werden.

Hallo Tarzan!

Jeder Mann hat ihn – den geheimnisvollen T-Faktor. Die Wissenschaftler sprechen von Testosteron, dem «Hormon der Männlichkeit». Wir schauen unseren Partner an und sagen: Hallo Tarzan! Auch wenn Ihr Mann gar nicht so aussieht wie Tarzan – die Kräfte, die in ihm wirken, sind die gleichen Kräfte, die auch seinen Urwaldbruder antreiben:

- Männer suchen Anerkennung.
- Männer müssen jagen.
- Männer brauchen interessante Herausforderungen.
- Männer wollen gewinnen.
- Männer lieben Frauen.
- Männer wollen Sex.
- Männer kämpfen für ihr Team.
- Männer wollen akzeptiert werden.

Auf den nächsten Seiten werden wir sehr stark verallgemeinern. Wir werden Schwarzweißbilder zeichnen, um die Kräfte, die in Männern und Frauen wirken, besser zu verstehen. In Wirklichkeit gibt es im Reich der Geschlechter kein Schwarz oder Weiß, sondern eine unglaubliche Vielfalt von Schattierungen. Denn neben dem biologischen Geschlecht, das durch X- oder Y-Chromosomen bestimmt wird, hat jeder Mensch eine individuelle Mischung von männlichen und weiblichen Eigenschaften, und die hängt davon ab, wie männlich oder weiblich sein Gehirn strukturiert ist.

Das weibliche Gehirn ist sozusagen das Grundmodell: Die linke Hälfte, die das analytisch-logische, zielgerichtete Denken steuert, und die rechte Hälfte, in der das ästhetische und emotionale Empfinden sitzt, sind durch eine verbindungsreiche Nervenbrücke namens *corpus callosum* eng miteinander verschaltet. Zudem sind die Grenzen zwischen den einzelnen Funktionsbereichen sehr fließend. Die sprachlichen und emotionalen Fähigkeiten sind über beide Gehirnhälften verteilt. Und so kommt es, dass wir Frauen ausgesprochen sprachbegabt sind, auf eine vielschichtige, intuitive Weise denken und es lieben, über Gefühle zu reden.

Das männliche Gehirn ist eine Art Spezialausgabe des weiblichen Grundmodells: Die einzelnen Funktionsbereiche sind hier stark voneinander abgegrenzt. Das Sprechen sitzt in der linken, die Gefühle in der rechten Hirnhälfte, und weil das *corpus callosum* bei Männern deutlich weniger Nervenverbindungen aufweist als das der Frauen, sind Sprache und Gefühl kaum miteinander verbunden – die biologische Ursache dafür, dass Männer so ungern über Gefühle reden.

Männer denken geradlinig, Frauen denken vielschichtig.

Das männliche Gehirn ist dafür geschaffen, geradlinig zu denken, es sucht immer den kürzesten Weg zum Ziel. Ist die linke, logische Gehirnhälfte aktiv (zum Beispiel beim Rechnen, Analysieren, Planen, Bauen, Sichern, Steuern, Sprechen), hat die rechte, emotionale, nichts mehr zu melden. Diese Gehirnstrategie hilft dabei, schnell und zielorientiert zu handeln. Im weiblichen Gehirn sind die Gefühle immer mit von der Partie, das stärkt die sozialen Fähigkeiten. Diese Gehirnstrategie hilft dabei, einfühlsam und vorausschauend zu handeln.

Öffnen Sie Ihre Augen für die Schönheit der Unterschiede. Sie werden es überall entdecken: Wir Frauen haben die eine, die Männer haben die andere Hälfte. Damit das Leben funktioniert, braucht es beides, weibliches und männliches Denken.

Männliches Denken	**Weibliches Denken**
… funktioniert logisch: «Ein Schritt nach dem anderen.» «Schwarz oder weiß.» «Ja oder nein.»	**… funktioniert intuitiv:** «Ich sehe gleichzeitig das, das und das.» «Die Zwischentöne sind wichtig.» «Alles ist möglich.»
… ist lösungsorientiert: «Lass uns handeln!»	**… ist prozessorientiert:** «Lass uns erst mal drüber reden!»
… ist statusorientiert: «Ich will der Schnellste, Größte, Beste sein!»	**… ist beziehungsorientiert:** «Ich will, dass mich alle mögen!»
… ist auf Leistung fokussiert: «Ich will den Job zu Ende bringen und dafür anerkannt werden.»	**… ist auf Wohlfühlen und Fürsorge eingestellt:** «Ich möchte, dass es allen gut geht.»

Ob ein Mensch eher männlich oder eher weiblich denkt, entscheidet sich bereits während seiner Entstehung. Etwa in der sechsten Schwangerschaftswoche kommt nämlich der T-Faktor ins Spiel: Entscheidend ist der Grad, in dem unser Embryo-Hirn männlichen Hormonen ausgesetzt wird. Je weniger Testosteron es abbekommt, desto mehr bleibt von seiner natürlichen weiblichen Grundprägung übrig. Daraus folgt:

«Je höher die Dosis männlicher Hormone ist, denen der Fötus ausgesetzt ist, desto männlicher ist das Verhalten des späteren Erwachsenen.»

So die Wissenschaftsjournalisten Anne Moir und David Jessel in ihrem Buch *BrainSex*. Im Umkehrschluss bedeutet das: Je weniger Testosteron, desto weiblicher bleibt das Gehirn. Das gilt für beide, für Männer wie für Frauen. Je weiblicher Ihr Gehirn ist, desto mehr gehen Sie auf in der Sorge für andere und im Verschönern Ihrer Umgebung. Je männlicher Ihr Gehirn strukturiert ist, desto größer Ihre Lust auf Selbstdurchsetzung und beruflichen Erfolg und desto stärker Ihre Begabung für logisches, analytisches und räumliches Denken. Bei Männern können Sie die gleichen Tendenzen beobachten, je nachdem, wie männlich oder weiblich ihr Gehirn gestrickt ist.

Hormone prägen nicht nur unsere Grundanlagen, sondern auch, wie wir uns im Moment fühlen: Uns Frauen beschert das Auf und Ab unserer weiblichen Hormone deutliche Stimmungsschwankungen und beeinflusst unsere Leistungsfähigkeit. Zu Beginn unseres Zyklus haben wir meist viel Energie, gegen Ende des Zyklus nimmt die Energie dann ab, und wir brauchen Entspannung, um uns zu regenerieren.

Ihr Rhythmus dauert ungefähr 30 Tage – seiner dauert 24 Stunden.

Männer dagegen funktionieren wie ein Uhrwerk: Sie stehen morgens auf und fallen abends ins Bett. Denn morgens ist ihr Testosteronspiegel am höchsten, da haben sie viel Energie, und mit der wollen sie dann auch was tun. Wundern Sie sich also nicht, wenn Ihr Partner morgens nicht stundenlang kuscheln mag. Er will jetzt seine Ritterrüstung anlegen und in den Kampf ziehen.

Zum Abend hin sinkt sein T-Faktor dann ab. Jetzt will er ein bisschen relaxen, vielleicht etwas Sex, und dann sofort schlafen. Schließlich muss er neue Kräfte sammeln, damit er am nächsten

Tag wieder der strahlende Held sein kann. Woher kommt dieses Verhaltensprogramm, das ja eine gewisse Härte gegen sich selbst und andere mit sich bringt?
Denken Sie mal zurück an unsere Vorfahren: Für Millionen von Jahren praktizierten sie eine Art Arbeitsteilung, die sich ganz natürlich aus der Tatsache ergab, dass es die Frauen sind, die die Babys bekommen.

Damit das Leben funktionierte, entwickelten Frauen Sanftheit, Gefühl und Entspannung, während Männer Härte und Zielorientiertheit brauchten.

Wenn man ein Baby zu stillen hatte, ging das nicht ohne Sanftheit und Entspannung. Härte war hier fehl am Platze. Doch Härte gegen sich selbst und andere war absolut notwendig, wenn man das nächste Mittagessen erjagen oder den eigenen Stamm verteidigen musste. Einleuchtend, dass das mit Sanftheit nicht funktionierte. Also schuf die Evolution den Mann, ein Wesen, dessen Daseinszweck es war, existenzielle Probleme zu lösen:
Die Sippe hatte Hunger, die Frauen waren mit den Kindern beschäftigt, wer ging jagen? Die Männer. Diejenigen, die heil zurückkamen, konnten sich weiter fortpflanzen und gaben so ihre Intelligenz und Kampfkraft mit ihren Genen an die Nachkommen weiter.
Raubtiere bedrohten das Nachtlager, der Angriff musste schnell abgewehrt werden. Wer hatte die Hände frei? Die Männer. Diejenigen, die ihre Kräfte am schnellsten mobilisieren konnten, besaßen das größte Selbstvertrauen und die meiste Energie – und hatten damit die besten Überlebenschancen. Viele starke Männer zu haben war für einen Stamm lebensnotwendig. Wir besitzen heute die gleiche genetische Ausstattung wie die Jäger und Sammler, die vor etwa zwölftausend Jahren lebten. Und obwohl unsere heutigen Lebensumstände doch recht anders sind als zu Zeiten unserer Steinzeit-Schwestern und -Brüder, erwarten wir im Grunde unseres Herzens vom Leben immer noch das Gleiche:

Frauen wollen glückliche Beziehungen, Männer wollen Ziele erreichen und dafür anerkannt werden.

Klar, Frauen wollen auch Ziele erreichen und Anerkennung bekommen – doch richtig genießen können wir unsere Erfolge nur dann, wenn unsere Beziehungen stimmen. Bei Männern funktioniert die Logik umgekehrt: Erst wenn sie ihr Ziel erreicht haben, können sie ihre Beziehungen genießen. Damals in der Steinzeit funktionierte das übrigens für gewöhnlich recht gut.

Denn als die Welt noch voller Bisons, Säbelzahntiger und Mammuts war, war es für die Männer ein Leichtes, ihre Frauen zufrieden zu stellen: Man begebe sich im Team auf die Pirsch, vorzugsweise nachts, wenn das Großwild schläft und der Mondschein einem die Orientierung erleichtert. Man erlege einen kapitalen Büffel und schleppe ihn zum Lagerplatz, wo die Frauen ihre siegreichen Helden bereits freudestrahlend erwarten, denn nun gibt's Essen im Überfluss, und danach kann gekuschelt werden.

Ein Steinzeit-Jäger war aus verschiedenen Gründen hoch motiviert:

- Die Jagd war ein aufregendes **Spiel**, bei dem es auf **Teamwork** genauso wie auf die **Leistung** des Einzelnen ankam.
- Es gab ständig neue **Herausforderungen**. Man hatte immer ein **Ziel** vor Augen. Langeweile gab es nicht.
- Außerdem war der **Erfolg** meist garantiert: Denn wenn er mit frischer Nahrung nach Hause kam, war seine Partnerin happy – ihre Freude war für ihn **Anerkennung** und Liebesbeweis in einem, er spürte: Hier gehöre ich hin!
- Und überhaupt, für sie war er **der Größte**: Er war stärker als die wilden Tiere! Ihre Bewunderung gab ihm **Kraft**.

Goldene Zeiten also für die Männer? Ja! Zwar gab es damals weder die Bundesliga, noch bestand die entfernteste Aussicht darauf, einmal einen Porsche zu fahren. Doch der Mann an sich war glücklich, denn er konnte seiner Berufung folgen: zu jagen! Das versprach jede Menge Spaß – und natürlich Anerkennung.

Männer suchen Anerkennung.

In den heutigen Jagdrevieren ist die Jagd komplizierter und langwieriger. Mitunter dauert es Jahre, bis ein Erfolg errungen ist. Weil sie dazu programmiert sind, so lange weiterzumachen, bis das Ziel erreicht ist, sind bei vielen Männern Überstunden an der Tagesordnung. Irgendwann kommt der wackere Recke dann heim. Müde. Ohne Mammut. Dafür mit Aktentasche und Notebook, zur Bearbeitung weiterer Projekte. Klar, dass seine Frau da nicht strahlt, sondern ein enttäuschtes Gesicht macht. Egal, wie viel er an diesem Tag geschafft hat, nun fühlt er sich als Loser. Immer öfter beschleicht ihn das Gefühl, alldem nicht gewachsen zu sein. Er sitzt in der Falle.

Vielleicht denken Sie jetzt: Mir geht's doch genauso! Mein Mann sollte erst mal anerkennen, was *ich* alles leiste! – Sie haben Recht. Jeder braucht Anerkennung. Warten Sie nicht darauf, bis er damit anfängt. Beginnen *Sie* damit – seien Sie sicher, es wird auf ihn abfärben. Sie können sich selbst und Ihren Partner aus der Frustfalle herausholen, indem Sie ihn und sich selbst mit *Anerkennung* coachen. (Dieses Coaching-Tool stellen wir Ihnen ab Seite 172 und ab Seite 100 vor.) Hier schon mal ein Sofort-Vorschlag:

Stellen Sie sich vor, Sie würden Ihren Partner mit einem strahlenden, von Herzen kommenden Lächeln begrüßen – ganz so, wie Sie es getan hätten, wenn Sie vor zwölftausend Jahren gelebt hätten. Wenn Sie ihm diesen kleinen Sieg schenken, gehen seine Lichter an – probieren Sie es aus! –, Sie sind wieder in Verbindung miteinander, und dann findet sich auch der passende Zeitpunkt, um zu reden.

Bekommen Sie jetzt eine Ahnung davon, dass Ihr Partner tatsächlich in einer völlig anderen Realität lebt als Sie? Es wird eine neue Tiefe in Ihre Partnerschaft bringen, wenn Sie mit dem Herzen nachvollziehen können, was Ihren Partner innerlich antreibt und bewegt.

Haben Sie schon mal das pure Jagdfieber erlebt? Sie kennen es vielleicht vom Sport: Alle Fasern des Körpers sind bis aufs äußerste gespannt. Man ist hochkonzentriert, total angeschaltet. Alle Sinne sind aufs Ziel ausgerichtet. Und dann – los!

Männer müssen jagen.

Das ist die Funktion, für die sie geschaffen sind. Sie können es überall beobachten: Männer jagen nach Geld, Erfolg und Statussymbolen (mein Auto, mein Haus, meine Plattensammlung). Männer jagen nach sportlichen Erfolgen. Männer jagen nach Höchstleistungen (schauen Sie ins Guinness-Buch der Rekorde). Und Männer jagen zum Zwecke der Partnersuche Frauen (sofern die nicht den Spieß umdrehen).

Wenn Männer jagen können, gehen ihre Lichter an.

Männer jagen alles, was gesund und lebendig aussieht, glitzert und sich bewegt: Sie lieben schnelle Autos, fliegende Bälle, blinkende technische Neuheiten, Frauen mit Ausstrahlung, im Wind flatternde Röcke und Haare, ein strahlendes Lächeln … ein visueller Schlüsselreiz, schon leuchtet sein Gesicht, und er wird neugierig. Beobachten Sie es mal, wenn Sie draußen unterwegs sind. Natürlich wird ein Mann nicht gleich aufspringen und drauflosjagen. Schließlich ist sein Gehirn darauf spezialisiert, Prioritäten klar zu erkennen und Ablenkungen auszublenden, solange sie ihm nicht zum Erreichen seines vorrangigen Zieles dienen. Der kurze visuelle Reiz ist einfach deshalb so erfreulich, weil es sein Männerherz für einen kurzen Moment höher schlagen lässt: Beute! Jagen!! Spannung!!! Das läuft natürlich alles unterbewusst ab. Der Mann spürt lediglich, dass er sich plötzlich lebendiger, stärker und positiver fühlt. Das tut ihm gut.

Akzeptieren Sie seine Leidenschaften.

Sie wollen Ihren Mann doch attraktiv finden können, stimmt's? Dann betrachten Sie ab sofort alles, was ihm die Lichter anzündet, als eine Bereicherung, von der auch Sie profitieren.

Es ist nicht nötig, dass Sie sich genauso für Motorsport, Männermagazine, Segeln, Bungee-Jumping, Schlagbohrmaschinen oder PC-Tuning interessieren wie Ihr Partner. Wichtig ist, dass Sie offen sind für seine Begeisterung darüber. Schalten Sie ihm nicht die Lichter aus, indem Sie gelangweilt, desinteressiert oder sogar naserümpfend reagieren. Halten Sie Ihr Herz für ihn auf und lassen Sie sich von der Leidenschaft, die diese Dinge in ihm auslösen, berühren – so bleiben Sie in Verbindung.

Vertrauen ist die Grundlage. Wir Frauen müssen lernen, unser tief sitzendes, oft über Generationen ererbtes Grundmisstrauen Männern gegenüber zu überwinden (und im Zusammenhang damit auch unsere Hochnäsigkeit – den Glauben, wir seien die besseren Menschen).

Machen Sie sich klar: Wenn Ihren Partner etwas begeistert, ist das nicht gegen Sie gerichtet, sondern ganz einfach etwas, was ihm in diesem Moment Energie gibt. Lassen Sie ihn seine Leidenschaften unbeschwert genießen und nehmen Sie sich ein Beispiel an ihm: Tun auch Sie etwas, das *Ihre* Lichter anschaltet! Dann haben Sie Spaß und es geht Ihnen gut. Wenn ihm etwas an Ihnen liegt, wird er nun neugierig – aus mehreren Gründen:

1. Sie haben aufgehört, ihn zu jagen. (Sie bedrängen und kritisieren ihn nicht mehr. Sie sind völlig absorbiert von dem, was Sie gerade tun.) Endlich ist der Druck weg.
2. Die Rolle des Jägers ist frei geworden. Das schafft neue Möglichkeiten.
3. Sie wirken lebendiger und glücklicher! Ihre Ausstrahlung weckt seinen Jagdinstinkt. Er bekommt Lust auf Sie – und darauf, Ihnen zu gefallen.

Sie sind die Beute, er ist der Jäger.

Es liegt in *Ihrer* Hand, wie die Rollen zwischen Ihnen verteilt sind. Experimentieren Sie und beobachten Sie, was funktioniert. Wenn Sie die Jägerin sein wollen, nur zu – genießen Sie es! Aber übertreiben Sie es nicht. Ein bisschen verfolgt zu werden schmeichelt jedem Mann, doch zu viel davon lähmt die Dynamik einer Beziehung. Nutzen Sie Ihre Lust zu jagen lieber beruflich, da wird sie Ihnen Geld, Erfolg und Anerkennung einbringen. Oder powern Sie sich beim Sport aus. Bei Ihrem Partner entspannen Sie sich. Genießen Sie es, die Beute zu sein und sich täglich aufs Neue von ihm erobern zu lassen – seien Sie empfänglich für seine Liebessignale! Sie wissen ja, Männer drücken ihre Zuneigung oft eher durch Taten als durch Worte aus.

Falls er keine Anstalten macht, Sie zu jagen (mit anderen Worten, sich um Ihre Aufmerksamkeit zu bemühen), obwohl Sie die Jägerrolle freigegeben haben, prüfen Sie die Lage:

✓ Sie haben innerlich wirklich losgelassen.
✓ Ihr Job oder ein bestimmtes Projekt fesselt Ihre Aufmerksamkeit völlig.
✓ Sie haben Spaß und Entspannung in Ihrem Leben.

Dreimal «Ja»? Sie sind auf dem richtigen Weg. Machen Sie weiter so! Schauen Sie jetzt bei Ihrem Partner und seien Sie ehrlich mit sich selbst: Ist sein Feuer für Sie womöglich erloschen? Dann ziehen Sie einen Schlussstrich und schauen nach vorn. Oder spüren Sie, dass er Sie liebt, aber Zeit braucht, um neues Vertrauen aufzubauen? Dann begegnen Sie ihm mit Neugier und bleiben Sie entspannt – lassen Sie *ihn* das Annäherungstempo bestimmen.
Vielleicht hat sein Mangel an Engagement auch gar nichts mit Ihnen zu tun. Womöglich ist er abgelenkt, weil er beruflich nicht mit sich selbst im Reinen ist oder weil ihm im Leben etwas fehlt, das ihn wirklich begeistert.

Männer brauchen interessante Herausforderungen.

Wenn Männer die Gelegenheit haben, ihre Fähigkeiten unter Beweis zu stellen, blühen sie auf. Deshalb hängen Männer sich so oft so sehr in ihren Job rein, und deshalb lieben sie Sport, Wettbewerbe und Herausforderungen jeder Art.

Wenn Sie bemerken, dass Ihr Mann über einen längeren Zeitraum eine gewisse Unruhe oder Unzufriedenheit ausstrahlt, könnte es sein, dass ihm das richtige Ziel fehlt. Unterstützen Sie ihn, Klarheit zu gewinnen, indem Sie ihn mit *Neugier* coachen. Seien Sie dabei völlig unvoreingenommen: Vielleicht ergibt sich dabei, dass er gern den Job wechseln würde. Oder ihm wird klar, dass er endlich wieder joggen will, und er kommt auf die Idee, sich auf den nächsten New-York-Marathon vorzubereiten. Vielleicht träumt er schon lange davon, ein Segelboot zu bauen, hat diesen Traum aber mit Rücksicht auf Familie und Job immer weggeschoben. Wenn Sie sehen und spüren, dass etwas ihm wirklich völlig die Lichter anschaltet (es also nicht bloß ein Konzept ist, sondern seine tiefste Wahrheit), dann sagen Sie es ihm: «Ich sehe, das ist dir wirklich wichtig.» Der nächste Schritt ist, ihn zu ermutigen, in diese Richtung zu gehen: «Ich bin überzeugt, du wirst einen Weg finden, das zu schaffen!» (Mehr über die Coaching-Fertigkeit *Ermutigen* erfahren Sie ab Seite 211).

Sie erinnern sich: Je näher jemand seinen Zielen kommt, desto mehr leuchtet er und desto mehr Druck ist gelöst. Das gilt auch für Ihren Mann! Und bedenken Sie, wie gut es Ihrer Beziehung tun wird, wenn er vom Sofa runterkommt und sein neues Ziel mit Leidenschaft verfolgt. Das wird ihm so viel Auftrieb geben, dass er die Herausforderungen, die *Sie* ihm präsentieren, glatt mit links erledigen kann.

Sie wollen etwas von einem Mann? Hier ist die Faustregel:

Wenn Sie etwas von einem Mann wollen, machen Sie ein Spiel daraus mit einem klaren Ziel – und dann lassen Sie ihn den Weg selbst finden.

Mit der Metapher «Spiel» meinen wir natürlich nicht, Spielchen zu spielen, sondern das Ganze sportlich zu sehen. Versetzen Sie sich mal in männliches Denken hinein: Der Ball muss ins Tor. Das ist das Ziel des Spieles. Wenn es klappt, super, man will ja schließlich gewinnen. Wenn es nicht klappt, auch okay, das nächste Spiel kommt bestimmt, und da ist dann wieder alles offen. Das ist die Einstellung, die Sie hier brauchen.

1. Zuerst müssen Sie das Ziel des Spieles klar definieren.
2. Dann müssen Sie innerlich loslassen und es ihm überlassen, einen Weg zum Ziel zu finden.

Wenn Sie es richtig anstellen, sind die Chancen hoch, dass Ihr Partner die Herausforderung annimmt und sich für Sie auf die Jagd macht. Lassen Sie sich von Heikes Geschichte inspirieren:
Heike und ihr Mann Uli standen kurz vor dem Umzug. Für die neue Wohnung wollten sie sich eine Einbauküche kaufen. Das Modell, das Heike am besten gefiel, war weit teurer, als das geplante Budget es zuließ. Doch weil sie wusste, wie sehr diese Küche sie zum Strahlen brachte (und wie gut das ihr und ihrer Ehe täglich tun würde), entschloss sie sich, wenn irgend möglich, keine Kompromisse zu machen. Natürlich ging das nur, wenn ihr Mann mitzog. Der war allerdings gegen die Traumküche, denn er meinte, die Familienfinanzen würden so eine Anschaffung nicht zulassen.
Statt ihn mit Forderungen unter Druck zu setzen, machte Heike ein Spiel daraus – indem sie ihm ein attraktives Ziel in Aussicht stellte: sie selbst, jahrelang glücklich mit einer Traumküche, zu der er ihr verholfen hatte. Als sie mit ihrem Mann sprach, hatte sie allerdings kein Kalkül im Hinterkopf, sondern war absolut ehrlich – sie war in einem Zustand von Leidenschaft und Leichtigkeit. Mit anderen Worten: Sie hatte keinen Druck. Sie war entspannt und angeschaltet: «Uli, ich hätt so gern diese Küche! Ich würde mich darin so wohl fühlen! Wenn wir das schaffen könnten – ich wäre so glücklich!»
Uli grummelte. Heike ging nicht darauf ein, sondern wechselte zu einem anderen erfreulichen Thema. Innerlich hatte sie ihren Wunsch bereits völlig losgelassen. Abends sah sie, wie Uli am PC

Berechnungen anstellte. Er war dabei, die Finanzen so zu organisieren, dass sie sich die Küche doch irgendwie leisten konnten. Heikes Traumküche wurde einige Wochen später geliefert – und ist ein Erfolg auf der ganzen Linie: Sie hat täglich ihre Freude daran, und er ist ziemlich stolz, dass er es für sie möglich gemacht hat.

Männer wollen gewinnen.

Männer haben die Fähigkeit, wie ein Formel-1-Motor in wenigen Sekunden auf Höchstgeschwindigkeit zu beschleunigen. Und zwar immer dann, wenn sie herausgefordert werden. Dafür sorgt, Sie ahnen es sicher, der T-Faktor.

Wie die Journalistin Deborah Blum in ihrem Buch *Sex on the Brain* schildert, sind Wissenschaftler in der Lage, das Ergebnis eines Tennis-Matchs zwischen zwei männlichen Spielern allein dadurch zu ermitteln, dass sie die Testosteronkonzentration im Speichel der Spieler messen – vor, während und nach dem Match. Je näher das Spiel rückt, desto stärker steigt der Testosteronspiegel bei beiden Spielern. Während des Spieles sinkt er bei beiden leicht. Und dann trennen sich die Wege: Beim Verlierer fällt der T-Faktor drastisch ab, während er beim Gewinner rasant steigt. Könnte man also die einfache Gleichung «T-Faktor = Erfolgsbarometer» aufmachen? Ja. Wobei man allerdings berücksichtigen muss: Was für einen Mann ein Erfolg ist, bestimmt er selbst. Hat er zum Beispiel Anlass zu glauben, sein Sieg sei eine reine Glückssache gewesen, gibt es keine Testosteronausschüttung. Das ist für einen Mann ziemlich unbefriedigend. Ihm fehlt dabei das gute Gefühl, den Sieg ganz allein durch seine Leistung und Stärke errungen zu haben.

Ein Mann wächst durch seine Erfolge.
Vorausgesetzt, er hat sie aus eigener Kraft errungen.

Jetzt verstehen Sie sicher auch, warum Männer ziemlich sauer werden können, wenn jemand sie daran hindert, sich ihren Sieg selbst zu erarbeiten. Jede Form von Einmischung ist hochgradig unerwünscht! Hier sind die absoluten No-Nos für Ihren Umgang mit Männern:

- Geben Sie ihm keine Ratschläge.
- Helfen Sie ihm nicht.
- Kritisieren Sie ihn nicht.
- Belehren und bevormunden Sie ihn nicht.
- Nehmen Sie es ihm nicht aus der Hand, um es selbst zu tun.
- Versuchen Sie nicht, ihn zu retten.

Mit alldem handeln Sie sich nur Ärger ein. Wenn Sie sich einmischen, nehmen Sie ihm jede Chance, einen eigenen Erfolg zu landen. Das ist für einen Mann sehr entmutigend.

Und selbst wenn er sich völlig in die Nesseln setzt oder in Gesellschaft einen grauenvoll peinlichen Fauxpas begeht – lassen Sie ihn in Ruhe, machen Sie ihn nicht schlecht dafür. Gehen Sie gelassen über die Situation hinweg. Bleiben Sie auf seiner Seite.

Oft identifizieren sich Partner so sehr miteinander, dass sie einander ständig korrigieren. Tun Sie das nicht. Sagen Sie sich: «Er ist er, und ich bin ich.» Machen Sie sich klar: «Ich bin nicht für ihn verantwortlich, sondern nur für mich selbst – und für das Gelingen unserer Beziehung.»

Lassen Sie ihn seine Angelegenheiten selbst regeln.

Einzige Ausnahme: Wenn er Sie ausdrücklich um Unterstützung bittet, und Sie haben gerade nichts Besseres vor, dann tun Sie ihm den Gefallen! Es empfiehlt sich, ihn um klare Instruktionen zu bitten. Und sich daran zu halten. Damit stellen Sie sicher, dass Sie nicht übers Ziel hinausschießen, sodass hinterher beide zufrieden sind. Sie sind glücklich, weil Sie sich mit ihm in Verbindung fühlen, er ist glücklich, weil er sein Ziel erreicht hat und weil das Teamwork zwischen Ihnen beiden so gut klappt.

Denn dieses Gefühl suchen Männer in einer Partnerschaft. Sie wollen einen echten Teampartner! Jemanden, der locker und unkompliziert ist und mit dem man gut etwas unternehmen kann.

Für einen Mann ist es das Größte, wenn er eine Frau findet, die so cool drauf ist – und dabei eine feminine Ausstrahlung hat.

Männer finden Frauen faszinierend.

Trifft ein Mann eine Frau, die er attraktiv findet, schießt sein T-Faktor sofort um rund dreißig Prozent in die Höhe. Plötzlich fühlt er sich großartig. Diese Steigerung des Lebensgefühls ist der Grund, warum Männer so gern anderen Frauen hinterherschauen! (Ganz ehrlich, schauen wir nicht genauso gern? Jede Wette, Ihr Lieblingsschauspieler oder die «California Dream Men» würden auch Ihre Hormone in Wallung bringen.)

Also, Ladys, es ist alles halb so wild, wie wir immer dachten. Wir haben zu diesem Thema einige Männer interviewt. Und aus erster Hand erfahren: Ein bisschen Schauen hier und da ändert nichts an seiner Liebe zu Ihnen!

«Klar, ich treffe ständig attraktive Frauen. Ich liebe Frauen, und ich liebe es, schöne Körper zu sehen», erzählte zum Beispiel Rick, ein vierzigjähriger Tennistrainer aus London. «Doch ich habe schon seit vier Jahren keine andere Frau mehr geküsst außer meine Freundin. Manchmal kostet es etwas Selbstbeherrschung, wenn eine andere mir schöne Augen macht. Doch warum soll ich es mir mit meiner Freundin verderben? Sie ist einfach super! Dabei war sie auf den ersten Blick gar nicht mein Typ. Sie ist keine von diesen Model-Schönheiten, die ich in meinem Job so häufig treffe. Doch mittlerweile gefällt sie mir total gut – ist es nicht komisch, wie sich das ändern kann, wenn man jemanden liebt? Hey, und wenn sie sich schick anzieht und ein bisschen schminkt, sieht sie einfach superscharf aus.»

Machen Sie sich klar: Frauen-Hinterherschauen ist ein völlig unschuldiges männliches Vergnügen. Wenn Sie das akzeptiert haben, können Sie entspannen und Ihrem Partner diesen kleinen Kick gönnen. Genau diese Selbstsicherheit und Souveränität finden Männer bei ihrer Partnerin sehr attraktiv.

Lernen Sie, die Schönheit anderer Frauen zusammen mit Ihrem Partner zu bewundern.

Wenn Sie bemerken, dass er anderen Frauen hinterherschaut, könnten Sie so etwas sagen wie: «Ist sie nicht toll? Was für Kurven!», in einem Ton, der ehrliche Anerkennung ausdrückt. Und um für klare Verhältnisse zu sorgen, empfiehlt sich dieser Satz: «Wow, was für großartige Frauen hier überall sind. Genieß es, Sie anzuschauen, Schatz, aber denk dran, du kommst mit mir nach Hause!» Probieren Sie es aus und seien Sie humorvoll dabei.

Umfragen zeigen: Männer wollen keine Schönheitsköniginnen, sondern ganz normale Frauen. Hier sind die Top Five der Eigenschaften, die sie bei einer Partnerin suchen:

1. eine positive Ausstrahlung,
2. emotionale Reife und Herzenswärme,
3. gutes Zuhören und ehrliche, manipulationsfreie Kommunikation,
4. Loyalität und Treue,
5. von ihr akzeptiert und anerkannt zu werden.

Eine Frau, die natürlich, gepflegt, selbstbewusst, feminin und gütig ist, ist für einen Mann einfach unwiderstehlich.

Für einen Mann ist es das Wichtigste, wie er sich mit seiner Partnerin fühlt.

Männer fühlen sich von unserer Leichtigkeit angezogen, denn sie selbst haben wenig Zugang zur Welt der Entspannung. Laden Sie ihn ein, seine Ritterrüstung abzulegen! Zum Beispiel durch Massagen, Besuche im Thermalbad oder sinnlichen Sex.

Männer wollen Sex.

Wie fühlen Sie sich, wenn Sie so richtig heftige Lust auf Sex haben? Nehmen Sie dieses Gefühl und stellen Sie sich vor, es wäre etwa sieben Mal so stark. Dann haben Sie eine Idee davon, wie intensiv Ihr Partner empfindet, wenn er scharf auf Sie ist.

Der T-Faktor steuert nicht nur unsere Lust auf Erfolg, sondern auch unsere Lust auf Sex. Männer haben einen etwa siebenmal höheren Testosteronspiegel als Frauen (dieser Faktor kann je nach Alter und Situation variieren) und außerdem ein Gehirn, das auf Testosteron wesentlich stärker anspricht. Deshalb bevorzugen Männer zunächst einmal die Form von Sex, die ihrer natürlichen Lebensbewältigungsstrategie entspricht: Sie wollen BoySex.

BoySex ist schnell, hart und zielorientiert. So schnell wie die Erregung kommt, so schnell verschwindet sie auch wieder. GirlSex ist langsam und sinnlich. Sie kennen es ja: Je mehr Zeit man sich lässt, desto heißer wird's, bis man schließlich in einem intensiven Glücksstrom schwebt, der wundervoller ist, als das Paradies jemals sein kann.

Da Männer nicht mit einem eingebauten «Wie-man-Frauen-im-Bett-glücklich-macht»-Programm zur Welt kommen, tun sie es erst einmal so, wie es ihnen gefällt, in der Annahme, ihre Partnerin würde schnellen, harten Sex genauso genießen wie sie selbst. Fehlanzeige! Für sie geht das alles viel zu flott, anschließend ist sie frustriert und fühlt sich allein gelassen, und deshalb hat sie immer seltener Lust. Das entmutigt einen Mann nicht nur, sondern gibt ihm das Gefühl, hier nicht mehr gewinnen zu können.

Erleben Sie Ähnliches in Ihrer Beziehung? Sehnen Sie sich danach, richtig guten GirlSex zu erleben? Erinnern Sie sich daran: *Sie* sind für die Qualität Ihrer Beziehung verantwortlich. Überlassen Sie Ihre sexuelle Befriedigung also nicht länger dem Zufall, sondern legen Sie selbst Hand an!

Coachen Sie ihn, ein fantastischer Liebhaber zu werden.

♡ Wenn Sie Sex nach Ihrem Geschmack wollen, müssen Sie in der Lage sein, sich selbst glücklich machen zu können. Wenn Sie wissen, dass Sie sich jederzeit selbst Lust schenken können, können Sie gelassen bleiben und Ihren Partner genießen, ohne

Erwartungen zu haben. Und dann können Sie ihm nach und nach zeigen, wie Sie's gerne haben.

- Sex ist eine wachsende Erfahrung. Überfordern Sie ihn nicht. Gehen Sie behutsam vor. Alles Wertvolle braucht Zeit und Pflege.

Akzeptieren und genießen Sie das Tier in ihm.

- Lernen Sie, BoySex zu genießen. Akzeptieren Sie seine Schnelligkeit. Bewundern Sie seine Energie! Geben Sie sich ihm total hin, ohne Erwartungen zu haben, und sein Feuer wird Sie anstecken.
- Machen Sie sich keine Sorgen, wenn Sie an einem Abend mal unbefriedigt bleiben. Sobald er matt auf dem Laken liegt, haben Sie genug Zeit, um sich selbst zum Höhepunkt zu bringen.
- Wenn er fragt, ob Sie gekommen sind, und das war nicht der Fall: Ziehen Sie kein Gesicht, Sie wissen ja, das würde ihm die Lichter ausschalten und Ihre Verbindung unterbrechen. Erinnern Sie sich daran, Sie sind gerade dabei, Vertrauen aufzubauen. Halten Sie die Verbindung stark, indem Sie seine Art und Weise, Sex zu machen, bedingungslos akzeptieren. Sagen Sie so etwas wie: «Ich bin eine Frau, ich muss nicht unbedingt zum Höhepunkt kommen. Für mich ist es der Sex an sich, und ich hab es genossen!» Gerade in den Momenten, in denen ein Mann seine Ritterrüstung abgelegt hat, ist er besonders empfindlich. Ihre Güte und Hingabe werden ihn ermutigen, sich in Zukunft noch mehr auf Sie einzustellen.

Inspirieren Sie ihn, ein Gentleman zu sein.

- Öffnen Sie seine Sinne, indem Sie ihn mit einem duftenden Körperöl massieren. Das baut die physische Verbindung auf und zeigt ihm, wie schön es sein kann, sich viel Zeit zu lassen.
- Sagen Sie ihm, wie Sie berührt werden wollen: «Mach das doch mal so …» Geben Sie ihm klare Instruktionen: «Ich mag zarte Küsse am liebsten.» Nehmen Sie seine Hand und führen

Sie sie zu Ihren Lieblingsstellen: «Mmmh!» Sagen Sie ihm, wie Sie's am liebsten haben: «Bitte mach's ganz langsam und mit viel Gefühl ...» Genießen Sie es hemmungslos – Ihr Genuss macht ihn an!

- Inspirieren Sie ihn, indem Sie ihm Geschichten erzählen: «Ich hab in einem Buch gelesen, wie ... und dann habe ich mir vorgestellt, wie es wäre, wenn wir das mal machen ... das hat mich ziemlich angemacht!» «Weißt du, woran ich manchmal denke ...?»
- Ladys first – wenn das nicht sowieso schon seine Devise ist, wenden Sie sich an den Gentleman in ihm: «Du weißt ja, weil ich eine Frau bin, dauert's bei mir ein bisschen länger – heute will *ich* mal zuerst kommen, hilfst du mir dabei?»
- Ignorieren Sie alles, was nicht geklappt hat. Wenn er mit Selbstkritik anfängt: Spielen Sie es herunter oder, noch besser, gehen Sie darüber hinweg und lenken Sie das Gespräch auf ein anderes Thema. Ganz wichtig: Erkennen Sie alles an, was geklappt hat!
- Haben Sie mal keine Lust auf Sex, sagen Sie einfach charmant: «Heute nicht!» Das reicht und ist besser als jedes Drumherumreden. Manchmal kann es sogar eine gute Idee sein, auf seine Annäherung einzugehen, oft kommt die Lust dann von allein.

Bringen Sie Spaß und Leidenschaft in Ihre sexuelle Verbindung!

- Tun Sie alles, was Sie anmacht. Wenn Sie heiß sind, ist er Ihnen zu Willen.
- Seien Sie leicht und spielerisch. Nehmen Sie sich die Freiheit, Ihrer Lust zu folgen. Ihre Leichtigkeit wird ihn anstecken und seine Kreativität anregen.

Oft fragen Männer anschließend: «War's schön für dich?» Wenn Sie wollen, dass er ein großartiger Liebhaber *wird*, machen Sie ihm klar, dass er ein großartiger Liebhaber *ist*. Sagen Sie ihm ganz genau, was er gut macht: «Du bist so großzügig und aufmerksam! Ich liebe es, wie du mich in aller Ruhe verwöhnst.» Denn Sie wissen ja jetzt: Alles, worauf Sie Ihre Aufmerksamkeit richten, wächst.

Coachen Sie ihn mit Anerkennung und beobachten Sie, wie allmählich ein neuer Mann zum Vorschein kommt.

Wundern Sie sich allerdings nicht, wenn im Eifer des Gefechts manchmal seine mechanische Ader durchbricht, das gehört zum BoySex. Solange Sie das anmacht, machen Sie mit! Wenn es Ihnen unangenehm ist, lenken Sie seine Aufmerksamkeit auf eine andere Stelle. Oder seien Sie kreativ und machen Sie ein Spiel daraus: «Ich hab einen ganz komplizierten Mechanismus, da muss man mit ganz viel Gefühl rangehen. Willst du es versuchen, ihn zum Laufen bringen?» Machen Sie ein Spiel daraus, das er Schritt für Schritt gewinnen kann!
Männer sind gröber gestrickt. Sie haben buchstäblich eine dickere Haut, und auch ihre anderen Sinne sind nicht so feinfühlig wie unsere. Sie sind geschaffen für den Umgang mit Dingen. Das zeigt sich schon im Babyalter: Jungen interessieren sich stärker für Gegenstände, Mädchen reagieren stärker auf menschliche Gesichter. Später dann begeistern sich Jungen dafür, Gegenstände auseinander zu nehmen und zu schauen, wie sie funktionieren, während Mädchen leidenschaftlich gern andere Menschen «auseinander nehmen» und analysieren, was sie bewegt – ein Unterschied, der uns ein Leben lang begleitet:

**Frauen wollen Beziehungen verbessern.
Männer wollen Dinge verbessern.**

Männer sind die geborenen Tüftler. Tüfteln ist eine Variante des Jagens. Auch beim Tüfteln geht es darum, allein oder gemeinsam schnellstmöglich das Ziel zu erreichen, dafür Anerkennung zu erhalten und so seinen Status zu festigen. Männliches Denken ist darauf ausgerichtet, für jedes Problem eine technische Lösung zu finden. Es wird so lange geplant, programmiert, konstruiert, gebaut und installiert, bis die Sache funktioniert – und dann her mit der nächsten Herausforderung!

Ohne männliches Denken wären wir arm dran: Es gäbe keinen Buchdruck, wir müssten unsere Wäsche immer noch von Hand waschen, und wir hätten keine Ahnung, wie wunderschön die Erde vom Weltraum aus betrachtet aussieht.

Um große Projekte zu verwirklichen, bedarf es der Zusammenarbeit vieler. Männer haben sich daher von jeher in Gruppen organisiert, die hierarchisch aufgebaut sind. Sie können diese biologische Programmierung bereits bei Jungen im Kindergartenalter erkennen: Die permanenten Rangeleien dienen einzig und allein dem Zweck, klarzustellen, wer das Sagen hat – der ist dann der Anführer, auf den alle hören.

Frauen, die in traditionellen Männerberufen arbeiten, kennen dieses Phänomen: Man muss sich den Respekt der Kollegen erst einmal erkämpfen. «Es ist wichtig, sich in der ersten Auseinandersetzung zu behaupten – wenn man die verliert, bleibt man immer der Dödel», sagt eine Wirtschaftsingenieurin, die bei einem deutschen Automobilkonzern in der Prototypenentwicklung arbeitet. Zunächst bekam sie immer nur die anspruchslosen Arbeiten. Erst als sie sich weigerte, immer nur das Protokoll zu schreiben, und ein eigenes Aufgabengebiet forderte, wurde sie anerkannt. Das Resultat ihres selbstbewussten Auftretens: Sie wurde sehr schnell in eine leitende Position befördert.

**Unter Männern muss man beweisen,
dass man es draufhat.**

Männer fordern einander heraus, um herauszufinden, wie stark der andere ist. Der Kampf ist in dem Moment zu Ende, in dem derjenige bewiesen hat, dass er die Fähigkeit hat, eine bestimmte Position auszufüllen. Haben auf diese Weise alle ihre Funktion gefunden, herrscht Frieden. Nun kann man seine Kräfte bündeln und gemeinsam auf ein Ziel hinarbeiten. Das ist Teamwork.

Ein Team hat Erfolg, wenn jeder an seinem Platz sein Bestes gibt. Männer organisieren sich in Teams. Sie können das überall sehen, vor allem im Business und im Sport. Werfen Sie einen Ball in eine Gruppe von Männern, und sie werden sich alle auf ihn stürzen und sich im Dreck wälzen, um ihn unter Kontrolle zu bekommen. Dabei gilt diese Grundregel:

Männer schützen die Mitglieder des eigenen Teams und bekämpfen die Mitglieder des gegnerischen Teams.

Auch dieses Verhalten ist biologisch verankert. Es funktioniert so: Wenn ein Mann einen Schlag abbekommt, identifiziert er den Angreifer als Mitglied des gegnerischen Teams. Und da jede Aktion eine Gegenaktion erfordert, schlägt er spontan zurück. Das ist keine bewusste Entscheidung. Seine gesamte Physiologie ist so organisiert, dass eine wahrgenommene Bedrohung sofort ausgeschaltet werden muss. Für Sie bedeutet das:

Entweder sind Sie Teil seines Teams, oder Sie sind der Feind.

---

1. **Wenn Sie fair mit ihm umgehen und sich loyal verhalten, betrachtet er Sie als Teil seines Teams.** Bei Ihnen fühlt er sich zu Hause, und so weit es in seinen Kräften steht, wird er Sie beschützen und alles für Sie tun.
2. **Wenn Sie ihm einen emotionalen Schlag versetzen, sind Sie der Feind.** Vielleicht haben Sie es schon einmal erlebt, dass Sie einen Mann kritisiert haben, und plötzlich behandelt er Sie, als wären Sie sein schlimmster Gegner. Jetzt wissen Sie, warum. Wenn man einen Mann kritisiert, ihn demütigt oder ihn emotional unter Druck setzt (ihm Schuldgefühle macht, seine Eifersucht anstachelt), schaltet sein Gehirn um auf Kampf, und man ist draußen.

Bleiben Sie gelassen, wenn er mal nicht Ihren Ton trifft.

Manchmal sind Männer ein bisschen ruppig, weil sie gerade unter Stress stehen. Das legt sich wieder. Wohlgemerkt: Wir reden hier nicht von häuslicher Gewalt – so etwas sollten Sie *niemals* hinnehmen! Wir meinen die kleinen Unhöflichkeiten: Wenn er zum Beispiel mit grimmigem Gesicht an Ihnen vorbeirauscht, ohne hallo zu sagen. Oder Ihren Arm wegschiebt, wenn Sie ihn tröstend umarmen wollen.

Klagen Sie ihn nicht an, er sei grob und verhalte sich beziehungslos. Denn dann haben Sie den Salat – siehe oben. Bedrängen Sie ihn auch nicht mit psychologisierenden Kommentaren, in der Annahme, eine Charakteranalyse würde ihm gerade jetzt weiterhelfen. Das macht nur eine weitere Baustelle auf und setzt ihn zusätzlich unter Druck, und Sie wollen doch, dass er sich möglichst schnell wieder beruhigt. Also fangen *Sie* schon mal damit an, entspannt zu sein: Denken Sie sich: «Mein lieber Tarzan, du bist so süß, wenn du sauer bist!» und machen Sie sich klar, dass sein T-Faktor gerade besonders hoch ist, weil er sich mit irgendeinem Problem herumschlägt. Das hat nichts mit Ihnen zu tun.

In der Schule haben wir lauter nützliche Dinge gelernt, doch hinsichtlich der Frage «Wie komme ich mit dem anderen Geschlecht gut zurecht, beruflich und privat?» sind wir auf die Mutmaßungen und Informationssplitter angewiesen, die wir im Laufe unseres Lebens zufällig hier und da aufgeschnappt haben. Kannten Sie das eben beschriebene Freund-oder-Feind-Prinzip? Wahrscheinlich nicht, woher auch. Weil wir alle keine Ahnung davon haben, nach welchen Gesetzmäßigkeiten Männer funktionieren, nehmen wir unseren Partnern ihr bisweilen raues Verhalten sehr übel. Und so scheitert nahezu jede Frau daran, ihren Mann konsequent und ausschließlich als beschützenden Teamplayer zu sehen, der ihr zur Verfügung steht. Ich spreche aus Erfahrung:

Vor etwa einem Jahr machten mein Freund Martin und ich, Birgit, einen Spaziergang, bei dem ich in genau diese Falle tappte. Wir hatten uns gut unterhalten und waren die meiste Zeit Arm in Arm gegangen. Ich fühlte mich ihm sehr nahe.

Auf dem Rückweg hatten wir eine Schnellstraße zu überqueren. «Pass auf!», kam es plötzlich von ihm, und er riss mich grob zur Seite. Ich hatte das herannahende Auto selbst auch bemerkt und war bereits im Begriff, von der Fahrbahn zurückzuweichen. Der Schreck über das vorbeirasende Auto war allerdings nicht so groß wie meine Empörung über Martins aggressiven Ton. Augenblicklich rückte ich etwas von ihm ab und war den Rest des Weges sehr einsilbig. Die Verbindung war unterbrochen.

Ein paar Stunden später konnte ich mein Herz wieder für ihn öffnen. Ich erkannte, dass er in dieser Situation absolut richtig gehandelt hatte. Er hatte gesehen, dass ich in Gefahr schwebte, und mich instinktiv beschützt.

Männer können extrem schnell umschalten, wenn es brenzlig wird. Doch die plötzlich hervorschießende aggressive Energie, die der Stresssituation absolut angemessen ist, bleibt noch einige Zeit in ihrem System und sorgt dafür, dass sie sich erst mal nicht nach Zärtlichkeit und körperlicher Nähe fühlen und auch nicht sonderlich gesprächig sind – sie sind ja noch im Kampfmodus.

Wenn Sie sehen, dass Ihr Mann in diesem Zustand ist: alles in Ordnung. Geben Sie ihm die Zeit, die sein Körper braucht, um den Adrenalinspiegel wieder herunterzufahren. Lassen Sie ihn in Ruhe, entspannen Sie sich und vertrauen Sie darauf, dass er sich schon beruhigen wird. Er wird Ihre Gelassenheit zu schätzen wissen.

Männer wünschen sich eine starke, selbstsichere Partnerin, die nicht gleich umfällt, wenn der Wind mal etwas rau weht, und die nicht jede Kleinigkeit auf sich bezieht. Sätze wie: «Du machst mich so traurig!» oder «Du bist so böse!» verunsichern jeden Mann. Da traut er sich irgendwann gar nicht mehr in Ihre Nähe, aus lauter Angst, etwas falsch zu machen. Männer haben ja ohnehin das Handicap, dass sie Menschen schwerer verstehen als Dinge.

Wir Frauen hingegen erschweren die Verständigung, weil wir Männern oft mit einer Mischung aus Unsicherheit und Überheblichkeit begegnen: «Ein falsches Wort, und du hast dich disqualifiziert. Ich hab es ja schon immer geahnt, du bist genauso wie die anderen.» Wir erwarten das Unmögliche: dass unser Partner uns ebenso gut versteht wie unsere beste Freundin. Wie soll er das können? Er ist doch ganz anders gestrickt.
Frauen wissen zum Beispiel aus Erfahrung, wie entspannend Weinen sein kann und dass Gefühle sich meist schnell ändern, deshalb können wir unsere Freundin durch ihren Sturm der Gefühle hindurchbegleiten und dabei ganz gelassen bleiben. Bei Männern laufen Gefühlsprozesse langsamer, und das macht es ihnen schwerer, sich in andere hineinzufühlen. Und dann sind unsere Gefühle oft so widersprüchlich und unsere Erläuterungen dazu so komplex, dass es jeden Mann überfordert – erinnern Sie sich daran, wie sein Gehirn funktioniert: logisch, nicht intuitiv. Frauen wissen, wie Frauen fühlen, da braucht man nichts zu erklären. Für Männer hingegen ist es ein Mysterium, wie Frauen empfinden und was sie wollen. Wenn Sie sich wünschen, dass ein Mann Sie versteht, müssen Sie seine Geradlinigkeit akzeptieren und sich mit Ihrer Kommunikation darauf einstellen (Wie, das erfahren Sie ab Seite 196 im Kapitel *Sprechen Sie mit Männern in der Männersprache*).

Verstehen Sie die Unterschiede nicht nur mit dem Kopf, sondern auch mit Ihrem Herzen.

Wenn Sie mit einem Mann eine glückliche Beziehung aufbauen wollen, ist das, als ob Sie ein Haus bauen. Damit dieses Haus lange hält, braucht es ein starkes Fundament: Vertrauen.
Bei den meisten von uns ist das Vertrauen Männern gegenüber angeknackst, und jede Enttäuschung vertieft die Risse zwischen uns und dem anderen Geschlecht. Wie können wir uns das verlorene Vertrauen wieder zurückholen? Indem wir aufhören, von Männern zu erwarten, sich nach unseren Vorstellungen zu ver-

biegen, und indem wir die Art, wie sie sind, vollkommen akzeptieren.

Männer wollen akzeptiert werden.

Einen Mann zu akzeptieren heißt nicht, alles hinzunehmen, was er tut. Es bedeutet, ihn grundsätzlich zu akzeptieren, mit seinen Stärken und Schwächen. Jeder Tarzan möchte, dass seine Jane beides an ihm liebt: das wilde Tier und den Gentleman.
Ein Mann, der nicht akzeptiert, sondern schlecht gemacht und kritisiert wird, ist unglücklich. Entweder zieht er sich zurück, oder er macht seiner Frau (oder seinen Mitarbeitern, seinen Nachbarn, der Gesellschaft) das Leben schwer. Männer kämpfen darum, akzeptiert zu werden. Damit haben sie Erfolg. Vielleicht nicht auf Anhieb, aber wenn ein Mann am Ball bleibt, sind die Chancen gut, dass er eines Tages jemanden findet, der ihn so nimmt, wie er ist.

Sehen Sie Ihren Mann als süßen, unschuldigen Zweijährigen.

Stellen Sie sich vor, Sie sitzen im Park auf einer Bank, und ein kleiner Junge kommt auf Sie zu, strahlt Sie an und sieht so süß aus, dass sie ihn am liebsten knuddeln würden.
Vielleicht haben Sie vorhin gesehen, wie er ein anderes Kind geschubst hat. Sie wissen: Wenn kleine Jungs wild und grob sind, ist kein Falsch dabei. Sie folgen einfach ihrem biologischen Programm, das sie dazu bringt, ihre Stärke unter Beweis stellen zu wollen. Natürlich muss man kleinen (und manchmal auch großen) Jungs die Spielregel beibringen, dass man andere nicht durch die Gegend schubsen darf. In einem klaren, festen Ton. So, wie ein guter Coach es mit seinen Spielern macht.

Öffnen Sie Ihr Herz für Männer.

Fangen Sie an, Männer so zu sehen, wie sie wirklich sind: Sie sind starke, treue Menschen, die sich nichts sehnlicher wünschen als

eine Partnerin, für die sie alles geben können. Auch Ihr Partner (oder Ihr Zukünftiger, wenn Sie gerade solo sind) wünscht sich nichts lieber als eine Frau, die bedingungslos zu ihm hält. Die ihn für seine Leistungen anerkennt. Die ihm unmissverständlich klar macht, was geht und was nicht geht. Die fest an seine Fähigkeiten glaubt. Wenn ein Mann all das mit einer Frau erlebt, kann er entspannen – und unglaublich produktiv werden. Weil er jemanden hat, für den sich sein Einsatz lohnt.
Die glückliche Beziehung, nach der Sie sich sehnen, ist jetzt in Reichweite! Denn Sie werden jetzt lernen, die männlichen Macken, über die Sie sich bei Ihrem Partner (oder bei früheren Partnern) bisher grün und blau geärgert haben, zu bändigen. Und zwar auf eine Weise, die seine Kooperationsfreude und seinen Sexappeal für Sie nicht dämpft, sondern steigert.

3. Coaching-Skill: *Akzeptieren*

Jemanden zu akzeptieren heißt, von ihm das Beste zu denken und keine Erwartungen zu haben.

Wenn wir fühlen, dass ein Mensch uns rundum akzeptiert, öffnet das unser Herz. Wir möchten gut auskommen mit dem, der uns so sehr schätzt. Wir fühlen uns hingezogen zu dieser Person und tun gern etwas für sie, denn bei ihr fühlen wir uns voller Selbstvertrauen. Bedingungslos akzeptiert zu werden schafft ein Klima, in dem man seine Stärken entwickeln kann – das ist für jeden Menschen ein Grundbedürfnis, auch für Ihren Mann. Öffnen Sie Ihr Herz und lernen Sie, ihn mit all seinen Stärken und Schwächen zu akzeptieren, so bringen Sie das Beste in ihm hervor.

Lernen Sie, seine Schwächen zu lieben, indem Sie sie zu Stärken machen.

Seien Sie ehrlich mit sich selbst. Machen Sie sich seine Schwächen bewusst. Versuchen Sie nicht, ihn darin zu verändern. Lernen Sie, die Eigenschaften, an denen Sie sich bei Ihrem Partner (oder bei Ihrem Chef, Ihrem Vater, etc.) bisher gestoßen haben, ganz und gar zu akzeptieren und die verborgenen Stärken und Qualitäten darin zu erkennen. So können Sie die Kraft eines Mannes in produktive Bahnen lenken und mit ihm eine starke, funktionierende Beziehung aufbauen.

Nehmen Sie ihn, wie er ist, und finden Sie Wege, wie seine Qualitäten Ihnen beiden in jeder Hinsicht nützen: In Ihrer Beziehung, in Ihrer Familie, finanziell, beruflich. Das braucht etwas Überlegung und Planung. Investieren Sie diesen Aufwand, es lohnt sich!

So funktioniert's:

- Hören Sie auf, diese Eigenschaft zu kritisieren.
- Überlegen Sie, wo er diese Eigenschaft produktiv einsetzen könnte.
- Machen Sie ein Spiel daraus und lassen Sie ihn einen Weg finden, es zu gewinnen.
- Spenden Sie ihm Anerkennung für sein Engagement und die Ergebnisse.
- Lassen Sie ihn machen. Entspannen Sie sich bei Ihren Aktivitäten.
- Probieren Sie es aus. Es könnte sein, dass Sie sich weiblicher fühlen werden und er männlicher und dass die Anziehungskraft zwischen Ihnen zunimmt.

Wenn jemand in seiner natürlichen Funktion ist, fließen die Dinge harmonisch.

Wenn er es liebt zu dominieren, finden Sie einen Bereich, in dem er ganz und gar das Sagen hat, und da halten Sie sich dann absolut heraus. Vertrauen Sie auf seine Brillanz und genießen Sie es,

ein Stück weit entlastet zu werden. Ist er Ihnen manchmal zu nüchtern und analytisch? Sie könnten ihn zum Beispiel all die Entscheidungen treffen lassen, über die Sie schon so lange nachdenken. So gewinnen Sie Zeit und werden produktiver. Erkennen Sie ihn für seine Entscheidungssicherheit an.
Ist er ein Kontrollfreak? Lassen Sie ihn ein System für Ihren Papierkram entwickeln, sodass Sie sich darin besser zurechtfinden. Bitten Sie ihn, Ihre Wohnung oder den Keller durchzuorganisieren. Er könnte nützliche Checklisten zur besseren Alltagsbewältigung entwickeln. Oder sich um alles kümmern, was mit Ihren Autos, Elektrogeräten und sonstiger Haustechnik zu tun hat. Kurzum, sorgen Sie dafür, dass seine Begeisterung fürs Kontrollieren Ihnen hier und da das Leben leichter macht.
Ist er Ihnen beim Shoppen zu ungeduldig? Sie wissen ja, Männer sind Jäger. Ziehen Sie lieber mit Ihren Freundinnen los und geben Sie ihm eine Herausforderung, der er nachjagen kann: Bitten Sie ihn zum Beispiel, während Ihrer Abwesenheit im Internet nach Reiseangeboten zu suchen (selbstverständlich haben Sie ihm zuvor einen Zettel mit Ihren Wunschkriterien gegeben). Lassen Sie ihn jagen, während Sie sammeln gehen. Dann sind Sie beide glücklich.

Je mehr Sie Ihren Partner akzeptieren, desto mehr steigt seine Selbstachtung – und seine Achtung vor Ihnen.

Seit mehreren Jahren leitet Gigi ein Seminar für Männer mit dem Titel «Was Frauen Männern nicht erzählen». Für die meisten Teilnehmer ist Güte eine der wichtigsten Eigenschaften bei ihrer Frau. Sie suchen nach dem Gefühl, bedingungslos geliebt und akzeptiert zu werden. Sie wünschen sich, dass ihre Partnerin sie mit Gelassenheit und Wärme behandelt. Das bedeutet nicht, immer lieb und nett zu sein. Wahre Güte ist manchmal unverblümt und schonungslos.
Männer mögen es, wenn ihre Partnerin ihre Wünsche und Bedürfnisse offen ausdrückt. Sie mögen es nur nicht, wenn wir das auf

eine Weise tun, die sie unter Druck setzt, weil dabei ein Misstrauen zum Ausdruck kommt: «Ohne dass ich drängle, passiert ja nichts.» Wenn Sie so mit einem Mann umgehen, geben Sie ihm das Gefühl, unzulänglich zu sein. Dagegen wird er sich wehren, denn jeder Mensch braucht das Gefühl von Selbstachtung.

Sie können das Vertrauen eines Mannes zurückgewinnen, wenn Sie lernen, seine Eigenheiten zu akzeptieren.

Tiffany und Chris hatten immer wieder das gleiche Problem: Tiffany wünschte sich, einmal pro Woche einen Abend ganz allein mit Chris zu verbringen. Das war nur mittwochs möglich, wenn ihr Sohn bei seinem Vater schlief. Weil sie beide berufstätig waren, hatten sie ansonsten nur wenig Zeit füreinander. Doch Chris zog es gelegentlich vor, mittwochs abends etwas mit seinen Freunden zu unternehmen. Jedes Mal, wenn das passierte, war sie sehr verletzt und weinte sich die Augen aus. Statt etwas zu unternehmen, saß sie zu Hause und wartete darauf, dass er zurückkam. Chris ging nun immer öfter mit seinen Freunden aus und blieb immer länger weg. Je mehr sie ihm die Hölle heiß machte, desto später kam er nach Hause und desto häufiger war er unterwegs. Als Tiffany zum PowerConnections®-Training kam, war sie sehr wütend auf Chris. Während des Seminars erkannte sie, wie sie ihn von sich weggedrängt hatte, weil sie seinen Wunsch, auch mal Zeit mit anderen Menschen zu verbringen, nicht akzeptierte. Sie beschloss, sofort damit anzufangen, eine akzeptierende Haltung einzunehmen.

Es war wieder einmal geplant, dass sie sich am nächsten Mittwoch treffen wollten. Doch in der letzten Minute sagte Chris ihr, dass er zu einem Freund fahren müsse, um ihm zu helfen. Tiffany akzeptierte seine Entscheidung vollkommen. Sie war entspannt und leichten Herzens und sagte ihm, sie würde das verstehen und dann eben ihre Pläne ändern. Sie sei nur ein klein wenig enttäuscht, weil sie sich darauf gefreut hatte, Zeit mit «ihrem Mann» zu verbringen. Chris leuchtete auf, als er das hörte.

Tiffany rief eine Freundin an, um sich zum Ausgehen zu verabreden. Als sie unterwegs war, rief Chris sie zweimal an, um zu fragen, was sie gerade tat und wo sie war. Er kam kurz nach ihr nach Hause, neugierig darauf, was sie erlebt hatte.
Nun wusste Tiffany, dass Chris spürte, dass sie seine Unabhängigkeit akzeptierte und ihn nicht kontrollierte. Auf ihren Vorschlag hin machten die beiden einen Plan für gemeinsame Abende und Abende mit Freunden, sodass beide bekamen, was sie wollten.

Bedingungsloses Akzeptieren schafft eine starke Verbindung.

Wünschen Sie sich auch, dass Ihr Partner bereitwilliger auf Sie eingeht? Dann schaffen Sie die Voraussetzung dafür, indem Sie ihn bedingungslos akzeptieren: Öffnen Sie Ihr Herz und lassen Sie es vor Liebe für Ihren Mann überfließen. Akzeptieren Sie ihn so bedingungslos, wie Sie ein Kind akzeptieren würden. Je mehr Sie ihn akzeptieren, desto mehr wird er sich beruhigen und Ihnen entgegenkommen.

3. Coaching-Skill: Akzeptieren

Hier ist Ihr Trainingsprogramm für die nächsten 4 Wochen:

- Nehmen Sie Ihr Notizbuch und notieren Sie die eine Eigenschaft, von der Sie meinen, sie bei Ihrem Partner absolut nicht akzeptieren zu können.
- Gibt es einen Weg, daraus eine Stärke zu machen? Überlegen Sie sich mehrere Möglichkeiten und probieren Sie die erste aus.
- Wenn das nicht funktioniert, gehen Sie zur nächsten Idee über. Bleiben Sie am Ball, bis es Ihnen gelingt.
- Zollen Sie sich selbst Anerkennung dafür! Denken Sie daran, Ihren Partner für jede Kleinigkeit, die er für Sie tut, anzuerkennen. Warum das so wichtig ist und wie Sie *Anerkennen* als

Coaching-Skill einsetzen, erfahren Sie im nächsten Kapitel. Es ist sinnvoll, *Akzeptieren* und *Anerkennen* gleichzeitig zu trainieren.

- Schauen Sie jetzt auf seine Stärken. Was haben Sie an ihm am meisten bewundert, als Sie ihn kennen lernten? Was hat Sie an ihm angezogen? Womit hat er Ihr Herz berührt? Schreiben Sie es auf und finden Sie Wege, diese Eigenschaften an ihm zu genießen. Hat er zum Beispiel früher für Sie Gitarre gespielt, dann erzählen Sie ihm, wie sehr Sie das damals genossen haben. Achten Sie auf Ihren Ton, damit sich kein kritischer oder jammernder Unterton einschleicht. Sprechen Sie mit einer ermutigenden, gut gelaunten Stimme!

4. Coaching-Skill: *Anerkennen*

Schmeichelei bringt Sie nirgendwohin.
Anerkennung bewirkt Resultate.

Ihr Partner besitzt die wundervollen Eigenschaften, mit denen er einst Ihr Herz erobert hat, immer noch. Sie müssen sich nur daran erinnern und Ihre Aufmerksamkeit darauf richten.
Sie wissen ja, in Ihrem Mann steckt ein Jäger, der es liebt, wenn Sie ihn anstrahlen. Und Sie wissen auch, ständige Kritik funktioniert nicht, denn damit schalten Sie ihm die Lichter aus. Hand aufs Herz, haben Sie in letzter Zeit ein bisschen zu viel herumgenörgelt? Waren Sie mit ihm unzufrieden? Haben Sie ihm Schuldgefühle gemacht? Wenn ja, dann ist er vermutlich nicht mehr ganz so kooperativ wie früher. Wenn Sie möchten, dass er zur Hochform aufläuft, müssen Sie Ihre Haltung ändern.

Reanimieren Sie ihn mit positivem Feedback.

Schauen Sie auf seine Stärken. Beobachten Sie, was er gut macht, und erkennen Sie ihn dafür an. Dann merkt er: «Ich bin auf dem richtigen Weg – so funktioniert es also!»

Frauen bekommen ständig Komplimente und Anerkennung, vor allem von anderen Frauen: «Gut siehst du aus!» Männer erhalten diese Art Aufmerksamkeit selten. Dabei brauchen auch Männer Anerkennung so nötig wie das tägliche Brot. Ehrliche Anerkennung gibt ihnen die Bestätigung, dass ihr Einsatz sich lohnt. Es motiviert sie, ihr Bestes zu geben und ihre Fähigkeiten weiter auszubauen – und es stärkt ihre Loyalität gegenüber der Person, von der die Anerkennung kommt. Wenn Sie sich wünschen, dass Ihr Partner zum edlen Ritter wird, fangen Sie damit an, ihn anzuerkennen! Beachten Sie dabei diesen Unterschied:

Komplimente sind zwar schmeichelhaft, aber nicht wirklich befriedigend. Ehrliche Anerkennung erreicht das Herz.

Haben Sie einmal von jemandem andauernd Komplimente bekommen? Zum Beispiel: «Oh, du bist so wunderbar!» – aber Sie erfuhren nicht, warum Sie wunderbar sind. Sie haben sich vielleicht gefragt, warum dieser Mensch Ihnen das ständig sagt und was er damit bezweckt.

Wenn Sie nun hören: «Du bist wunderbar, weil jedes Mal, wenn du mich mit deinem Lächeln begrüßt, für mich die Sonne aufgeht!» – was passiert dann mit Ihnen? Sie wollen mehr Wege finden, diese Person zu erfreuen. Ihrem Partner geht es genauso! Wenn Sie ihn für das, was er für Sie tut, ehrlich anerkennen, wird er sich gesehen fühlen und spüren, dass er für Sie einzigartig ist.

So funktioniert es: Beschreiben Sie seine Aktion oder das Ereignis kurz und präzise und flechten Sie ein, in welcher Weise es Ihnen gut getan hat.

Anerkennen bedeutet, klar mitzuteilen, was funktioniert.

Sprechen Sie ohne Pathos, seien Sie ganz natürlich. Hier sind ein paar Beispiele:

- «So, wie du mich gestern Abend ermutigt hast, mein Projekt anders anzupacken, hat mir eine Menge Kraft gegeben – ich habe mich heute viel stärker gefühlt.»
- «Wenn ich mit dir zusammen bin, komme ich zur Ruhe und fühle mich geerdet.»
- «Ich mag es, dass du so ein Gentleman bist: Wenn du die Tür öffnest, fühle ich mich wie eine Lady.»
- «Danke schön, dass du dich heute Morgen um die Kinder gekümmert hast. Dieser Extra-Schlaf hat mir gut getan. Wenn du so was für mich tust, spüre ich, wie lieb du mich hast!»
- «Hab ich ein Glück, einen Mann zu haben, der es genießt, mit mir einkaufen zu gehen!»
- «Ich liebe es, mich schön für dich zu machen.»
- «Ich muss dir das mal sagen: Ich bin so froh, wie sehr du im Haushalt mit anpackst. Das gibt mir das Gefühl, das wir ein gutes Team sind.»
- «Du bist ein ganzer Kerl! Ich finde dich einfach unwiderstehlich.»
- «Komm mal her, du siehst so stark und sexy aus!»
- «Ich bewundere deinen Enthusiasmus und wie sehr du in deiner Arbeit aufgehst!»

Ihre Anerkennung gibt ihm Informationen darüber, wie er bei Ihnen gewinnen kann. Das energetisiert ihn und macht ihm Lust, mehr für Sie zu tun!

Anerkennung weckt Begeisterung und verbindet.
Nörgeln führt zu Zwang und Abgrenzung.

Es braucht Übung, die Coaching-Skill *Anerkennen* konsequent anzuwenden, weil wir denken: «Wenn ich nicht darauf hinweise, wo Fehler gemacht wurden oder Dinge unerledigt geblieben sind, dann wird sich nichts ändern.» Rufen Sie sich immer wieder in Erinnerung, dass Kritik und Beschwerden das Vertrauen brechen und nichts als Unwillen erzeugen. Wagen Sie es, darauf zu verzichten.

Wenn jemand etwas tut, das nicht funktioniert, lassen Sie ihn wissen, was funktionieren würde: «Würdest du nächstes Mal vorher Bescheid sagen, wenn du jemanden mitbringst? Ich brauche etwas Zeit, um mich auf Besuch vorzubereiten.» So bekommt derjenige klare Instruktionen und weiß, wie er es in Zukunft richtig machen kann. Sprechen Sie freundlich und sachlich.

Üben Sie sich darin, zu sehen, was funktioniert.

Finden Sie jeden Tag drei Dinge, für die Sie Ihren Mann anerkennen können. Sagen Sie's ihm! Oder schreiben Sie Ihre Anerkennung auf Haftnotizen, die ihn am Badezimmerspiegel, an seinem Computer oder in seinem Terminkalender überraschen.

Als Sabine damit anfing, ihren Mann täglich anzuerkennen, sträubte der sich zunächst. «Was soll denn das? Übertreib's mal nicht. Ist doch selbstverständlich, dass ich das tue.»

«Mach weiter so, er braucht ein Weilchen, bis er lernt, Anerkennung anzunehmen», sagten wir ihr. «Wer gewohnt ist, eher Kritik zu hören als Anerkennung, muss sich erst mal daran gewöhnen, dass er seine Verteidigungsmauern nicht mehr braucht.»

Achten Sie darauf, dass Ihre Anerkennung von Herzen kommt und natürlich klingt, dann wird Ihr Partner sich damit wohl fühlen. Wenn Sie konsequent Schluss machen mit ständiger Kritik und ihm täglich mehrmals Anerkennung geben, wird er auftauen, garantiert!

Sie können *Anerkennen* in allen Ihren Beziehungen anwenden, mit Ihren Kindern, Freunden, Kollegen usw. Es ist immer leicht zu bemerken, wo es hakt. Es braucht mehr Aufmerksamkeit, zu sehen, was klappt. Überlisten Sie die innere kritische Stimme, indem Sie Ihren Blick bewusst auf das lenken, was funktioniert. Das können auch Kleinigkeiten sein. Denken Sie immer daran: Das, worauf Sie Ihre Aufmerksamkeit lenken, wächst! Praktizieren Sie *Anerkennen* einen Monat lang überall in Ihrem Leben. Beobachten Sie, wie sich Ihre Welt verändert.

4. Coaching-Skill: Anerkennen

Hier ist Ihr Trainingsprogramm für die nächsten 4 Wochen:

- Nutzen Sie jede Gelegenheit, Ihren Partner mit Anerkennung zu coachen. Beschreiben Sie präzise, was er getan hat und welche positive Auswirkung sein Beitrag hat. Er wird das Gefühl bekommen, dass Sie ihm wirklich Aufmerksamkeit schenken und dass Sie seine Leistung schätzen. Er wird sich mehr und mehr Mühe geben, Ihnen zu gefallen.
- Achten Sie auf Ihren Ton: Seien Sie sachlich und warmherzig.
- Gibt es Punkte, die Ihr Partner für Sie tut und die Sie bisher übersehen haben? Vielleicht haben Sie diese Dinge bemerkt, haben aber nicht ausgesprochen, was es Ihnen bedeutete. Schreiben Sie es auf. Finden Sie Wege, ihn dafür anzuerkennen.
- Finden Sie Wege, die wichtigen Menschen in Ihrem Leben anzuerkennen: Ihren Partner, Ihre Kinder, Ihren Chef, Ihre Freundinnen, Ihre Mutter, Ihren Vater, etc.
- Nehmen Sie sich die Zeit, Anerkennung zu geben. Reden Sie nicht über das, was nicht klappt; machen Sie stattdessen eine Gewohnheit daraus, auf all die kleinen Dinge zu achten, die jemand gut macht, und diese anzuerkennen.

Entdecken Sie, welche Beziehungsspiele Sie spielen

In diesem Kapitel erwarten Sie einige sehr überraschende Erkenntnisse. Sie werden sehen, wie Sie mit Ihrem Partner umgehen und welche Reaktionen Sie damit hervorrufen. Sie werden sehen: Wie bin ich? Wie komme ich rüber? Und wohin bringt mich das?

Es ist eine große Herausforderung,
sich selbst gegenüber objektiv zu sein.
Wir möchten Sie dafür anerkennen, dass Sie dazu bereit sind!

All das, was in Beziehungen nicht funktioniert, nennen wir unproduktive Spiele. Diese Spiele sind fast immer absolut unschuldig. Einige Leute spielen sie vielleicht absichtlich, um andere zu verletzen. Aber davon sprechen wir hier nicht. Wir sprechen von gesunden Menschen, die ganz einfach ein paar unbewusste Gewohnheiten haben.
Was wir alle vor allem wollen, ist Aufmerksamkeit. Die unproduktiven Spiele sind lauter Versuche, Aufmerksamkeit zu bekommen. Wenn wir sie spielen, sind wir im Grunde wie Kinder, die beachtet und geliebt werden wollen. Die Lösung besteht darin, Verantwortung zu übernehmen und das eigene Glück selbst in die Hand zu nehmen … mit anderen Worten: erwachsen zu werden.

Die unproduktiven Spiele, die wir in unseren Beziehungen spielen, haben wir schon als Kind gelernt.

Babys haben einen unbändig starken Lebenswillen. Wenn sie etwas wollen, dann ganz und gar, mit ihrem ganzen Wesen: Sie schreien mit aller Kraft drauflos und hören erst auf, wenn sie bekommen, was sie wollen.

Wenn Kinder größer werden, nehmen ihre Möglichkeiten, sich auszudrücken, zu: Die kleine Sarah fühlt sich allein gelassen, weil ihre große Schwester keine Lust hat, mit ihr zu spielen. Also beklagt sie sich bei Daddy. Daddy nimmt sie tröstend in die Arme und geht mit ihr Eis essen. Sarah bekommt zwar nicht, was sie will, aber sie bekommt wenigstens Aufmerksamkeit.

Rita ist scharf auf die Bonbons, die ihr Bruder Benny gehortet hat. «Wenn du mir deine Bonbons gibst, sag ich Mama nicht, dass du gestern die Schule geschwänzt hast.» Benny macht ein cooles Gesicht und rückt die Süßigkeiten heraus. Einmal mehr merkt Rita, dass sie bekommt, was sie will, wenn sie andere unter Druck setzt. Was sie nicht sieht, ist Bennys gut getarnter Ärger und wie er diesen Ärger ein paar Minuten später an einem seiner Kumpels abreagiert.

Zu Karneval geht Emma als Prinzessin verkleidet in den Kindergarten, und als Micha, der sonst immer so wild mit den anderen Jungs herumtobt, sie bewundernd anlächelt, ist es, als ob ein Blitz sie durchzuckt. Von diesem Tag an träumt sie abends im Bett vom Heiraten und von ewiger Liebe. Mama und Papa haben so viel mit sich selbst zu tun, dass sie sich oft einsam und unverstanden fühlt. Später, wenn sie erst mal mit Micha verheiratet ist, wird alles besser! Zwanzig Jahre später, Micha ist längst vergessen, hofft sie insgeheim immer noch, dass eines Tages der Mensch auftauchen wird, der sie wirklich liebt und versteht: ihr Märchenprinz.

Mit neun Jahren beginnt Sofie, viel Wert auf ein schickes Äußeres zu legen. Als plötzlich alle Mädchen mit Plateauschuhen zur

Schule kommen, erklärt sie ihren Eltern, dass sie unbedingt auch welche haben muss. Doch die sind dagegen. Also spricht sie drei Tage lang nicht mehr mit ihnen – bis ihre Mutter sich erbarmt und mit Sofie Schuhe kaufen geht. Genau die, die sie sich gewünscht hat. Als Erwachsene wundert sich Sofie, warum jede Partnerschaft, die sie eingeht, über kurz oder lang im Streit endet. Andrea hört oft, wie ihre Mutter sich beklagt, dass ihr Vater nie etwas Schönes mit ihr unternimmt. Eines Tages kommt ihr Vater aufgeregt nach Hause, wedelt mit Flugtickets und strahlt ihre Mutter an. «Schatz, ich lade dich für ein Wochenende nach Wien ein!» «Was? Ich kann doch hier nicht einfach so verschwinden! Wir können die Kinder doch nicht so lange allein lassen! Und außerdem, ich will nicht, dass du mich nur einlädst, weil ich gejammert habe!» Andrea sieht, wie das Strahlen im Gesicht ihres Vaters schlagartig verschwindet und er immer mehr in sich zusammensinkt. Warum tut sie ihm das an, denkt sie sich. Ich werde niemals so sein wie meine Mutter! Dann, eines Tages, wacht sie auf und merkt, dass sie mit ihrem Mann in genau dem gleichen Ton spricht.

Seien Sie gütig mit sich selbst. Nehmen Sie's mit Humor!

Auf den nächsten Seiten können Sie entdecken, welche unproduktiven Spiele Sie spielen. Sie werden alles sehen: Das Gute, das Schlechte, alles. Es ist wichtig, all das zu akzeptieren. Jedes Mal, wenn Ihnen bewusst wird, welche Fehler Sie gemacht haben, sagen Sie sich: «Super! Großartig!» Denn nur so lernen Sie, sich selbst zu lieben.

«Du bist überhaupt nicht mehr romantisch!»

Romance Trance

Träumen auch Sie insgeheim vom Märchenprinzen, der eines Tages auf seinem weißen Ross auftaucht, Sie in seine starken Arme nimmt und sich um all Ihre Bedürfnisse kümmert? Und dann wird Ihr Leben endlich gut ...
Bitte wachen Sie auf. Selbst der tollste Mann ist auch nur ein Mensch! Der – bei aller Liebe – doch irgendwann genervt ist, wenn die Frau seines Herzens permanent erwartet, dass er ihre großen und kleinen romantischen Wünsche erfüllt. Wer ist schon in Stimmung zu kuscheln, wenn der Lieblingsverein gerade im Endspiel steht? Wer kann Liebesbotschaften ins Telefon flüstern, wenn er sich auf ein Kundengespräch vorbereiten muss?

Wenn Sie erwarten, dass es mit ihm immer romantisch ist, werden Sie enttäuscht.

Beziehungen laufen in Phasen. Wenn die wundervollen ersten Wochen und Monate vorüber sind, sagen Sie sich: «Schön war's!», und dann schauen Sie nach vorn: Nach dem gemeinsamen Hö-

henflug sind Sie jetzt auf dem Boden der Tatsachen gelandet. Den brauchen Sie auch! Und zwar als Grundlage, um darauf eine gute Partnerschaft zu bauen.
In der Liebe wollen Frauen einen Seelenpartner, während Männer sich einen Teampartner wünschen. Zu erwarten, dass er Sie ohne Worte versteht, hat daher wenig Chancen auf Erfolg. Wenn Sie Nähe und Intimität erleben wollen, dann brauchen Sie eine pragmatische Einstellung: «Er hat zu tun. Und ich will Romantik. Okay, wie kriege ich das hin?»

Planen Sie romantische Stunden wie jeden anderen Termin!

Ab und zu etwas Romantik hält die Liebe frisch. Planen Sie romantische Begegnungen wie jeden anderen Termin. Dann haben Sie immer etwas vor Augen, auf das Sie beide sich freuen können. Sagen Sie Ihrem Partner: «Ich würde gern einen Abend in der Woche mit dir ausmachen, an dem wir es uns so richtig schön machen. Einer von uns könnte was Leckeres kochen, und dann könnten wir etwas Romantisches unternehmen. Welcher Wochentag würde dir passen?» Und dann unternehmen Sie zum Beispiel jeden Dienstagabend etwas Schönes.

So machen Sie Romantik zum festen Bestandteil Ihrer Partnerschaft:

- Halten Sie es anfangs einfach. Sorgen Sie für Situationen, in denen Sie beide gewinnen können. Fangen Sie damit an, dass Sie zusammen essen gehen oder sich im Kino einen Film anschauen, und nach einigen Wochen können Sie ein paar Schritte weiter gehen und um seine Mitwirkung bitten.
- Doch zuerst müssen Sie Vertrauen aufbauen, indem Sie mehrere erfolgreiche Dates erleben. Was auch immer an Ihrem Abend passiert, ist okay. Zicken Sie nicht herum, seien Sie gelassen und guter Dinge. Er muss spüren, dass er keine Leistungsshow abliefern muss. Sondern dass dies einfach ein Abend ist, den Sie wirklich mit ihm genießen wollen.
- Finden Sie heraus, was Ihnen beiden Spaß macht. Machen Sie ein Spiel daraus, Wünsche und Ideen zu sammeln! Silke, eine 27-jährige Designerin, veranstaltete einen Striptease für ihren Freund: Sie legte heiße Musik auf und bat ihn, sich Ideen auszudenken und aufzuschreiben. Für jeden Vorschlag, der ihr gefiel, ließ sie ein Kleidungsstück fallen.
- Fragen Sie ihn, welche Aktivität oder Überraschung er gern vorbereiten würde. Nehmen Sie Ihre Terminkalender und vereinbaren Sie Termine. Männer mögen es, klare Vereinbarungen zu treffen.
- Genießen Sie Ihre Date-Nights! Wenn er Ihre Freude und Zufriedenheit sieht, wird er mehr davon wollen.

«Hier, mein Schatz, alles für dich!» (Ich bin so was von geladen …)

Nett

Sie denken, damit er Sie mag, müssten Sie immer ein freundliches Gesicht machen? Vergessen Sie's! Das setzt Sie nicht nur furchtbar unter Druck, sondern wird ihm auch nicht gefallen.

Ihr Nettsein macht ihn müde und Sie wütend.
Oder umgekehrt.

Denn solange Sie sich bemühen, ein liebes Mädchen zu sein, sind Sie zwar pflegeleicht, aber auch langweilig. Wenn Sie nicht deutlich machen, was Sie wollen und was nicht, läuft sein Wunsch, Sie glücklich zu machen, ins Leere.
Entweder zieht er sich nun zurück und verbringt immer mehr Zeit mit Menschen und Aktivitäten, die er spannender findet. Oder er fängt vor lauter Frust an, Sie zu piesacken, um endlich mal zu erleben, dass Sie aus sich herausgehen. Doch egal, was er tut, Sie sind unfassbar … nett!!! Denn Sie haben Angst, dass es die Beziehung gefährden könnte, wenn Sie deutlich werden. Deshalb

bemühen Sie sich, freundlich zu bleiben, selbst wenn er sich Ihnen gegenüber respektlos benimmt.
Tatsächlich sind Sie mittlerweile natürlich total wütend. Auf ihn, weil er Sie schlecht behandelt, und auf sich selbst, weil Sie ihm keine Grenzen setzen. Und vor allem, weil Sie das, was Sie sich wirklich von ihm wünschen, nun schon so lange verleugnet haben.
Träumen Sie manchmal davon, Ihre soziale Maske abzusetzen und ganz ehrlich zu ihm zu sein? Das verlangt eine Menge Mut. Doch es ist genau das, was Sie tun sollten! Denn damit schalten Sie seine Lichter ein und werden wieder interessant für ihn.
Vergessen Sie die kindliche Logik: «Wenn ich lieb und brav bin, bekomme ich, was ich will!» Sobald Sie sich bemühen, nett zu sein, um ein bestimmtes Ziel zu erreichen, sinkt Ihr Energielevel. Doch Ihre Energie nimmt sofort zu, wenn Sie authentisch sind. Schauen Sie sich diese beiden Beispiele an und probieren Sie es selbst aus:
«Manchmal, wenn mein Freund mir mit seiner Kritik zu sehr auf den Wecker geht, sage ich: ‹Stopp! Hör auf damit!› – fest, aber ohne Vorwurf. Das funktioniert! Oder ich werde für einen kurzen Moment so richtig schön sauer: ‹Spinnst du? Was denkst du eigentlich, wer du bist?›, ziehe ein grimmiges Gesicht und werfe

ihm einen feurigen Blick zu. Dann lacht er meistens und hat ein Einsehen. Die Verbindung zwischen uns ist wieder da.»

«Als ich mit meinem Partner kürzlich einkaufen war, hatte er extrem schlechte Laune und war sehr unkooperativ. Ich gab ihm etwas Zeit, sich einzukriegen, aber als er sich nach einer halben Stunde immer noch hängen ließ, schaute ich ihn an und sagte: ‹Uwe, ich denke, ich sollte allein weitershoppen, weil wir einander gerade wirklich nicht genießen.› Er riss erschrocken die Augen auf, sagte: ‹Okay, lass uns zusammen weitergehen›, und war von da an wie ausgewechselt. Seit diesem Tag ist es eine wahre Freude, mit ihm einkaufen zu gehen, denn nun weiß er, was mit mir geht und was nicht.»

Machen Sie sich innerlich unabhängig.
Das wirkt befreiend und belebend – auf Sie beide!

Wir alle kennen die «Ist-mir-egal»-Haltung als Ausdruck von Beziehungslosigkeit. Das muss nicht sein. Stellen Sie sich vor, Sie spüren viel Wärme und Liebe für Ihren Partner. Und gleichzeitig ist es Ihnen komplett egal, ob er es doof findet, dass Sie unbedingt dieses Kleid haben wollen oder nicht. Sie haben zwar gerade unterschiedliche Ansichten, aber emotional sind Sie in Verbindung. Wenn Sie sich die Freiheit nehmen, authentisch zu sein, ist das unglaublich erfrischend, auch für Ihren Partner: Es gibt ihm Energie, er fühlt sich lebendig, und genau deshalb ist er so gern mit Ihnen zusammen! Beherzigen Sie deshalb ab sofort diese Devise:

Wenn Sie etwas tun, tun Sie's für sich selbst!

Erlauben Sie sich, im guten Sinne egoistisch zu sein: Wenn Sie etwas tun, dann, weil Sie es gern tun.

Lassen Sie andere denken, was sie wollen. Wenn Kollegen zum Beispiel meinen, Sie würden sich Ihrem Boss unterordnen, weil Sie immer den Kaffee kochen, bleiben Sie ungerührt. Die wissen ja nicht, wie oft er Ihnen schon einen Tee gebracht hat, wenn Sie

erkältet waren. Sie lassen sich nicht von Rollenklischees einengen, weder auf die eine noch auf die andere Art – Sie tun, was *Sie* wollen!
Wenn Ihr Herz voller Güte ist, hat Angst keinen Platz. Dann können Sie auch mal ganz unverblümt sein. Wahre Güte ist bedingungslos und schließt Sie selbst mit ein. Also, gehen Sie zuallererst gütig mit sich selbst um: Was auch immer Sie tun, tun Sie's für sich selbst! In der Praxis bedeutet das:

- Genießen Sie das befreiende Gefühl, unbekümmert über Ihre Wünsche zu sprechen. Und wenn er Sie fragt, was Sie wollen, sagen Sie es ihm klar und deutlich.
- Setzen Sie gesunde Grenzen. Ohne daraus ein Drama zu machen. Sagen Sie einfach: «Nein!» oder «Hör sofort auf damit!». Sprechen Sie nicht in einem vorwurfsvollen Ton, sondern sachlich, sodass es als Information rüberkommt. Dann haben Sie eine natürliche Autorität.
- Wenn Sie sich angesichts einer Tätigkeit bei dem Gedanken ertappen: «Ich muss das jetzt für ihn tun», halten Sie einen Moment inne: Es handelt sich um Ihre alte Gewohnheit, nett zu sein. Machen Sie sich bewusst, dass Sie dabei eine Rechnung aufmachen, die Ihrer Beziehung schadet: «Ich habe was für ihn getan, jetzt sollte er aber auch mal was für mich tun.» Und schon werden Sie unzufrieden mit ihm, Ihre Stimme und Körperhaltung spiegeln Ihren Erwartungsdruck … Den Rest der Story kennen Sie. Wenn Sie wollen, dass Ihre Beziehung Energie gewinnt, probieren Sie diese drei Alternativen:
  1. Lassen Sie ihn sich seinen Kaffee selbst kochen.
  2. Oder kochen Sie ihm einen Kaffee, weil Sie gerade Zeit dafür haben, die Tätigkeit an sich mögen und wissen, dass er sich darüber freuen wird.
  3. Bei den Dingen, die Sie nicht spontan vom Hocker reißen, aber dennoch getan werden müssen, brauchen Sie eine weiter gehende Strategie: Lernen Sie, Ihre inneren Wider-

stände zu überwinden und bereitwillig zu handeln. Dann gehen Ihnen Ihre Pflichten leichter von der Hand. Denken Sie nicht, Sie würden für andere arbeiten. Was immer Sie tun, Sie tun es in erster Linie für sich selbst. Sich dessen bewusst zu sein kuriert einen ein für alle Mal vom Jammern. Also, geben Sie sich innerlich einen Kick und sagen Sie sich: «Super! Ich mache es gern!» Ab Seite 190 erfahren Sie, wie Sie das praktisch hinbekommen.

Unzufrieden

«Was soll das? Bring lieber mal den Müll runter.»

Oft sind Frauen so wild entschlossen, nicht zu bekommen, was sie wollen, dass sie sich und andere damit in den Wahnsinn treiben.

Samstagmorgen, 10.40 Uhr, auf der Autobahn. Er: «Was willst du hören? Dire Straits oder Led Zeppelin?» Sie: «Ist mir egal.» Kaum läuft *Stairway to Heaven*, verzieht sie das Gesicht. «Ich find diesen alten Kram echt nicht so toll. Können wir nicht das Radio anmachen?» Er stellt das Radio an und sucht nach guter Musik. «Ja, lass das, das ist super!» Shakira singt *Whereever, Whenever*. Für fast eine Minute herrscht Zufriedenheit. Bis Werbung die Musik unterbricht.

«Können wir nicht einen anderen Sender suchen? Diese Werbung geht mir auf die Nerven.» Er dreht das Radio aus und sagt genervt: «Dann sollten wir wohl besser gar nichts hören.»

Hier sehen Sie eine unzufriedene Frau. Ihr Partner versucht alles, um sie zufrieden zu stellen. Keine Chance. Was auch immer er tut, sie ist niemals glücklich damit. Sie hat an allem etwas auszusetzen.

Das Spiel «Unzufrieden» gibt es in vielen Variationen: Er lädt sie ins Kino ein, und sie mosert: «Nicht schon wieder, da waren wir doch erst letzte Woche.» Er kommt spät nach Hause und ist völlig k.o., und sie begrüßt ihn mit Kritik: «Du arbeitest zu viel, hast du denn ganz vergessen, dass du eine Familie hast?» Er hält ihr den Rücken frei, und sie dankt es ihm so: «Gut, du hast zwar auf die

Kinder aufgepasst, aber als ich nach Hause kam, sah es fürchterlich aus!» Sind Sie auch eine Spezialistin dafür, in jeder Suppe ein Haar zu finden?

Mit der Einstellung «Ich bekomme sowieso nicht, was ich will» machen Sie es ihm unmöglich, sich mit Ihnen wohl zu fühlen.

Sie kennen dieses Spiel sicher auch aus der anderen Perspektive: Eine Freundin bittet Sie um Vorschläge für ihre Geburtstagsparty. Sie entwickeln lauter Ideen. Und hören jedes Mal: «Ja, aber ...» Irgendwann werden Sie müde und verlieren die Lust, etwas für die Gute tun zu wollen: «Was will sie bloß? Ich kann es ihr einfach nicht recht machen. Also lass ich's am besten ganz bleiben.»

Können Sie sich jetzt vorstellen, wie deprimierend es für Ihren Partner ist, wenn Sie an allem herummäkeln? Er will bei Ihnen gewinnen! Doch Ihre chronische Unzufriedenheit lässt ihn unweigerlich als Loser dastehen. Für Männer gibt es kaum etwas Schmerzhafteres, als es ihrer Partnerin einfach nicht recht machen zu können.

Also, machen Sie Ihrem Partner – und vor allem sich selbst – das Leben nicht so schwer! Solange Sie unzufrieden sind, graben sich Müdigkeit, Traurigkeit, Resignation und Ärger in Ihr Gesicht ein. Sie altern vorzeitig und verlieren Ihre Ausstrahlung. Das wollen Sie doch sicher nicht.

Haben Sie schon einmal darüber nachgedacht, wie unendlich wertvoll Ihr Lächeln ist? Denn mit jedem Lächeln werden Glückshormone ausgeschüttet! Nicht nur bei Ihnen, sondern, wenn Ihr Lächeln von Herzen kommt, auch bei Ihrem Gegenüber.

Strahlen Sie Ihren Mann zur Begrüßung mal so überschwänglich an, wie Sie jemanden anstrahlen würden, der Ihnen gerade eine Million Euro geschenkt hat: «Hallo, mein Schatz!» Was meinen Sie, wie er sich freuen wird: «Oh, sie ist zufrieden mit mir!»

Schon wenn Sie nur Ihre Mundwinkel hochziehen, fühlen Sie sich milder. Probieren Sie es aus!

Gewöhnen Sie sich an, nicht mit kritischen, sondern mit mit dankbaren Augen zu schauen. Ihre positive Ausstrahlung wird Ihren Partner anstecken.

Also, wenn Sie mal in Frust, Groll, Schüchternheit oder Antriebslosigkeit feststecken und nichts, aber auch gar nichts funktioniert: Suchen Sie das Gute in der Situation, das, wofür Sie wirklich dankbar sein können. Dabei werden Sie merken: Dankbarkeit ist unglaublich kraftvoll. Dieses Gefühl bringt Sie wieder in Fluss.

Machen Sie eine Gewohnheit daraus, aufkommende Unzufriedenheit in Dankbarkeit umzuwandeln. Dabei hilft Ihnen ein Dankbarkeitstagebuch. Mit dieser Idee hat die amerikanische Moderatorin Oprah Winfrey bereits Millionen Menschen inspiriert, ihr Leben mit neuen Augen zu sehen. Profitieren auch Sie davon: Schreiben Sie täglich zehn Dinge auf, für die Sie an diesem Tag dankbar sind! Und drei Punkte, die Sie an Ihrem Partner schätzen. Wenn Sie eine glückliche Partnerschaft wollen, fangen Sie bei sich an: Gestatten Sie sich selbst, glücklich zu sein!

«Ich tue alles für dich, und du siehst es nicht mal!»

Märtyrerin

Viele Frauen kümmern sich ständig um die Bedürfnisse und Anliegen anderer, während sie ihre eigenen Bedürfnisse unbeachtet lassen und ihre Wünsche zurückstellen. Tendieren Sie auch dazu? Es ist Ihr weiblicher Instinkt, der Sie dazu veranlasst, ständig für alle da zu sein. Doch wenn Sie es damit übertreiben, sind Sie irgendwann so angespannt und frustriert, dass Sie die Verbindung verlieren: zu sich selbst und zu Ihrem Partner.

Hören Sie auf, sich aufzuopfern. Je perfekter Sie sein wollen, desto weniger Liebe kommt rüber.

Vielleicht lieben Sie Fitness, aber Sie melden sich nicht im Studio an, weil Sie denken, Sie hätten keine Zeit. Sie würden sich gern mal eine Massage oder Kosmetikbehandlung gönnen, doch Ihre Verwandten brauchen ständig Ihre Hilfe, deshalb haben Sie dafür

weder Zeit noch Geld. Sie hätten gern Karriere gemacht, haben aber darauf verzichtet, weil Sie dachten, es sei besser, zu Hause bei den Kindern zu bleiben. Sie lieben Urlaub in den Bergen, doch Ihr Partner fährt lieber ans Meer, und so haben Sie die Alpen schon seit Jahren nicht mehr gesehen.
Jedes Mal, wenn Sie sie sich einen Ihrer Wünsche «für ihn» versagen, bekommt es Ihr Partner zu spüren: Sie fühlen etwas Distanz zu ihm. Sie fangen an, ihm seine Freiheiten und kleinen Alltagsfreuden nicht länger zu gönnen. «Wie kann er so ruhig vor dem Fernseher sitzen, obwohl er doch ganz genau weiß, dass ich total überlastet bin?» Sie nörgeln herum, bis auch seine Laune im Keller ist. Oder Sie sagen nichts, aber Ihr Gesichtsausdruck zeigt: Ich bin kurz vorm Explodieren! Und wenn er Sie fragt, was los ist, sagen Sie: «Ist alles okay, ich hab nichts.» Dabei sorgt Ihr wortloser Vorwurf für eine derart gespannte Atmosphäre, dass er am liebsten flüchten möchte. Ziemlich heftig, dieses Märtyrerspiel.

Wenn Sie wieder in Verbindung kommen möchten mit sich selbst und mit Ihrem Partner, müssen Sie lernen, Ihren Alltagskram effizienter zu erledigen, damit Sie Zeit gewinnen für Ihre Interessen und für Entspannung.

Setzen Sie sich selbst an erste Stelle. Das größte Geschenk, das Sie Ihren Lieben machen können, sind Sie selbst: entspannt und voller Lebensfreude.

Hören Sie auf zu kämpfen. Organisieren Sie Ihr Leben und Ihren Zeitplan ab sofort rund um Ihre Ziele und Wünsche. Reduzieren Sie die Tätigkeiten, die Sie nicht weiterbringen, auf ein Minimum. Beziehen Sie Ihren Partner und die Kinder mit ein!
Es ist ein Riesenunterschied, ob Sie jammernd Hilfe einfordern, weil Sie kein Land sehen, oder ob Sie ihn gut gelaunt bitten, ob er dienstags die Küche in Ordnung bringt, weil Sie zum Bauchtanz-Kurs gehen. Sorgen Sie zuallererst für Ihre Zufriedenheit und Entspannung. Je mehr Sie in Verbindung mit sich selbst sind, desto leichter finden Sie Zugang zu ihm.

Wenn ich ihn umsorge, dann wird er nicht mehr auf mich verzichten wollen – er wird mich für immer lieben!

Bemuttern

Ein bisschen bemuttert zu werden findet jeder Mann schön. Doch zu viel des Guten ist einfach nur eins: ziemlich lästig.

- «Hast du deine Vitamine genommen? Oh, du kommst zu spät zur Arbeit! Hast du deine Mutter schon angerufen?»
- «Du kannst nicht jeden Abend mit den Jungs einen trinken gehen und erwarten, dass du bei der Arbeit Erfolg hast!»

Haben Sie solche Sprüche auch drauf? So als ob Sie seine Mama wären?

Wenn Sie es mit dem Betüdeln und Versorgen übertreiben, machen sie ihn zum Baby und verlieren Ihren Sexappeal.

Was wollen Sie lieber sein: seine Mutter, seine Haushälterin – oder seine Partnerin? Sie tun sich keinen Gefallen, wenn Sie stillschweigend eine Wohltätigkeitsorganisation für Ihren Schatz gründen. Denn zu viel gut gemeinte Fürsorge kann einen Mann schnell erdrücken. Häufig steht hinter dem Bemuttern die Absicht, den Partner an sich binden zu wollen. Doch nichts ist tödlicher für die Liebe als jemand, der wie eine Klette am anderen hängt und dabei sich selbst aufgibt.

Nicht nur wir Frauen hätten am liebsten alles in einem Paket: den Liebhaber, den Gesprächspartner, den Versorger, den edlen Ritter, den Handwerker, den Mann von Welt – auch Männer wünschen sich das ganze Programm: die Geliebte, die Kameradin, das Playboy-Bunny, die Geisha, die Amazone, die Versorgerin, die Muse …

Schalten Sie Ihren Bemutterungsinstinkt bewusst an und ab!

Schalten Sie so oft wie möglich um auf Geliebte: «Ich bin dein Bunny, Honey!», oder auf Kameradin: Gehen Sie mit ihm wandern. Kochen Sie ihm ruhig etwas Leckeres, aber lassen Sie ihn seine Hemden selbst bügeln. Und schalten Sie um auf Ihr eigenes, interessantes Leben: Trauen Sie sich, immer mehr Sie selbst zu werden.

- Nehmen Sie sich die Freiheit, sich außer Haus Bereiche aufzubauen, in die Sie sich mit all Ihrer Leidenschaft werfen können! Fangen Sie an mit Fitness, gründen Sie eine Hilfsorganisation, starten Sie Ihr eigenes Business, lernen Sie Bauchtanzen – tun Sie alles, was Ihre Lichter anschaltet.
- Besuchen Sie einen Wellnesstempel. Machen Sie sich schön. Gönnen Sie sich jeden Luxus, der Ihre Seele streichelt.
- Ermuntern Sie Ihren Partner, Sie zu bemuttern: Sie zu bekochen, Sie zu massieren … was immer Sie sich wünschen.

«Ich schaff das nicht! Hilf mir! Rette mich! Ich brauche dich!!!»

Hilflos sein

Erwarten Sie nicht, dass Ihr Partner Sie rettet. Sonst werden Sie mit der Zeit immer unfähiger, und er wird immer genervter. Einen auf «blond & blöd» zu machen, kann ein netter Karnevalsgag sein, doch im wirklichen Leben lachen Sie sich damit höchstens einen Mr. Kontrolletti an, der Sie immer mehr in die Kindrolle drängt, bis Sie sich irgendwann selbst dumm vorkommen.
Im besten Fall weigert sich der Mann an Ihrer Seite, Ihnen Ihre Hilflosigkeit abzukaufen, und ermutigt Sie, Ihr Leben selbst in die Hand zu nehmen.

Auf die Dauer ist «Hilf mir!» absolut unsexy.

Am häufigsten passiert es einer eingebildeten Hilflosen allerdings, dass die Männer sich von ihr zurückziehen, weil sie das Gefühl haben, ausgenutzt zu werden. Mit Recht. Denn keine Frau ist wirklich so hilflos, dass sie nicht in der Lage wäre, selbst Glühbirnen auszutauschen. Oder einen Installateur zu rufen, wenn der Abfluss verstopft ist. Und selbstverständlich kann man irgendeinen Job finden, in dem man eigenes Geld verdient.
Wenn Sie meinen, Sie könnten den Mann Ihres Herzens mit Hilferufen herbeilocken und so seine Liebe zu Ihnen steigern: Vergessen Sie's! Das ist letztlich nichts anderes als seelische Erpressung. Männer merken das, und es stößt sie ab.
Nehmen Sie die Energie, die Sie bisher in Ihre Hilflosigkeitsspielchen gesteckt haben, und verwenden Sie sie dazu, Ihre Probleme

selbst in den Griff zu kriegen. Alles, was Sie selbst meistern, lässt Sie stärker, selbstbewusster und attraktiver werden! So ziehen Sie den Mann, der Ihnen gut tut, magnetisch an.

**Übernehmen Sie die Verantwortung für sich selbst.
Beginnen Sie ein überschaubares Projekt
und sammeln Sie Erfolgserlebnisse.**

Wo fühlen Sie sich hilflos? Betrachten Sie dieses Gebiet als Herausforderung, neue Fähigkeiten zu entwickeln und selbständiger zu werden. Machen Sie ein Projekt daraus: Wenn Geld Ihr Schwachpunkt ist, könnten Sie bei der Volkshochschule ein PC-Buchhaltungsprogramm erlernen, und als Nächstes bringen Sie Ordnung in Ihre Finanzen. Vielleicht entdecken Sie dabei sogar, dass Zahlen Ihnen Spaß machen – dann könnte der nächste Schritt eine eigene Firma sein. Wenn Sie nicht wissen, wie Sie Ihr permanent quengelndes Kleinkind zufrieden stellen sollen, könnten Sie sich sagen: Andere Eltern haben dieses Problem auch, was kann man tun? Und nach Möglichkeiten forschen, alles ausprobieren und einen Ratgeber schreiben. Was auch immer Sie zurzeit als Ihre Schwäche sehen – indem Sie ein Projekt daraus machen, können Sie es in eine Stärke verwandeln.

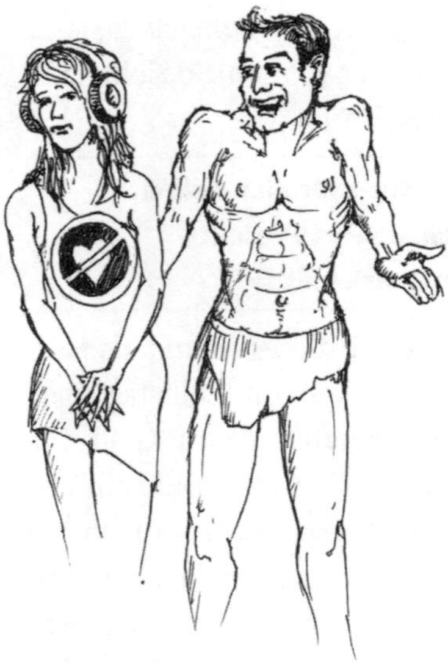

Er hat meine Gefühle verletzt, also kein Sex heute Nacht!

Liebe zurückhalten

Machen Sie das auch manchmal? Ihr Partner benimmt sich daneben, und Sie bestrafen ihn für sein «Vergehen», indem Sie ihm Ihre Liebe, Ihre Aufmerksamkeit oder Sex vorenthalten. Mit anderen Worten: Sie sind nicht nur verärgert, Sie wollen ihn auch empfindlich treffen. Es soll ihm richtig wehtun. Für eine Weile soll er bei Ihnen auf Granit beißen. Rache tut gut!
Wirklich?

Wenn Sie Ihren Partner mit Liebesentzug bestrafen, treiben Sie ihn weg – womöglich in die Arme einer anderen.

Jedes Mal, wenn Sie Ihre Gefühle «dosieren» und ihm die kalte Schulter zeigen, fühlt er sich abgelehnt, und da ist es für ihn nur logisch, sich emotional zurückzuziehen: «Ich bin nicht okay, sie mag mich nicht mehr, ich bin hier wohl nicht mehr willkommen.» Häufen sich solche Erfahrungen, wird er Ihnen immer weniger vertrauen und womöglich die Wärme, Aufmerksamkeit und Akzeptanz, die Sie ihm vorenthalten, woanders suchen.
Sie sehen, wenn Sie ihn bestrafen, schneiden Sie sich ins eigene Fleisch. Wenn Sie mit ihm glücklich sein wollen, müssen Sie einen Weg finden, auch dann, wenn Sie auf ihn sauer sind, die Verbindung zu ihm stark zu halten.

Bleiben Sie in Verbindung, auch wenn Sie mal in verschiedene Richtungen gehen.

Angenommen, Sie sind gerade sehr wütend auf ihn:

- Denken Sie daran, es ist vorübergehend. Geben Sie niemandem die Schuld, ihm nicht und auch sich selbst nicht. Shit happens – manchmal laufen die Dinge eben schief.
- Sagen Sie so etwas wie: «Ich bin sauer, das hat nur mit mir zu tun, ich brauche mal einen Moment Abstand. Mach dir keine Sorgen.» Oder: «Ich weiß nicht genau, was es ist, ich fühle mich heute so komisch. Sei nicht böse, wenn ich früh ins Bett gehe. Morgen früh geht's mir bestimmt wieder gut.»

Machen Sie sich das zur Gewohnheit! Indem Sie ihm klare Informationen geben, ohne ihn schlecht zu machen, signalisieren Sie ihm, dass Ihnen, trotz aller Irritationen, viel an ihm liegt. Das hilft ihm, Ihren Rückzug nicht persönlich zu nehmen. Und es hilft Ihnen, Ihr Herz für ihn offen zu halten, egal, was passiert. Schließlich wünschen Sie sich doch auch, dass Ihr Partner bedingungslos zu Ihnen hält.

Befragen Sie Ihren Glückskompass

Eigentlich könnte man sich ja köstlich darüber amüsieren, wenn man sich so ansieht, welche Spiele man immer wieder spielt. Doch aus Lachen wird leicht Weinen, wenn einem klar wird, wie man mit diesen Spielen die Männer, die einem lieb und teuer (gewesen) sind, in die Flucht geschlagen oder in den Widerstandskampf getrieben hat.
Haben Sie auf den letzten Seiten mit Bestürzung erkannt, wie sich Ihre unbewussten Beziehungsspiele bis heute in Ihrem Leben ausgewirkt haben? Sie haben Ground Zero erreicht. Beglückwünschen Sie sich, denn von nun an geht's bergauf! Trauern Sie ruhig für eine Weile um das Verlorene und Versäumte, danach können Sie umso befreiter nach vorn schauen. Häufen Sie keine Asche auf Ihr Haupt. Sie sind wunderbar! Sie sind offen, intelligent, wissbegierig, engagiert und voller Bereitschaft, sich weiterzuentwickeln. Sie haben keine Chance unversucht gelassen, das Glück zu finden, und so viel Ausdauer muss irgendwann belohnt werden.
Voilà, hier ist Ihr Kompass, der Ihnen ab sofort Ihren persönlichen Weg zum Glück zeigt:

Will ich Recht haben – oder will ich glücklich sein?

Diese Frage hat es in sich. Sie kann Ihnen in jeder Sekunde Ihres Lebens helfen, die richtige Orientierung zu behalten und all das, was Sie sich wünschen, magnetisch anzuziehen: den richtigen Mann, Liebe, Nähe, gute Verständigung, ein spannendes Leben, Vergnügen, den richtigen Job, Geld, ein schönes Zuhause, gute Freunde … Schritt für Schritt.

Um zu verstehen, wie Sie diese Frage als Ihren Glückskompass nutzen können, lassen Sie uns zunächst einmal die Einstellung betrachten, die uns allen so wohlvertraut ist: das Recht-haben-Wollen.

Recht haben zu wollen findet nicht nur in Auseinandersetzungen zwischen zwei Menschen statt, sondern vor allem in unseren Köpfen: «Das kann doch sowieso nicht funktionieren!» Oder: «Wusst' ich's doch, auf Männer kann man sich nicht verlassen.» Oder: «Eines Tages werde ich wieder verletzt werden.» Und ganz besonders: «Ich hab schon genug um die Ohren, das ist mir jetzt alles zu viel.»

Und dann spaziert eines Tages jemand in Ihr Leben, der Sie dermaßen begeistert, dass all diese Urteile und Überzeugungen auf einmal wie weggewischt sind. Sie sind verliebt! Plötzlich sehen Sie die Welt mit leuchtenden Augen, Sie erblicken überall Schönheit und Fülle. Neue Möglichkeiten tun sich auf!

Die Neugier aufeinander bringt Frischverliebte so zum Strahlen, dass sie einander im allerbesten Licht sehen.

Wenn wir verliebt sind, projizieren wir unsere allerbesten Qualitäten auf unseren Partner. Wir denken: «Es ist unglaublich, er ist genauso wie ich!» Dann kehrt nach und nach der Alltag ein, man gewöhnt sich aneinander und glaubt, den anderen nun zu kennen. In dem Maße, in dem die Neugier aufeinander nachlässt, sinkt die Energie. Unsere inneren Urteile und Überzeugungen treten wieder hervor. Misstrauen macht sich breit.

Nun projizieren wir unsere negativen Eigenschaften auf ihn: «Er ist unaufmerksam» – dabei sind wir selbst ebenfalls nicht mehr offen und neugierig. «Er übernimmt keine Verantwortung für unsere Beziehung» – dabei entgeht uns, dass wir längst die Verantwortung für unser Glück abgegeben haben, nämlich in seine Hände. Mittlerweile stehen unsere Erwartungen wie riesige Wachtürme vor ihm, von denen aus wir kontrollieren, ob er auch ja alles richtig macht.

Die größte Gefahr für Ihre Beziehung ist nicht das, was Ihr Partner tut – oder zu tun unterlässt. Die größte Gefahr für Ihre Liebe ist die Stimme in Ihrem Kopf.

Diese Stimme mischt sich überall ein. Und zwar nicht nur, wenn irgendwas schief gelaufen ist. Man glaubt es kaum, aber sogar dann, wenn eigentlich alles in Ordnung ist, kann es passieren, dass die Alarmglocke klingelt: «Meine Güte, geht es mir gut. Irgendwas kann doch nicht stimmen!» – und im Nu ist die Verbindung zum Partner unterbrochen.

Viele Paare erleben das im Urlaub. Ralf und Inga waren seit fünf Monaten zusammen und freuten sich auf ihre erste gemeinsame Reise. Die ersten Tage waren wundervoll. Eines Abends fühlte sie sich Ralf so nah, dass sie vor Glück hätte platzen können. Am nächsten Tag wunderte sie sich, dass das Hochgefühl verflogen war und sie sich irgendwie unruhig fühlte. Irgendetwas stimmte nicht. Was war nur los?

Beim Frühstück bemerkte sie, dass sie aus ihrem Glas frisch gepressten Orangensaft trank, ohne zuerst mit ihm anzustoßen, so wie sonst immer. Auf dem Weg zum Strand erzählte er ihr von seiner Arbeit, und zum ersten Mal langweilte es sie. Sie merkte, wie schlechte Laune in ihr aufstieg und sie Lust hatte, ihn zu kritisieren. Sie fühlte sich schuldig, dass sie nicht in der Lage war, die Zeit mit ihm einfach zu genießen. Doch dann dachte sie daran, dass er sie auch nicht mehr so aufmerksam und liebevoll behandelte wie in den ersten Tagen … also lag es doch an ihm!

Kennen Sie das? «Eigentlich müsste ich glücklich sein», denken Sie, «aber irgendwas stimmt nicht! Was ist bloß los?» Und schon verselbständigt sich der Impuls: In Ihrem Kopf beginnt ein Programm abzulaufen, auf das Sie als Kind konditioniert wurden.

Davon bekommen Sie nichts mit. Denn das Programm läuft völlig unbewusst. Würden Sie es bewusst wahrnehmen, würde es ungefähr so lauten:

«Irgendetwas stimmt nicht.
Irgendwer stimmt nicht.
Oh, ich habe etwas falsch gemacht.
Nein, ich kann es nicht gewesen sein.
Er muss es sein!
Er ist schuld!
Er muss bestraft werden!»

Da nur Sie sehen können, wie sehr er im Unrecht ist (denn nur Ihnen fallen plötzlich all die negativen Kleinigkeiten an ihm auf), müssen Sie natürlich auch die Bestrafung vornehmen. Und schon rutschen Sie in eines der unproduktiven Beziehungsspiele hinein: Sie klagen ihn an, um ihm zu zeigen, was er falsch macht, oder jammern ihm vor, Sie schlecht zu behandeln, Sie setzen ihn unter Druck oder entziehen ihm Ihre Liebe … und fühlen sich dabei absolut im Recht!

«Du bist schuld!» Wir alle haben dieses Urteil im Laufe unseres Lebens viel zu oft gehört. Das Resultat sind Schmerz und Wut, die in unserem Unterbewusstsein gespeichert sind wie auf einer CD. Jedes Mal, wenn wir uns unfair behandelt fühlen, aktiviert unser Gehirn diese Gefühle: Uralter Schmerz wird zu intensivem Selbstmitleid, und die Wut, die wir damals auf wen auch immer hatten, heizt heute den Ärger auf unseren Partner an.

Sicher kennen Sie Gedanken wie: «Wenn er mich wirklich lieben würde, würde er sich nicht so verhalten!», oder: «Wenn ich ihn machen lasse, was er will, werde ich nicht kriegen, was ich will.» Von dort ist der Weg nicht weit, den Partner anzuklagen: «Und was ist mit mir? Bin ich dir etwa egal?»

Selbstmitleid ist ein Grund, aus dem Beziehungen scheitern.

Wir alle, Männer wie Frauen, sind ein Haufen von Jammerern. Ach was, wir sind ein Planet voller Menschen, die sich am laufen-

den Band beklagen! Rund um die Welt finden Sie nur wenige Menschen, die sich nicht täglich aufregen und über andere empört sind.
Das ist niemandes Schuld. Als wir klein waren, mussten wir weinen, um zu bekommen, was wir wollten. Mit der Zeit lernten wir, unser Jammern und Schreien hinter erwachsenem Verhalten zu verbergen. Heute, als Erwachsene, sind wir es gewohnt, uns selbst unsere Wünsche zu versagen. Wir machen uns zu viel Druck und denken zu selten daran, Spaß zu haben bei dem, was wir tun.
So ein Leben macht unzufrieden. Da muss dann nur mal jemand die Frechheit besitzen, unsere Erwartungen nicht zu erfüllen, und schon ist er der Bösewicht, der scheinbar schuld ist an unserem Elend.
Angi wartet seit drei Tagen auf einen Anruf von Paul. Sie hat ihm sogar schon zwei E-Mails geschickt, doch keine Antwort erhalten. «Wozu habe ich einen Freund, wenn ich nichts von ihm sehe und höre? Wenn dieser Mann mich lieben würde, würde er doch sofort antworten, oder? Immer treffe ich auf die Falschen …»
Katja möchte, dass Ben ihr den Rücken massiert. Doch Ben will unbedingt raus und Tennis spielen gehen. Sofort, solange die Sonne noch scheint. «Warum kann er nicht etwas flexibler sein und ein bisschen später losfahren? Wenn er mich jetzt nur zehn Minuten lang massieren würde, würde es mir gleich viel besser gehen! Aber nein, der Herr denkt ja nur an sich!»
Sabine wünscht sich, dass ihr Ehemann Torsten einmal wirklich auf sie eingeht. Fehlanzeige. «Immer muss ich ihm stundenlang zuhören, wenn er mir von seiner Arbeit erzählt. Aber was ist, wenn ich ihm mal was von meinen Problemen erzähle? Da schaltet er doch sofort ab. Oder sagt mir, was ich zu tun habe, ohne die geringste Ahnung von der Sache zu haben. Er versteht mich einfach nicht!»
Denken Sie mal an Ihren Partner. Oder an Ihren Chef, Ihre männlichen Kollegen. Oder an Ihren Sohn. Da gibt es doch bestimmt ein paar Punkte, über die Sie sich gelegentlich aufregen, stimmt's?

Wenn Sie Ihren Freundinnen oder Kolleginnen davon erzählen, ist die Wahrscheinlichkeit hoch, reichlich Verständnis und Mitleid zu bekommen. Es fühlt sich erleichternd an, sich den eigenen Frust von der Seele zu reden und mal so richtig über den Schwerenöter, der all die Probleme verursacht, herziehen zu können. Außerdem ist es überaus tröstlich zu spüren: Ich werde verstanden. Die anderen sehen auch, dass ich Recht habe!

Natürlich haben Sie Recht!
Aber Recht zu haben bringt Sie nicht weiter.

Aus Ihrer Perspektive sind Ihre Gefühle verständlich. Würden Sie jedoch Ihre Sicht erweitern und sich einmal in Ihren Partner (Chef, Kollegen, Sohn) hineinversetzen, könnten Sie sehen, dass er ebenfalls Recht hat – aus seiner Sicht. Solange Sie unbedingt wollen, dass er Ihren Standpunkt versteht – oder ihm klar machen wollen, in welchen Punkten er Ihrer Ansicht nach irrt –, vergeuden Sie Ihre Kraft in einem Kampf, der Sie nicht von der Stelle bringt. Denn genauso wie Sie glaubt natürlich auch Ihr Gegenüber, im Recht zu sein! Und deshalb widersetzt er sich Ihren Versuchen, ihn zu überzeugen.

Und nun? Wie kommen Sie da jetzt wieder heraus? Hier unser Vorschlag: Überlegen Sie sich, was Sie in dieser Situation wirklich wollen:

Kampf oder Kooperation?
Widerstand oder Bereitwilligkeit?
Ärger oder Verständigung?
Frustfalten oder Lachfältchen?
Trennung oder eine funktionierende, glückliche Beziehung?

Sie haben in jedem Moment Ihres Lebens die Wahl, welche Richtung Sie einschlagen wollen:

Ihr Glückskompass

Recht-haben-Wollen	**Glücklichsein**
abnehmende Vitalität	zunehmende Vitalität
Urteile, Misstrauen, Kritik, Druck, Widerstand, Groll und Selbstmitleid führen zu abnehmender Vitalität, Stagnation, Kampf und Trennung. **Die Bilanz:** Sie verlieren Ausstrahlung, Attraktivität, Gesundheit, Selbstvertrauen, Verbindung, Produktivität und Geld. In Ihren Beziehungen erleben Sie zunehmendes Misstrauen, Entfremdung, Kampf und Schwere.	Beobachten, Neugier, Akzeptieren, Anerkennen, Ermutigen, Empfänglichsein und Nachgeben führen zu zunehmender Vitalität, guter Verständigung, Kooperation und Verbindung. **Das Resultat:** Sie gewinnen Ausstrahlung, Attraktivität, Gesundheit, Selbstvertrauen und Verbindung. Ihre Produktivität nimmt zu, Ihr Einkommen steigt. In Ihren Beziehungen erleben Sie zunehmende Nähe, Tiefe, Vertrauen, Kooperation und Leichtigkeit.

Befragen Sie Ihren Glückskompass:

Will ich Recht haben, oder will ich glücklich sein?

Recht-haben-Wollen schneidet Sie von anderen ab und führt dazu, dass Sie sich selbst und alle Leute um sich herum herunterziehen. Schauen Sie sich die Bilanz an: Recht-haben-Wollen ist unglaublich unproduktiv, in jeder Hinsicht!
Wollen Sie bekommen, was Sie sich wünschen? Mit anderen Worten, wollen Sie lieber glücklich sein? Na klar doch, wir alle wünschen uns ein erfolgreiches Leben mit funktionierenden Beziehungen! Dafür müssen wir aber auch etwas tun. Nämlich, unsere Urteile und Überzeugungen beiseite stellen und so neugierig und spielerisch sein wie ein Kind. Wenn Sie sich das erlauben, dann – wir sagten es bereits – ziehen Sie all das, was Sie sich wün-

schen, magnetisch an. Es ist dann nur noch eine Frage der Übung.
«Seit dem PowerConnections®-Training läuft es mit meinem Freund richtig gut», erzählte uns Claire, eine allein erziehende Mutter mit zwei Kindern, «denn seitdem mache ich mir keine Gedanken mehr darüber, wie gern er mich wohl hat. Ich bemühe mich auch nicht mehr, ihm zu gefallen. Ich gehe einfach davon aus, dass er mich lieb hat, denn sonst wäre er ja nicht mit mir zusammen. So kann ich jetzt ganz unbekümmert ich selbst sein, wenn wir uns sehen. Ich achte jetzt viel mehr darauf, dass es *mir* gut geht und dass ich Spaß habe.
Neulich, bei einem Spaziergang, entstand dadurch eine unglaublich intensive Energie und Verbundenheit zwischen uns. Wir fühlten uns einander sehr nah – und gleichzeitig völlig frei. Es war unbeschreiblich.
Auf dem Heimweg fragt er mich plötzlich, was ich davon halten würde, wenn er ein Haus für mich kauft! Und ich hatte immer gedacht, er sei alles andere als großzügig ...»
Dieses überraschende Angebot war das direkte Resultat von Claires neuer Ausstrahlung. Ihre unbekümmerte Selbstgewissheit ermutigte ihren Freund, alles für sie zu geben. Er hatte sich mit ihr so unbeschwert und akzeptiert gefühlt, dass sein Herz überfloss, nun wollte er *sie* glücklich machen.
«Ich war so schockiert, dass ich einen Riesenfehler machte. Ich sagte: ‹Meinst du das wirklich ernst? Bitte spiel nicht mit meinen Gefühlen.› – Sofort gingen seine Lichter aus, und ich schaffte es nicht, ihm wieder so nah zu kommen wie vorher.»

Sie brauchen Geistesgegenwart, um wirklich offen zu sein, wenn das Glück überraschend auftaucht.

Claire hat vielleicht eine Chance verpasst, aber die nächste kommt bestimmt! Dieses Mal kam der Vorschlag ihres Freundes für sie so überraschend, dass sich automatisch ihr altes Grundmisstrauen Männern gegenüber einschaltete: «Es meint ja eh keiner ernst mit mir, ich werde doch nur wieder verletzt.» Das kata-

pultierte die beiden zurück in die alte Negativspirale: Misstrauen führt zu Schuldgefühlen, Schuldgefühle führen zu Distanz und Entfremdung, und dabei entsteht noch mehr Misstrauen.
Diese Spirale können wir jederzeit durchbrechen: Indem wir uns dafür entscheiden, glücklich zu sein – und das verlorene Vertrauen behutsam wieder aufbauen. Dabei helfen die Skills:

- **Empfänglich sein:** Bevor Sie irgendetwas tun, zählen Sie bis fünf und entspannen sich. Dann sind Sie wieder in Verbindung mit sich selbst und Ihrem Gegenüber, und dann werden Sie intuitiv das Richtige sagen.
- **Neugierig:** Sie wandeln die Angst in positive Erregung um: «Hey, ist das *aufregend*!»
- **Anerkennen:** Sie beschreiben die Aktion und die positive Wirkung auf Sie: «Du willst mir ein Haus schenken – das ist das Liebste und Großzügigste, was ich je erlebt habe. Damit machst du mich total glücklich.»

Je häufiger Sie die Skills in Ihrem Alltag einsetzen, desto mehr werden sie Ihnen zur Gewohnheit. Denn wenn Ihr Unterbewusstsein oft genug erlebt, wie gut Ihnen dieses neue Verhalten tut, dann wird es Ihnen die entsprechenden Impulse immer öfter auch in Stress- und Überraschungssituationen senden. Und wenn es Ihnen eines Tages unerwarteterweise passiert, dass ein Mann Ihnen die Sterne vom Himmel holt, werden Sie ihm keine bösen Absichten unterstellen, sondern ihn voller Freude umarmen und anerkennen!

Jedes Mal, wenn Sie den Wunsch, Recht zu haben, innerlich loslassen, werden Sie jünger, schöner und produktiver.

Unser Körper ist weise. Er signalisiert uns deutlich, was uns gut tut und was nicht. Mittlerweile wissen Sie, dass es einem buchstäblich die Lichter ausschaltet, wenn man sich mit dem befasst, was nicht funktioniert. Ein Grundprinzip im Leben lautet: Das, worauf man seine Aufmerksamkeit richtet, wächst. Richten Sie Ihre Aufmerksamkeit deshalb nicht auf das, was in Ihren Beziehungen nicht funktioniert, sondern auf das, was gut funktioniert. Sie werden merken, dass Sie dabei in jeder Hinsicht gewinnen.

Beobachten Sie: Was funktioniert?
Was funktioniert nicht?

Im Leben geht es nicht darum, irgendetwas richtig oder falsch zu machen. Werfen Sie alle Normen über Bord! Es geht darum, dass Sie das bekommen, was Sie wollen. Und dafür kann nur einer sorgen: Sie selbst.

Schauen Sie sich die Resultate Ihres Handelns an: Hat es funktioniert? Wenn etwas nicht funktioniert, dann nehmen Sie es nicht persönlich. Gehen Sie professionell an die Sache heran, fragen Sie sich: «Okay, was würde funktionieren?»

Fragen Sie: «Was würde funktionieren?»

Diese Frage hilft Ihnen, sich direkt in Richtung Glück zu orientieren. Fragen Sie sich immer wieder, welches Ziel, welches Ergebnis Sie erreichen wollen, schauen Sie auf Ihren Glückskompass und lassen Sie sich inspirieren, welche innere Haltung Sie einnehmen wollen: Beobachten, Neugierig, Akzeptieren, Anerkennen, Ermutigen oder Empfänglichsein.

Noch mehr Beziehungsspiele

Alleine komme ich besser zurecht.
Männer machen doch nur Probleme ...

Jane Wayne

Finden Sie Männer eher anstrengend, lästig oder minderbemittelt? Vielleicht haben Sie in der Liebe schlechte Erfahrungen gemacht und deshalb beschlossen, Männer auf Distanz zu halten. Vielleicht sind Sie allein erziehend und erhalten kaum Unterstützung vom Vater Ihres Kindes. Vielleicht arbeiten Sie in einer Männerdomäne und haben sich mit der Zeit einige Ihrer weiblichen Eigenschaften abgewöhnt, um in dem rauen Klima zu bestehen. Sie sind stolz darauf, dass Sie es allein schaffen. Doch manchmal wünschen Sie sich schon, das Leben wäre leichter ...

Wenn Frauen zu hart kämpfen, verlieren sie die Verbindung zu allem.

Wir Frauen regieren die Welt der Entspannung. Dort ist die Quelle unserer Kraft und unserer Weisheit. Deshalb ist es gerade für uns starke Frauen so wichtig, in der Lage zu sein, uns in jeder Situation entspannen zu können, körperlich und geistig. Wenn Sie zu verbissen kämpfen, nehmen Ihre Intuition und Sensitivität ab, Sie verlieren den Kontakt zu sich selbst, und das kann hart und abweisend wirken. Das belastet Ihre Beziehungen, wodurch Ihr Leben noch anstrengender und einsamer wird.

Die Jane Waynes dieser Welt sind großartige Frauen, die sehr viel leisten. Leider werden sie eher vom Burn-out geküsst als von einem Mann. Denn Jane Waynes wirken durch ihre innere Anspannung oft so unnahbar, dass es manche Männer einschüchtert: «Diese Frau hat bestimmt sehr hohe Ansprüche, die kann ich sowieso nicht erfüllen.»

Andere Männer fühlen sich herausgefordert: «Die denkt wohl, sie ist besser als ich – der werd ich's mal zeigen!» Solange Sie so auftreten, als müssten Sie sich beweisen, wird Ihr Gegenüber automatisch auch auf den Konkurrenz-Kanal umschalten. Und das kann hart für Sie werden. Denn Männer können es nun mal überhaupt nicht leiden, *nicht* als Sieger dazustehen.

Wenn Sie mit einem Mann konkurrieren, wird sich seine Power gegen Sie richten. Wenn Sie mit einem Mann kooperieren, profitieren Sie von seiner Stärke und Brillanz.

Wenn Sie ein besseres Leben wollen, müssen Sie Ihre Strategie ändern: Lernen Sie, mit Männern zu kooperieren – vor allem mit denen, die Sie bisher als Widersacher betrachtet haben. Nutzen Sie dazu Ihre weiblichen Stärken, vor allem *Empfänglichsein* und *Nachgeben.* Sie werden sie später im Buch als Coaching-Skills kennen lernen.

Wenn wir Frauen unsere Bewertungsbrille abnehmen, können

wir sehen, dass wir von Männern eine Menge lernen können. Zum Beispiel, die eigenen Kräfte nicht überzustrapazieren. Lernen Sie zu delegieren! Nutzen Sie jede Gelegenheit, Männer um einen Gefallen zu bitten. Damit ermöglichen Sie ihnen, Ihnen eine Freude zu machen, und Sie selbst können sich wichtigeren Dingen widmen oder entspannen.
Die meisten Männer sind absolut kooperativ. Man muss sie nur fragen – wie, das erfahren Sie im Kapitel «Sprechen Sie mit ihm in der Männersprache».

Hören Sie auf, wie ein Mann zu handeln.
Seien Sie ganz Frau und geben Sie Männern
Gelegenheit, etwas für Sie zu tun.

- Gönnen Sie sich möglichst oft Auszeiten und Entspannung, um den inneren Druck abzubauen und wieder Freude und Zufriedenheit zu empfinden. Wenn Sie entspannt sind, denken und handeln Sie mit mehr Gelassenheit.

- Hören Sie auf zu kämpfen. Sie kommen viel stärker rüber, wenn Sie gelassen sind. So gewinnen Sie echte Macht und erwerben den Respekt und das Vertrauen von Männern.
- Beziehen Sie Männer in Ihr Leben ein. Je mehr Sie lernen, ihre männliche Art zu schätzen, desto leichter und reicher wird Ihr Leben.
- Lassen Sie Männer Recht haben. Mischen Sie sich nicht in ihre Angelegenheiten ein. Lassen Sie sie denken und handeln, wie sie es wollen – es gibt viele verschiedene Wege zum Ziel.
- Befreunden Sie sich mit Frauen, die Männer mögen.
- Genießen Sie Ihre femininen Seiten.
- Wenn ein Mann Ihnen etwas anbietet – ein Kompliment, eine Tasse Kaffee, Hilfe beim Umzug, einen Tipp –, nehmen Sie es mit Anmut an. Fühlen Sie sich nicht verpflichtet, irgendetwas zurückzugeben. Schenken Sie ihm einfach ein Lächeln, das ihm zeigt, dass Sie seine freundliche Geste schätzen.
- Solange Sie sich kumpelhaft geben, wird ein Mann nichts dabei finden, ein bisschen ruppig mit Ihnen umzugehen, schließlich haben Sie ihm das ja signalisiert. Wenn Sie wollen, dass Männer Sie respektvoll behandeln, pflegen Sie Ihre weibliche Ausstrahlung. Er wird Ihnen ganz anders begegnen, wenn Sie ein bisschen Lady sind.

Na also: Jetzt ist auch er meinem Bann erlegen.

Verführung

Verführung ist eine mächtige Waffe. In puncto Sex bestimmen Frauen, was geht und wie weit es geht. Wenn ein Mann sich in die nächste Kneipe aufmacht, um eine Frau für die Nacht zu finden, wird er vielleicht eine finden, vielleicht nicht. Das hängt nicht nur davon ab, wie attraktiv und sympathisch er rüberkommt. Sondern vor allem davon, ob die Frau bereit ist. Wenn aber eine Frau in eine Kneipe geht, um einen Mann für die Nacht zu suchen, wird sie mit Sicherheit jemanden finden, der gern mitkommt und nur zu bereit ist. Im jahrtausendealten Spiel mit dem Feuer haben Frauen die Macht – und Sie wissen ja, wer die Macht hat, hat auch die Verantwortung.

Verführung bricht Vertrauen und zerstört Systeme: Ehen, Familien, Firmen, Karrieren.

Wenn Frauen (und auch Männer) Verführung sorglos einsetzen, sind Zerstörung und Leere die Folge: Partnerschaften zerbrechen, Ehen werden geschieden, Kinder verlieren ihre Väter oder Mütter, Leute verlieren ihren Job, Unternehmen gehen zugrunde.

Wer sich ständig verführerisch gibt, ist süchtig nach Aufmerksamkeit. Doch der Versuch, die innere Leere zu füllen, endet meist in Enttäuschung, Traurigkeit und noch mehr innerer Leere – ganz abgesehen von den Verletzungen, die man den anderen Beteiligten zufügt.

Stellen Sie sich vor, Sie sind auf einer Party, und eine attraktive Frau kommt herein. Sie ist nicht nur gut aussehend oder sexy gestylt – sie hat eine ganz bestimmte verführerische Art und lässt nichts unversucht, die Aufmerksamkeit der Männer auf sich zu ziehen. Alle Männer schauen zu ihr hin und denken: Wow, wie sexy! Auch die Frauen schauen – und fühlen sich plötzlich ganz klein und hässlich.

Warum? Weil ein Energie-Vampir sich fast ausschließlich Männern zuwendet. Sie ist so fixiert darauf, von Männern beachtet und bewundert zu werden, dass sie dadurch den Frauen, die mit ihrem Partner da sind, Angst macht. Je hingerissener die Männer von ihr sind, desto neidischer werden die Frauen.

Frauen, die das Verführungsspiel spielen, isolieren sich.

Frauen spüren deutlich, bei welcher Frau sie aufpassen müssen und welcher Frau sie vertrauen können. Besonders Frauen in Machtpositionen haben eine feine Antenne für Verführerinnen, denn sie schauen ganz genau hin. Wenn eine Frau ihnen nicht vertrauenswürdig erscheint, werden sie sie nicht in ihren inneren Kreis hineinlassen. Denn sie wissen, dass das nicht gut gehen kann. Warum die eigene Ehe, die gute Geschäftspartnerschaft oder das Betriebsklima gefährden? In einem funktionierenden

System, das auf Vertrauen basiert, lenkt ein Energie-Vampir die Männer ab, während unter den Frauen Verunsicherung und Misstrauen auftreten. Die Produktivität leidet, das gegenseitige Vertrauen ebenfalls.
Männer genießen zunächst den Thrill, von einer attraktiven Frau beachtet zu werden. Doch früher oder später holt jeden Mann, der sich vom Energie-Vampir hat einwickeln lassen, die Realität ein: Gestern auf der Party hat er dieser Frau ein paar Blicke zu viel zugeworfen und ein paar Worte zu viel mit ihr gewechselt – seine Partnerin hat es ganz genau beobachtet! Nun ist sie sauer und schmollt – oder hackt auf ihm herum, weil sie sich vernachlässigt fühlt. Die beiden streiten, und der Rest vom Wochenende ist im Eimer.
Sicher, seine Partnerin hätte souveräner mit der Situation umgehen können. Zum Beispiel hätte sie bemerken können, dass diese Frau einfach ihre Verführungsspielchen treibt. Sie hätte in Verbindung mit ihrem Partner bleiben und freundlich zu der Frau sein können. Oft erreicht Verführung nur deshalb ihr Ziel, weil Frauen die Verbindung mit ihrem Partner unterbrechen und sauer auf den Mann werden. Der Zusammenbruch passiert immer genau da, wo die Frau aufhört, ihrem Partner zu vertrauen.
Wir wollten wissen, wie es Männer erleben, wenn sie von einer Frau verführt werden. «Erst war es toll, aber dann merkte ich, dass sie nur mit mir spielte», erzählte uns ein Freund. «Ich war bei Freunden, und da war diese Frau, die wirklich klasse aussah. Sie lächelte immer wieder in meine Richtung. Zuerst war ich geschmeichelt. Ich fühlte mich als etwas Besonderes. Bis ich bemerkte, dass sie das mit jedem Mann macht. Da wurde mir klar, dass sie nicht wirklich an mir interessiert war. Doch sie trieb ihr Spiel weiter mit mir, den ganzen Abend lang. Ich versuchte, mich abzulenken, doch sie zog meine Aufmerksamkeit die ganze Zeit auf sich, und ich fühlte mich wie ein Idiot. Sie machte mich buchstäblich verrückt. Irgendwann wurde ich tierisch sauer auf sie.»

Männer lieben es, verführt zu werden. Aber sie werden sehr sauer, wenn man sie an der langen Leine zappeln lässt oder ihnen eine Falle stellt.

Verführung ist keine Frage von waffenscheinpflichtigen Outfits. Es sind diese speziellen, verheißungsvollen Blicke, die einen Mann wahnsinnig machen können. Ihre Augen sagen: Warte nur ein bisschen. Bald wirst du mich bekommen!
Im Gespräch macht sie Andeutungen, die ihn neugierig machen. Sie gibt sich geheimnisvoll. Doch sie gibt nicht hundert Prozent – sie gibt gerade so viel, dass er interessiert bleibt. Im Grunde ist sie nicht wirklich an ihm interessiert, sondern einzig und allein an der Energie, die ihr dieses uralte Spiel gibt. Er spürt das – und fühlt sich an der Nase herumgeführt.

Verführung sind nicht eingehaltene Versprechen.

Manchmal sind zwei Leute sich einig: Lass uns heute Nacht Spaß zusammen haben! Dann findet die Verführung im Liebesspiel statt, nicht aber auf der Beziehungsebene: Die beiden haben eine klare Abmachung. Sie können einander hundert Prozent geben, weil sie sicher sein können, dass es hinterher kein Drama gibt. Jeder ist frei zu gehen – und frei, bei Gefallen wiederzukommen.
Das ist ein Deal, der den meisten Männern gefällt. Weil er so funktioniert wie sie selbst: klar, geradlinig, konzentriert aufs Wesentliche. Wenn ihnen eine Frau solch ein Angebot macht, sind sie froh und lassen sich gern darauf ein – in der vermeintlichen Gewissheit, dass die Frau das Ganze genauso locker und sportlich sieht wie sie selbst. So war es auch für Oliver, 36. «Ich war neulich auf einer Party und habe eine Frau getroffen, die für mich eindeutig signalisierte: ‹Komm, lass uns Spaß haben!› Wir flirteten und kamen uns näher. Hätte ich gewusst, wie es endet, hätte ich mich nie darauf eingelassen.
Okay, ich bin verheiratet und liebe meine Frau. Das stellte ich natürlich vorher klar. Irgendwann tauchte die Frage auf: ‹Zu dir oder

zu mir?› Na ja, wir hatten eine tolle Nacht miteinander. Keine Frage. Es war eigentlich auch klar, dass es nur um Sex ging.
Mir jedenfalls. Ich dachte, ihr auch. Am nächsten Morgen schien es allerdings nicht mehr so klar zu sein. Als ich nach Hause gehen wollte, fragte sie, wann wir uns denn wiedersehen würden.
Als ich sagte, sie wisse doch, dass ich verheiratet sei und gedacht hatte, sie wolle auch einfach ein bisschen Spaß haben, mehr nicht, ging ihre Stimmung in den Keller. Sie wurde sauer und sagte etwas wie: ‹Das ist ja mal wieder typisch Mann. Ihr wollt nur das eine, und wenn ihr es dann habt, haben wir ausgedient.›
Du lieber Himmel, was erwartet sie denn? Sie ist doch auf das Spiel eingegangen, und dann verändert sie plötzlich die Spielregeln! Erst so, und dann so. Sie wollte doch auch Sex, das war doch klar. Und plötzlich war ich der Doofe. Wenn sie eine Beziehung will, warum signalisiert sie dann: ‹Ich will Spaß und Sex?› Ich finde das nicht fair. Ich war schließlich auch fair und habe meine Karten sofort offen auf den Tisch gelegt.»
Wahrscheinlich war die Frau tatsächlich anfangs mit den Spielregeln einverstanden. Viele Frauen kennen das: Das Fleisch ist willig, der Geist ist stark und entschlossen: Ein netter One-Night-Stand, warum nicht, vielleicht wird ja mehr daraus, vielleicht nicht, ich geh's mal ganz locker an. Doch über Nacht werden wir schwach … wir verlieben uns, auch wenn wir das anfangs gar nicht im Sinn hatten.

Sich einen Mann mit Sex zu angeln kann gut gehen – aber nur dann, wenn man es spielerisch angeht.

Auch Jochen, 28, hatte zunächst den Eindruck, dass es um nichts als Vergnügen ginge: «Ich war gerade frisch getrennt und wollte so schnell keine neue Partnerschaft. Jessica, eine gute Bekannte von mir, ließ mich spüren, dass sie trotzdem sehr an mir interessiert war. Sie ist eine tolle Frau, aber wie gesagt … keine Beziehung! Ich sagte es ihr auf eine nette Weise, schließlich wollte ich sie nicht kränken – ich wollte ihr nicht das Gefühl geben, sie sei

nicht liebenswert. Irgendwann kam sie mich abends besuchen und legte es richtig drauf an, mich anzumachen.
Schließlich hatte sie mich so weit, ich meine, ich bin ja auch nur ein Mann – und sie ist wirklich attraktiv! Als wir dann miteinander im Bett waren, es war kurz vor dem Höhepunkt, hielt sie einen Moment inne, schaute mich ernst an und sagte: ‹Bitte spiel nicht mit mir!› Oh, Mann! Ich fühlte, wie die Falle zuschnappte. Jetzt aufhören und sie wegschicken ging genauso wenig wie am nächsten Morgen sagen: ‹Tschüss, das war's.›
Wir waren dann einige Monate zusammen, aber es stimmte einfach nicht. Als ich mich dann schließlich von ihr trennte, war es ein Fiasko. Sie fühlte sich ausgenutzt, ich hatte ein schlechtes Gewissen … aber ich habe mich nie getraut, ihr meine Version von dieser Nacht zu erklären.»
Wenn Sie sich einen Mann angeln wollen, hilft es durchaus, ein bisschen Verführung einzusetzen. Doch Sie müssen auch in der Lage sein, auf einen anderen Kanal umzuschalten. Mit Verführung können Sie ihn zwar anlocken – halten können Sie ihn jedoch nur, wenn Sie mit ihm eine echte Verbindung aufbauen, die auf Ehrlichkeit und Vertrauen basiert.

Das klassische Missverständnis zwischen Frauen und Männern: Er will spielen, sie will ihn festhalten.

Dies ist eine fundamentale Dynamik zwischen Frauen und Männern. Sie signalisiert: Komm her, spiel mit mir! Er freut sich, denn das ist genau das, was ihn anmacht. Schön, wenn sie das auch will. Doch oft wollen Frauen mehr, nämlich eine feste, verbindliche Beziehung. Verführung hat aber nicht nur mit Sex zu tun. Verführung findet sogar oft ausschließlich auf der Beziehungsebene statt. Es ist ein Spiel mit Andeutungen und Versprechungen.
Frauen setzen auf Verführung, weil sie es nicht besser wissen und weil sie keine Ahnung haben, welchen Preis sie dafür bezahlen. Es gibt viele Gründe, warum Frauen das Verführungsspiel spielen. Hier sind die häufigsten:

1. Um durch Verführung Vorteile zu erlangen.

Eine Beförderung, Geld, ein Ehering, ein höherer sozialer Status – klar, es kann funktionieren, solche Ziele durch vollen Körpereinsatz zu erreichen. Doch damit tut man sich meist keinen Gefallen. Denn Männer haben einen untrüglichen Instinkt und spüren es genau, wenn sie mit den Waffen einer Frau manipuliert werden. Unterschwellig oder ganz bewusst wissen sie, dass man dieser Frau nicht trauen kann: «Wenn sie das mit mir macht, dann wird sie es mit jedem machen.» Lässt er sich trotzdem auf ein Techtelmechtel ein, dann sollte die Frau sich nicht wundern, wenn er sie eines Tages respektlos behandelt.

Um von einem Mann, von dem Sie etwas wollen, respektiert zu werden, müssen Sie mit ihm einen klaren Deal machen und diesen Deal auch einhalten. Das setzt voraus, dass Sie zuerst einmal herausfinden, was Sie selbst wollen – und was er will. Er muss schließlich auch mit seinem Teil des Geschäfts zufrieden sein! Seien Sie neugierig, öffnen Sie Ihr Herz, sammeln Sie Informationen und handeln Sie auf integre Weise. So können Sie es locker auch zur Millionärsgattin bringen, wenn das Ihr sehnlichster Wunsch ist.

2. Weil wir programmiert sind, uns verführerisch zu geben.

Von Kindheit an haben wir auch durch die Medien gelernt, dass Verführung ein probates, ach was, *das* Mittel ist, um mit dem männlichen Geschlecht umzugehen. Damit ich jemand bin, muss ich genauso gut aussehen wie die anderen Mädchen – oder möglichst noch besser. Der Druck, dem allgemeinen Schönheitsideal so nahe wie möglich zu kommen, entfremdet viele Mädchen so sehr von sich selbst, dass ihr Denken fast nur noch um ihr Aussehen kreist. So verpassen sie ungezählte Chancen, in interessanten Projekten mitzumischen, Erfahrungen zu sammeln und die lebendige, interessante Person zu werden, die Männer wirklich attraktiv finden.

3. Weil man vor lauter Begeisterung blindlings über das Ziel hinausschießt.

Begeisterung ist etwas Wunderbares – und sie kann auch verführerisch sein. Nämlich dann, wenn man so sehr in den Sog der Ereignisse gerät, dass sich die eigene Wahrnehmung verengt. Man verliert wichtige Faktoren aus den Augen. Es ist wie ein Rausch, der einen hinwegträgt. Doch plötzlich landet man irgendwo, wo man gar nicht hinwollte.

Eine von Gigis Klientinnen liebt es, auf Partys herumzualbern und die Männer in witzige Wortwechsel zu verwickeln. Sie hat dabei nicht einmal Hintergedanken – es geht ihr nicht um einen bestimmten Mann, sondern um den Spaß und die Aufmerksamkeit aller Männer im Raum. Früher vergaß sie dabei, die Frauen miteinzubeziehen. Die fühlten sich ausgeschlossen, wurden sauer und beklagten sich später bei ihren Männern über unsere Klientin – die daraufhin in diesem Freundeskreis zur «Persona non grata» wurde. Heute übt sie sich in der Kunst, entspannt und aufmerksam zu bleiben, wenn der Enthusiasmus sie packt.

4. Um Aufmerksamkeit, Anerkennung und Bestätigung zu bekommen.

Manchmal machen Frauen Männer an, um den eigenen Marktwert zu testen. Diese Frauen sind die Schwestern des Energie-Vampirs. Sie flirten, bis er angebissen hat. Jetzt wird beobachtet: Wie sehr legt er sich ins Zeug? Je mehr Interesse er zeigt, desto großartiger fühlt man sich. Und das reicht dann eigentlich auch schon. Und tschüss!

Hier wird Interesse am anderen nur vorgetäuscht, tatsächlich geht es nur um einen bestätigenden Kick fürs Ego. Die Person, die einem dazu verhilft, ist Nebensache.

Niemand mag sich gern benutzen lassen oder sich an der Nase herumgeführt fühlen. Wenn Sie Lust aufs Flirten haben, dann machen Sie's mit Herz! Seien Sie neugierig und interessiert auf Ihr Gegenüber. Machen Sie keine Versprechungen oder Andeutungen. Seien Sie natürlich – so bleiben Sie anschließend in guter Erinnerung. Wahres Flirten ist ein pures, kindliches Vergnügen. Genießen Sie's, sooft Sie Lust dazu haben!

Interessieren Sie sich für andere – so werden Sie magnetisch

Die gleiche Situation wie vorhin: Sie sind bei einer Party. Sie amüsieren sich mit Ihrem Partner und einigen Freunden, als die Tür aufgeht und eine attraktive Frau hereinkommt. Sie ist nicht nur gut aussehend und sexy – sie hat eine positive Ausstrahlung, die einfach ansteckend ist. Alle Männer schauen zu ihr hin und finden sie großartig. Auch Sie schauen hin – und fühlen sich mit einem Mal lebendiger und schöner. Alle Frauen im Raum blühen plötzlich buchstäblich auf. Warum?

Weil diese Frau mit ihrer Ausstrahlung jeden berührt. Ihre Natürlichkeit und Lebendigkeit verwandelt den Raum und inspiriert die anwesenden Frauen, ebenfalls locker zu sein und Spaß zu haben. Denken Sie an Heidi Klum oder Gayle Tafts. Jeder, der diese Frauen sieht, bekommt gute Laune! Sie sind wie ein Magnet: Alle Leute lieben sie.

Was ist ihr Geheimnis? Sie legen es nicht darauf an, gemocht zu werden. Sie sind einfach natürlich, entspannt und warmherzig. Das macht sie total magnetisch!

Achten Sie darauf, dass die Frauen in Ihrer Umgebung sich wohl fühlen.

Machen Sie es genauso. Wenn Sie das nächste Mal ein Restaurant betreten oder zu einer Party kommen, stellen Sie zuerst Augenkontakt mit den Frauen her und lächeln sie dabei an. Damit schaffen Sie eine Atmosphäre von Vertrauen und Verbundenheit, in der jede Frau sich sicher fühlt und entspannen kann.

Erotische Anziehung ist unschuldig und ohne Hintergedanken. Sie ist pure Lebensenergie und Magnetismus.

Wenn Sie mit einem Mann flirten, beziehen Sie die anderen Frauen mit ein. Ist seine Partnerin dabei, lassen Sie sie spüren, dass sie die Neckereien nicht ernst zu nehmen braucht. Natürlich ist da sexuelle Energie, aber jeder weiß, dass das nirgendwohin führt. Es ist einfach ein Austausch von purer Freude und Lebenslust! Wenn Sie merken, dass seine Partnerin sich unwohl dabei fühlt, wenden Sie sich sofort ihr zu. Hier ist die Basisregel: Haben Sie nicht nur Augen und Ohren für Männer, interessieren Sie sich ebenso für die Frauen. Schließen Sie niemanden aus – beziehen Sie alle mit ein!

Auf Verführungsspielchen können Sie in Zukunft verzichten. Es lebt sich viel entspannter und lustiger, wenn Sie natürlich sind. Das macht Sie nämlich so magnetisch, dass alle Leute, die Ihnen gut tun, wie von Zauberhand zu Ihnen finden. Mit jedem Tag, an dem Sie Ihr neues Ich leben, wird Ihre Anziehungskraft stärker und stärker. Interessieren Sie sich ehrlich für andere und leben Sie mit Leidenschaft – dann werden Sie einfach unwiderstehlich: für Ihren Mann oder, wenn Sie Single sind, für all die guten Männer da draußen, die Sie demnächst in die engere Wahl nehmen werden!

Wehe, du erfüllst meine Erwartungen nicht …

Ichbezogen

Hätten Sie auch am liebsten, dass Ihr Partner immer schön nach Ihrer Pfeife tanzt? Dass er Sie, und nur Sie allein, in seinem Leben an erste Stelle setzt, und danach kommt erst mal lange nichts? Damit zwingen Sie ihn dazu, sich zwischen zwei Übeln zu entscheiden: sich zu verbiegen, um als devoter Dienstbote die hohen Anforderungen seiner Prinzessin zu erfüllen. Oder sich selbst treu zu bleiben und sich dann als liebloser Mistkerl beschimpfen zu lassen. Wie auch immer er sich entscheidet, er kann nur verlieren. Und wenn er verliert, verlieren Sie beide!

Hören Sie auf zu erwarten, dass er nur um Sie kreist.
Das lässt ihn automatisch dumm aussehen.

Das wollen Sie doch sicher nicht. Also, wie kommen Sie wieder heraus aus diesem Dilemma? Wenn Sie gern die Nummer eins sein wollen, dann suchen Sie sich einen Bereich, wo Sie das sein können: Ihr eigenes Leben. Ja, Sie sind etwas Besonderes! Sie sind ein einmaliges menschliches Wesen mit einer einzigartigen Kombination von Stärken und Talenten. Vielleicht hätten Sie es gern, dass man Ihnen öfter mal sagt, wie klasse Sie sind und welch wichtigen Beitrag Sie leisten ... als Partnerin, als Mutter, als Freundin, als Kollegin. Wenn Sie sich Anerkennung wünschen, bitten Sie darum!
Aber nehmen Sie sich trotzdem nicht soooo wichtig. Sie sehen es ja selbst: Wer sich auf einen Sockel stellt, verliert die Verbindung zu den anderen. Kommen Sie herunter! Gehen Sie in Service – für jeden, sich selbst eingeschlossen.

Gehen Sie in Service.

«In Service gehen» – das bedeutet schlicht, seine Funktion zu erfüllen: in diesem Fall als Partnerin, die ihren Mann unterstützt in dem, was ihm wichtig ist. Sie wollen doch auch, dass er Sie vom Flughafen abholt, ohne sich dreimal bitten zu lassen. Also, seien Sie großzügig! Lernen Sie, alles zu lieben – insbesondere solche Situationen, die Sie bisher geärgert haben:

- wenn er Sie bei der Arbeit unterbricht: «Gern, Schatz, heute Abend hab ich Zeit für dich!»
- oder wenn Sie auf ihn warten müssen, weil seine Konferenz länger dauert: «Gut, dann leg ich mich mal in die Wanne. Bis nachher!»

Service kommt von Herzen und ist eine Lebenseinstellung. Es bedeutet, zu tun, was zu tun ist. Gern und freundschaftlich, ohne viel Tamtam. Und ohne sich dabei klein zu machen. Sie werden sich wundern, wie viel glatter die Dinge dann laufen.

*«O Gott, Tarzan, schau mal,
mein Fingernagel ist eingerissen!»*

Drama-Queen

Kommt Ihnen Ihr Leben manchmal wie eine Seifenoper vor? Sie regen sich auf. Sie zoffen sich mit Ihrem Partner. Sie leiden fürchterlich. Schließlich beruhigen Sie sich. Und ein paar Tage später kommt schon wieder die nächste Krise. Wollen Sie Ihre besten Jahre wirklich so vergeuden?
Wir Frauen haben eine Menge Energie, die wir oft sorglos in unser emotionales Drama stecken, statt uns ein gutes Leben aufzubauen. Wenn Sie mal ehrlich hinschauen: Wie produktiv ist es, sich aufzuregen? Was kostet es Sie, was bringt es Ihnen? Eines wissen Sie wahrscheinlich selbst:

Männer fühlen sich von emotionalen Dramen abgestoßen.

Also, wenn Sie Ihren Schatz in die Flucht schlagen wollen, zetteln Sie ein emotionales Drama an! Wie das geht, wissen Sie ja, und passende Anlässe gibt es in jeder Beziehung genug. Wenn Sie ihn allerdings lieber behalten möchten, müssen Sie rauskommen aus dem Drama-Sumpf. Dass Sie damit eine Menge Zeit und Kraft sparen, die Sie nun verwenden können, um Ihre Ziele zu verfolgen, versteht sich von selbst.

Theatern Sie's aus!
Mit ein bisschen Komik löst sich der Knoten.

Sobald Sie das nächste Mal so richtig genervt sind, drücken Sie emotional einfach noch ein bisschen mehr auf die Tube – so sehr, dass es komisch wird. Theatern Sie's aus: «Ich Arme, was ich alles

ertragen muss! Niemand versteht, wie's mir wirklich geht! Das Leben ist so ungerecht!» Wenn Sie es mit Humor nehmen, verschwindet die Schwere. Lassen Sie sich vom Drama Ihres Lebens unterhalten. Das ist das ganze Geheimnis!

Schauen Sie mal, wie Ihr Mann lächelt. Er ist erleichtert, denn jetzt muss er sich nicht mehr verantwortlich dafür fühlen, dass es Ihnen schlecht geht. Genauso gut funktioniert es, wenn Sie mal sauer auf ihn sind: Werden Sie zum Rumpelstilzchen! Stampfen Sie energisch mit dem Fuß auf: «Sei bloß nicht so frech zu mir! Hör sofort auf damit!» Machen Sie es so, dass er den Ernst der Lage spürt und gleichzeitig darüber lachen kann.

Wenn Sie dramatisch sein wollen, schreiben Sie es auf Ihr T-Shirt: «Heute bin ich Drama-Queen.» Oder bringen Sie Ihr «Leben am Rande des Nervenzusammenbruchs» doch gleich auf die Bühne! Diane, eine unserer PowerConnections®-Kolleginnen, hat es getan. Ihr Stück wurde bereits auf dem Broadway gefeiert, und raten Sie mal, wer ihr größter Fan ist? Ihr Partner.

«Schon wieder Flecken auf den Gläsern …
gib dir doch mal Mühe!»

Kontrollieren

Kennen Sie das? Sie verspüren diesen unbezwingbaren Drang,

- Ihrem Partner Vorschriften zu machen,
- ihm Fehler nachzuweisen,
- demonstrativ hinter ihm herzuräumen,
- ihn zu korrigieren,
- an ihm herumzukritisieren,
- hinter ihm herzuspionieren,
- sein Verhalten mit Argusaugen zu überwachen.

Versetzen Sie sich mal in Ihrem Partner hinein. Wie geht es ihm, wenn Sie so mit ihm umgehen? Und wie geht es Ihnen selbst dabei?

Wer meint, den Partner kontrollieren zu müssen, hat Angst, dass sonst etwas schief laufen würde. Dieses Misstrauen macht die Liebe kaputt. Zuerst bei Ihnen selbst: Wenn Sie sich auf das Negative im Partner konzentrieren, schwindet Ihr Vertrauen in ihn. Sie behandeln ihn nun nicht mehr partnerschaftlich, sondern von oben herab. Klar, dass ihn das empört. Und natürlich kränkt ihn Ihr Misstrauen. Jetzt ist auch er negativ gestimmt. Die Verbindung zueinander ist abgerissen. Jeder kämpft darum, Recht zu haben, denn mittlerweile geht es nicht mehr nur um den ursprünglichen Anlass, sondern vor allem um den eigenen Selbstwert – und um die Frage: Wer muss sich dem anderen beugen? Wenn Sie sich durchsetzen, wird er Ihnen insgeheim grollen und in Zukunft nur noch widerwillig oder gar nicht kooperieren. Wenn er sich durchsetzt, werden Sie unglücklich sein. In beiden Fällen bleibt die Verbindung zueinander unterbrochen. Denn das Misstrauen, das die Entfremdung ausgelöst hat, liegt nun auf beiden Seiten. Das Spiel wiederholt sich, der Graben wird tiefer. Eines Tages ist es mit der Liebe vorbei.

Kontrollspiele führen zu einem Machtkampf, bei dem letztlich beide verlieren.

Wenn Sie sich einen kooperativen Partner wünschen, dürfen Sie ihn nicht kontrollieren. Wie Ihnen das gelingt? Lesen Sie, wie Anja es geschafft hat: «Vor ein paar Jahren war ich ein schrecklicher Kontrollfreak. Nirgendwo war mein Ehemann vor mir sicher. Bei allem, was er tat, schaute ich nach, ob er es ‹auf die richtige Weise› machte. Ich kontrollierte ihn nicht nur in ‹meinen› Bereichen, sprich Küche, Bad und so weiter, sondern auch in ‹seinen› Bereichen, also im Garten, rund ums Haus, in der Garage und so weiter: ‹Warum müssen deine schmutzigen Arbeitsklamotten immer im Badezimmer herumliegen?› ‹Halt Abstand zu den Blumenbeeten, sonst säbelt der Rasenmäher meine Stauden ab!› ‹Die Weingläser sind schon wieder fleckig!› Klar, dass ihn das nervös machte und dass ihm früher oder später der Kragen platzte. Dann

stritten wir uns, ich schickte ihn weg, oder er ging von allein, und es endete damit, dass ich den Rasen selbst mähte und die Gläser noch einmal spülte.

Dieses Theater ist bei uns zum Glück vorbei. Im PowerConnections®-Training sah ich, dass das eigentliche ‹Problem› in meiner Ehe nicht mein Partner war (wie ich immer gedacht hatte!), sondern mein Kontroll-Tick, der das Klima zwischen uns regelrecht vergiftete. Ich wollte das gern verändern – aber wie?

‹Geh aus dem Zimmer, lass ihn die Dinge auf seine Weise tun und vertraue darauf, dass es gut wird!›, schlug Gigi mir vor. Ich schluckte. Vertrauen, ja, das war der springende Punkt …

‹Gib ihm anschließend viel Anerkennung für das Ergebnis! Denn alles, worauf du deine Aufmerksamkeit richtest, wächst. Wenn du ihn auf seine Fehler aufmerksam machst, wird er sich schlecht fühlen, nervös und unsicher werden und beim nächsten Mal noch mehr Fehler machen. Oder er hat gar keine Lust mehr, etwas zu tun, weil das Risiko zu groß ist, wieder einen auf den Deckel zu bekommen. Wenn du ihn auf das aufmerksam machst, was ihm gut gelungen ist, dann wird er sich gut fühlen und ist motiviert, sich in Zukunft noch mehr ins Zeug zu legen!›
‹Okay. Aber wie mache ich ihm klar, was ich von ihm will? Zum Beispiel, wenn die Weingläser wieder mal fleckig im Schrank stehen, weil er sie nicht richtig poliert hat?›
‹Zuerst zeige ihm, wie sehr du dich freust, dass er die Spülerei erledigt. Und dann sag ihm freundlich und mit einer Prise Humor, was du von ihm willst. Rede keine Romane. Gib ihm eine klare Anweisung! Zum Beispiel so:
‹Schatz, ich finde es so klasse, dass du so gern spülst. Das gibt mir das Gefühl, dass wir ein gutes Team sind! Schau mal, hier sind ein paar Gläser, die brauchen eine Extra-Behandlung. Würdest du die in Zukunft besonders gründlich polieren, damit sie richtig schön blank werden?›

Lassen Sie es ihn auf seine Weise tun und geben Sie ihm Anerkennung.

Ich merkte mir nicht nur Gigis Worte, sondern auch den leichten, herzlichen Ton. Als mein Mann ein paar Tage später vor dem Spülbecken stand, dachte ich mir: Hey, eigentlich doch ganz prima, einen Mann zu haben, der spült! Dann umarmte ich ihn, ließ meinen Satz los, drückte ihm einen Kuss in den Nacken und verschwand, um ihn die Sache in Ruhe zu Ende bringen zu lassen. Die Gläser waren noch nie so blitzblank wie an diesem Abend…
Mittlerweile schaue ich, dass ich meinen Mann – und auch meine Kinder – bei jeder sich bietenden Gelegenheit anerkenne. Mir hilft das, meinen Kontroll-Tick im Zaum zu halten. Und er freut

sich, weil er weiß, dass er gerade wieder um eine Kritik herumgekommen ist, und genießt meine Anerkennung.»
Sie sehen, es lohnt sich, mit Kontrollspielen aufzuhören. Weil Männer sofort kooperativ werden, wenn sie merken, dass man an ihre Fähigkeiten glaubt.

Setzen Sie Ihre Lust zu kontrollieren produktiv ein.

Wenn Sie jemand sind, der gern kontrolliert und anderen sagt, wo es langgeht, dann suchen Sie sich eine Aufgabe, wo Sie genau das tun können: als Steuerfrau in einer Rudermannschaft. Als Hundetrainerin. Als Unternehmensberaterin.
Sie können bei der Arbeit bestimmend sein, Sie können fordernd sprechen, wenn Sie mit dem Verkäufer über den Preis für Ihr neues Auto verhandeln, Sie können bestimmt auftreten, wenn der Immobilienmakler Ihnen ein Haus verkaufen will. Aber mit Ihrem Partner – seien Sie locker! Haben Sie Spaß!

Opfer

Wer in der Opferrolle steckt, ist Meister darin, andere emotional zu erpressen: «Du bist schuld daran, dass es mir so schlecht geht! Kümmere dich gefälligst um mich!» Kennen Sie das von sich selbst? Damit schieben Sie ihn in die Rolle des Bösewichts und geben die Verantwortung für Ihr Glück ab.

«Wie kannst du mir das antun?»

Solange Sie glauben, das Leben sei gegen Sie, verstricken Sie sich und Ihren Partner in unproduktive, ermüdende Kämpfe.

Kommt es Ihnen manchmal so vor, als ob alle auf Ihnen herumtrampeln, als wären Sie ein Fußabtreter? Wenn ja, dann haben Sie ihnen selbst die Einladung dazu gegeben. Das Leben und die Leute können uns alles Mögliche antun. Doch wir selbst bestimmen es, ob wir deshalb unsere Würde verlieren oder die Situation als Gelegenheit nutzen, um etwas Wertvolles daraus zu machen. In ihrem Buch *One Single Step* beschreibt Heather Mills, Ehefrau von Paul McCartney, wie sie mit Mitte zwanzig bei einem Verkehrsunfall ein Bein verlor. Aber daraus machte sie kein persönliches Drama, sondern eine Erfolgsstory: Sie gründete eine Organisation, die dafür sorgt, dass Minenopfer in ehemaligen Kriegsgebieten hochwertige Prothesen bekommen. Bis heute hat die Heather-Mills-Stiftung über 27 000 Amputierten helfen können, ihr Leben durch eine Prothese zu verbessern.

Wo fühlen Sie sich als Opfer? Schauen Sie mit dem Herzen hin. Sie werden sehen, dass sich darin ein Geschenk verbirgt.

- Ist Ihr Partner so kritisch mit Ihnen, wie schon Ihr Vater es war? Vielleicht ist das eine Gelegenheit zu lernen, freundlich Grenzen zu setzen. Nehmen Sie ihn als Gelegenheitsgeber, an dem Sie Ihre innere Stärke entwickeln können.
- Trampeln Ihre Kinder auf Ihren Nerven herum? Geben Sie ihnen einmal am Tag Ihre volle Aufmerksamkeit, so füllen Sie ihren Lebensrucksack mit Liebe und Selbstvertrauen. Finden Sie heraus, was sie gern machen, tun Sie es mit ihnen und genießen Sie die gemeinsame Zeit, solange sie noch klein sind.

«Gut und schön», denken Sie jetzt vielleicht, «das würde ich ja alles gern tun, aber wie soll ich das hinkriegen, wenn …»
Hallo! Sind Sie vielleicht gerade auf der Suche nach Ausreden, um weiter Ihre Opferhaltung pflegen zu können? Wer in der Opferrolle steckt, hat oft eine Menge Wut in sich, und die hält ihn dort, wo er doch eigentlich gar nicht sein will.
Der größte Schlamassel ist, dass diese Wut vor allem diejenigen abkriegen, die am treuesten zu einem stehen – der Partner, die eigenen Kinder, gute Freunde etc. Ganz besonders wütend kann ein selbst ernanntes «Opfer» werden, wenn jemand mit dem Vorschlag kommt, doch mal mit dem Jammern aufzuhören und etwas zu unternehmen. Haben Sie das auch schon erlebt?
«Jaja», dachten Sie vielleicht, «er hat gut reden. Er hat ja keine Ahnung, wie es tatsächlich ist …» Einmal in der Opferrolle, sind wir so sehr auf der Suche nach Schuldigen, dass wir es sogar schaffen, uns mit den Leuten zu überwerfen, die uns helfen wollen.
Ein «Opfer» will nämlich zuallererst mal eins: Verständnis für seine Lage. Während Männer uns eher zum Handeln auffordern, neigen Frauen dazu, das «Opfer» zu bedauern. Diese weibliche Gewohnheit ist absolut unproduktiv! Solange wir uns unsere «Storys» abkaufen, halten wir einander in der Opferrolle fest.

Die einzige Person, die ein «Opfer» retten kann, ist sie selbst. Also stehen Sie auf und tun Sie etwas für Ihr Glück!

Sobald Sie zu hundert Prozent die Verantwortung für Ihr eigenes Glück übernehmen, ändert sich alles: Sie jammern nicht mehr, Sie handeln. Und kommen damit gleich viel stärker rüber. Sie beweisen Selbstachtung, das bringt andere dazu, Sie respektvoll zu behandeln.

Machen Sie sich klar: Er ist nicht verantwortlich für Ihre Gefühle! Sie selbst sind es. Sie können wählen: Will ich leiden? Oder will ich glücklich sein? Disziplinieren Sie sich, täglich dreimal etwas zu tun, was Ihre Lebensgeister weckt: Joggen mit guter Musik im Ohr, zum Lieblingssong durchs Wohnzimmer tanzen, Fahrrad fahren, singen ... Wenn Sie hinauswollen aus dem Jammertal, müssen Sie Ihr Vergnügen an erste Stelle setzen!

- Wenn Sie bestimmte Situationen nicht mögen, verändern Sie sie. Machen Sie sich klar, was Sie wollen, machen Sie einen Plan, fangen Sie an zu handeln, beobachten Sie die Resultate und verändern Sie gegebenenfalls Ihre Strategie. Wenden Sie Ihre Coaching-Skills an.
- Entwickeln Sie eine gesunde «Ist-mir-egal»-Haltung. Spielen Sie öfter mit Ihren Kindern oder mit Freunden. Je mehr Spaß und Spiel Sie in Ihrem Leben haben, desto wagemutiger werden Sie.
- Holen Sie sich Unterstützung durch Therapie oder Coaching. Sie müssen Ihr Denken und Handeln ändern, und dafür brauchen Sie Inspiration, ehrliches Feedback und Ermutigung von jemandem, der sich mit Veränderungsprozessen auskennt.
- Übernehmen Sie Verantwortung. Zeigen Sie anderen exakt, was für Sie richtig ist: Wenn Ihr rauchender Freund das nächste Mal zu Besuch kommt, nehmen Sie ihn bei der Hand, führen Sie ihn auf den Balkon und sagen Sie: «Ich hab einen schönen Platz für dich, wo du rauchen kannst!» Geben Sie ihm kein Problem, sondern eine Lösung.
- Seien Sie leichten Herzens. Glauben Sie daran, dass Sie bekommen, was Sie möchten. Wenn Sie Ihren Partner um etwas bitten und er gibt es Ihnen, gut. Wenn nicht, auch gut. Dann kümmern Sie sich selbst darum.
- Sobald Sie Ihr Glück selbst in die Hand nehmen, sind Sie viel zufriedener. Bereits das Gefühl, etwas für sich zu tun, ist unglaublich belebend. Wenn Leute Ihren neuen Drive spüren, wirkt das mitreißend.
- Sehen Sie es als Chance, wenn jemand nicht gleich kooperiert! Das gibt Ihnen die Gelegenheit, einen anderen Weg auszuprobieren. «Kein Problem, wenn du diese Woche zu groggy bist, um auszugehen. Was brauchst du, um runterzukommen vom Arbeitsstress? Sag mir, was ich für dich tun kann!» Haben Sie Vertrauen. Oft laufen die Dinge anders als gewünscht, und wir sehen erst viel später, dass das gut so war.

Irgendwie krieg ich ihn schon dahin, wo ich ihn haben will …

Manipulation

Manipulation bedeutet, jemanden dahin zu bringen, wo er nicht hinwill. Alle Spiele, über die wir in diesem Buch sprechen, sind im Grunde manipulativ. Wenn wir sie spielen, drängen wir damit unseren Partner in eine Rolle, in der er gar nicht sein will. Wir tun das meist ganz unbewusst.

Manipulation als Spiel geht einen Schritt weiter. Hier wird bewusst und mit Kalkül manipuliert:

- «Ein paar Tränen im richtigen Moment, und er tut alles für mich.»
- «Wenn *du* nicht mit mir ausgehst, dann gehe ich eben mit Tom!»
- «Er muss ja nicht wissen, dass ich die Pille abgesetzt habe …»

Wer manipuliert, bringt die Beziehung auf Trennungskurs.

Haben Sie sich auch schon einmal dazu hinreißen lassen, Ihren Partner zu manipulieren? Vielleicht war es nur eine Kleinigkeit. Wenn Sie auf diesem Wege bekommen haben, was Sie wollten, haben Sie vielleicht insgeheim triumphiert. Doch wenn Sie der Sache tiefer nachspüren, ist es nicht wirklich befriedigend. Denn Ihr Gewissen fragt Sie: Hätte er auch mitgespielt, wenn ich ehrlich gewesen wäre? Sie verlieren den Respekt vor sich selbst – oder Sie verlieren den Respekt vor Ihrem Partner, weil Sie ihn wie eine Marionette haben tanzen lassen. Andere zu manipulieren macht zynisch und zerstört Vertrauen. Tun Sie sich das nicht an.

Jede Form von Manipulation wird über kurz oder lang zu Misserfolg führen.

Man kann Menschen kurzfristig an der Nase herumführen, aber Verbindungen, die auf Falschheit basieren, werden auseinander brechen. Wenn Sie eine gute Beziehung wollen, brauchen Sie eine starke Vertrauensbasis. Die erreichen Sie nur, wenn Sie absolut integer sind. Männer haben einen untrüglichen Instinkt und spüren es, wenn man versucht, sie an der Nase herumzuführen – und wenn Sie sein Vertrauen einmal verloren haben, wird es schwer bis unmöglich, es wieder zurückzugewinnen. Gehen Sie also lieber den ehrlichen Weg:

Sprechen Sie über Ihre Wünsche und überlassen Sie den Rest ihm.

Sagen oder zeigen Sie Ihrem Partner, was Sie sich von ihm wünschen. Sie wissen ja, Männer können keine Gedanken lesen. Sie brauchen Fakten. Aber präsentieren Sie ihm die nicht so, dass es ihn förmlich erschlägt. Seien Sie spielerisch – werden Sie zum Kind. Denken Sie einfach laut über Ihre Wünsche nach!

«Wow, diese Unterwäsche hätte ich ja total gern!» «Ach, ich müsste mal wieder Blumen ins Wohnzimmer stellen, findest du nicht auch? Gelbe Rosen, die würden sich hier gut machen.» «Gestern habe ich eine Reportage über Leute gesehen, die mit Delphinen schwimmen. Irgendwo in der Nähe von Miami. Da hat bei mir der Blitz eingeschlagen! Kannst du dir vorstellen, wie das ist, so einem Tier zu begegnen? Sie strahlen so viel Weisheit aus und sind dabei so verspielt! Ich möchte das unbedingt auch mal machen.»

Sie finden, das ist manipulativ? Im Gegenteil: Sie sind absolut spontan und stehen zu Ihren Wünschen, und er hat die völlige Freiheit, mit den Informationen anzufangen, was er will. Denn Sie strahlen keinen Druck aus, sondern Leichtigkeit. Es ist ein bisschen so, als wenn Sie mit Ihrem Partner tanzten: Sie wissen ganz genau, wenn Sie einen Schritt nach vorn machen, geht er einen Schritt zurück, und wenn er nach vorn geht, geben Sie nach. Darüber brauchen Sie gar nicht nachzudenken, Sie tun es einfach. Bei welcher Aktivität fühlen Sie sich voller Selbstvertrauen? Was beherrschen Sie so aus dem Effeff, dass Sie dabei eine innere Gelassenheit spüren? Sie kennen es sicher, es fühlt sich ein bisschen paradox an: fest und gleichzeitig entspannt. Versetzen Sie sich in dieses Gefühl, wenn Sie mit Ihrem Partner sprechen.

Männer wollen Frauen – im Rahmen ihrer Möglichkeiten – glücklich machen, und wenn Sie ihm dabei absolut freie Hand lassen, übertrifft das Resultat oft alle Erwartungen.

Rita war begeistert, als ihr Freund die Idee hatte, vielleicht bei ihr einzuziehen. Doch so eilig hatte er es gar nicht. Denn als sie anfing, ihn nach einem genauen Termin zu fragen, wurde er bockig und warf ihr vor, sie zu drängen. Sie beschloss, das ganze Thema loszulassen und die Zeit mit ihrem Freund einfach zu genießen. Zwei Wochen später fing er wieder an, davon zu reden, vielleicht in einem halben Jahr einzuziehen. Diesmal bohrte sie nicht nach, sondern freute sich einfach und sagte: «Super, wann immer du willst!» Vier Wochen später zog er ein, die Hochzeit ist bereits in Vorbereitung.

Eine glückliche Beziehung funktioniert wie Tanzen:
Sie ist ein ständiges Geben und Nehmen.
Fangen Sie an zu geben, denn für Sie ist es leichter.
Wenn er es bei Ihnen sieht, lernt er es mit der Zeit.

Petra wollte über die Karnevalszeit mit ihrem Mann nach Rhodos fliegen, doch der favorisierte die Einladung seiner Laufgruppe, einen kurzen Snowboard-Trip zu machen – ohne Frauen. Petra bezwang ihren inneren Impuls, ihn so zu manipulieren, wie sie es mit ihrem früheren Partner getan hatte: «Wenn du nicht mitkommst, dann fahre ich eben mit Otto.» Sie beschloss, Vertrauen zu haben, dass sich eine gute Lösung finden würde.
Weil sie ihm keinen Druck machte, konnte Thomas liebevoll und kooperativ reagieren. Er bat sie, Verständnis zu haben und ihn fahren zu lassen, und schlug vor, mit ihr stattdessen an Ostern zu verreisen, für zwei Wochen an einen Ort ihrer Wahl. Petra willigte ein. Ein paar Tage später fragte Thomas sie, ob sie nicht Lust hätte, über Karneval mit einer Freundin in ein Wellnesshotel zu fahren, er würde ihr gern den Aufenthalt spendieren. Petra war baff. Sie hatte vor Monaten mal darüber gesprochen, dass sie gern mal einen Beauty-Urlaub machen wollte – dass er sich daran noch erinnerte!
Tja, Männer haben eben doch ein gutes Gedächtnis. Wundern Sie sich nicht, wenn er aus heiterem Himmel mit etwas auftaucht, von dem Sie schon fast vergessen haben, dass Sie es sich mal gewünscht haben. Und erwarten Sie nicht, dass er nach einer

Wunschäußerung von Ihnen sofort losflitzt und alles erledigt – bei Männern muss so eine Information erst einmal tiefer rutschen, bis hinein ins Unterbewusstsein. Wenn sie dann eines Tages wieder auftaucht, können Sie darauf wetten, dass er denkt, es war seine Idee.

Lassen Sie ihn in dem Glauben! Nehmen Sie es mit Humor und behalten Sie Ihre Gedanken für sich. Lassen Sie ihn gewinnen!

Bleiben Sie locker!

Jetzt kennen Sie Ihre Spiele – und damit die ganze erschütternde Wahrheit über sich selbst. Bleiben Sie locker! Wir kennen niemanden, der keine Spiele spielt. Ja, selbst dann, wenn man längst erkannt hat, dass diese Spiele total unproduktiv sind, spielt man einige von ihnen weiter. Das ist die Macht der Gewohnheit. Erwarten Sie also nicht, dass Sie quasi über Nacht «geheilt» sind. Das wird nicht passieren. Doch Sie werden es in Zukunft immer flotter bemerken, wenn Sie wieder mal in eines Ihrer Lieblingsdramen hineinrutschen.

Rufen Sie sich in diesen Momenten einfach in Erinnerung, was Sie wirklich wollen!

Der Impuls aufzuwachen kommt direkt aus Ihrem Unterbewusstsein. Das will nämlich nur eins: dass Sie rundum glücklich sind! Also schubst es Sie sanft auf die richtige Spur: in Richtung zunehmender Lebendigkeit. Ihr Gehirn übernimmt den Impuls und lässt Sie so etwas denken wie: «Ooops, ich spiele ‹Hilflos›! Will ich das wirklich?»
Und schon sind Sie dabei, sich selbst zu korrigieren: «Nein», sagen Sie sich, «eigentlich nervt es mich ja sehr, nie etwas auf die Reihe zu kriegen. Aus dem Weg, du hilfloses Mädchen, jetzt komme ich!

Um wie viel Uhr muss ich morgen am Flughafen sein? Okay, dann wollen wir mal einen ganz genauen Plan machen und ein paar Zeitreserven einbauen!»
Akzeptieren Sie Ihre Spiele wie alte Bekannte: Wenn Sie eines bemerken, freuen Sie sich, dass es Ihnen aufgefallen ist: «Hi, Drama-Queen!» Das nimmt den Druck heraus. Sie fühlen sich auf einmal frei. Ihre Perspektive hat sich geändert.
Merken Sie's? Es geht nicht darum, Fehler zu vermeiden. Es geht darum, dass Sie bewusst wählen, was Sie erleben wollen: «Will ich noch ein Weilchen im Drama bleiben, oder will ich mein eigentliches Ziel erreichen?» Sie können beschließen, noch ein bisschen Recht zu haben und zu leiden, oder Sie können wählen, etwas zu unternehmen, das Sie Ihren Zielen näher bringt. Entsprechende Vorschläge finden sie bei «Ihrem» Spiel. Falls sich Ihnen ein bockiger innerer Schweinehund in den Weg stellt, ignorieren Sie ihn und machen Sie einfach weiter, getreu dem Motto: «Ich tue es mir zuliebe!»
Haben Sie Geduld mit sich selbst. Ihr Gehirn lernt gerade um. Auf den nächsten Seiten erfahren Sie, was Sie dabei unterstützt, produktiver zu denken und zu handeln.

Geben Sie sich selbst reichlich Anerkennung.

Vielleicht fühlen Sie sich etwas niedergeschlagen, weil Sie rückblickend sehen, wie oft Sie in Ihren Beziehungen Mist gebaut haben. Trauern Sie darüber, falls nötig, und dann schauen Sie nach vorn. Hören Sie auf, sich selbst zu bewerten. Denken Sie daran, in Beziehungen gibt jeder sein Bestes, entsprechend seiner gegenwärtigen Fähigkeiten. Sie haben damals Ihr Bestes gegeben! Das sollten Sie anerkennen. Selbstkritik schaltet nur Ihre Lichter aus. Wenn Sie etwas für Ihr Beziehungsglück tun wollen, dann lernen Sie jetzt, sich selbst anzuerkennen – aus zwei Gründen:

- Wenn Sie das **anerkennen, was nicht geklappt hat**, werden

Sie lockerer. Sie geben damit Ihrem Bewusstsein die Botschaft, dass es okay ist, Fehler zu machen, und diese Gelassenheit gibt Ihnen die Freiheit, einen anderen Weg zu finden, der besser funktioniert.

- Und wenn Sie das **anerkennen, was Ihnen gut gelungen ist**, sind Sie motiviert weiterzumachen.

**Einmal morgens, einmal abends:
Erkennen Sie sich selbst an!**

---

1. Beantworten Sie zuerst die Frage: «**Was hat nicht funktioniert?**» Denken Sie nicht lange nach, nehmen Sie das, was Ihnen spontan einfällt – eine Sache reicht: «Was heute Morgen nicht funktioniert hat, ist, … dass ich gestern zu lange aufgeblieben bin und deshalb jetzt keine Energie habe.» Oder: «Was nicht funktioniert hat, war, … dass ich Tom nicht klar genug gesagt habe, was er einkaufen soll.» Wichtig: keine Wertungen, weder über sich selbst noch über andere.
2. **Erkennen Sie sich dafür an**: Klatschen Sie in die Hände! Oder sagen Sie zu sich selbst mit aufmunterndem Ton: «Super!»
3. Beantworten Sie nun die Frage: «**Was hat funktioniert?**» Was haben Sie mit Erfolg getan? Was waren die entscheidenden Elemente dabei? Eine Sache reicht, zum Beispiel: «Was heute Abend funktioniert hat, ist, … dass ich rechtzeitig losgefahren bin und pünktlich und entspannt beim Date war.» Oder: «Was funktioniert hat, war, … dass ich Ralfs Hemden nicht gebügelt habe, sondern ihm das Bügeln selbst überlassen und mit ihm einen schönen langen Spaziergang gemacht habe.» Auch hier gilt wieder: keine Wertungen, weder über sich selbst noch über andere.
4. **Erkennen Sie sich dafür an**. Applaudieren Sie! Oder sagen Sie zu sich selbst mit aufmunterndem Ton: «Klasse!» Ein kleiner Tipp: Wenn Sie schlechte Laune haben, tun Sie einfach so, als ob Sie gute Laune haben. Ziehen Sie Ihre Mundwinkel nach oben. Die Freude stellt sich dann ganz von selbst ein.

Wenn Sie mit dem Anerkennen sattelfest geworden sind, können Sie auch Ihren Partner oder Ihre Kinder einladen, mitzumachen. Oder rufen Sie eine Freundin an und zeigen Sie ihr, wie Sie sich gegenseitig anerkennen können. Sogar kleine Kinder verstehen dieses einfache Prinzip bereits. Jeder kann mitmachen. Sie werden sehen, es macht eine Menge Spaß und gibt frische Motivation. Gönnen Sie sich diesen Energiekick zweimal täglich.

Verbünden Sie sich mit Ihren Emotionen.

Wenn der Märchenprinz beginnt, sich wieder in Tarzan zu verwandeln, drängt es uns, ihn auf all die Punkte aufmerksam zu machen, in denen er sich verändert hat. Wir konzentrieren uns auf das, was uns an ihm fehlt, und verstärken damit seine schlechten Gewohnheiten.

Läuft es in Ihrer Beziehung ähnlich? Dann erleben Sie vielleicht gerade, dass das Schöne, das mal zwischen Ihnen war, allmählich verblasst, während Sie immer öfter frustriert sind und am liebsten das Handtuch werfen würden.

Tun Sie's! Aber nur für einen Tag. Verschaffen Sie sich eine Auszeit und lassen Sie sich so richtig gehen. Stellen Sie sicher, dass Ihr Partner davon nichts mitbekommt, es würde ihn nur unnötig beunruhigen. Das hier ist Ihre Privatangelegenheit.

Wenn Sie nörgeln müssen, dann richtig!
Ohne, dass er es mitbekommt.

Schwelgen Sie in Selbstmitleid – für diesen einen Tag. Steigern Sie sich in all die schrecklichen Gedanken hinein: Wie viel Sie auszuhalten haben mit diesem Mann. Wie unfair es ist, dass Sie die ganze Beziehungsarbeit leisten müssen. Wie unsensibel er oft ist. Toben Sie, weinen Sie, lassen Sie alles raus. Anschließend wirkt ein warmes Bad oder ein Saunabesuch Wunder: Sie werden sich geläutert und entspannt fühlen.

Am nächsten Morgen machen Sie sich wieder an die Arbeit an Ihrem Meisterstück. Die Zeit und Aufmerksamkeit, die Sie hineinstecken, wird sich lohnen!

Genauso, wie Sie Ihren Partner und seine männliche Art akzeptieren, sollten Sie auch sich selbst akzeptieren. Sie sind eine Frau und damit ein Gefühlswesen. Das ist eine große Stärke! Vorausgesetzt, Sie gehen professionell mit Ihren Emotionen um:

Ärger

Hüten Sie sich davor, Ihren Ärger an anderen auszulassen. Sie wissen ja, wie sehr Sie andere damit herunterziehen und wie schwer es ist, zerstörtes Vertrauen wieder aufzubauen. Machen Sie es sich zur Gewohnheit, innerlich bis zehn zu zählen, tief auszuatmen und den Mund zu halten. Wenn der Druck so stark ist, dass Sie das nicht hinkriegen, ist die beste Lösung «Entschuldigung, ich muss mal gerade für einen Moment weg» zu sagen und den Raum zu verlassen.

Haben Sie Lust zu kämpfen? Suchen Sie sich dafür einen geeigneten Schauplatz!

Es bringt nichts, Ärger zu leugnen. Sie schaffen es vielleicht, sich selbst etwas vorzumachen, doch die Leute um Sie herum werden Ihren versteckten Ärger spüren. Also nehmen Sie die Energie dieses Gefühls und machen Sie etwas Produktives damit! Gehen Sie ins Fitnessstudio und investieren Sie Ihre Aggressionen in einen flachen Bauch und einen knackigen Po. Greifen Sie zum Telefonhörer und rufen Sie zwanzig Kunden an – nutzen Sie Ihren Drive, um Geld zu verdienen. Oder schnappen Sie sich Fensterleder und Wischmopp und wienern Sie Ihre Wohnung im Eiltempo blitzblank. Sobald Sie sehen, was Sie geschafft haben, fühlen Sie sich gleich viel besser.

Depressive Verstimmung
Fühlen Sie sich antriebslos? Dann sind Ihre Gefühle stecken geblieben. Sorgen Sie dafür, dass sie wieder in Schwung kommen! Bringen Sie sich mit guter Musik und Tanzen in Fahrt. Gehen Sie spazieren. Nehmen Sie ein Sonnenbad. Machen Sie Sport! Tun Sie etwas, das Ihre Energie erhöht. Es ist wie beim Domino-Day: Sie brauchen nur den ersten Stein in Bewegung zu setzen, und schon rollt's wieder. Also, raffen Sie sich auf, die Welt wartet auf Sie!

Liebeskummer
Lenken Sie sich ab. Lesen Sie ein spannendes Buch. Gehen Sie ins Kino. Nehmen Sie die Kinder Ihrer Freundin und besuchen Sie einen Spielepark.
Solche Aktivitäten helfen, die ganze Sache für ein Weilchen zu vergessen, und wenn Sie es mal für ein paar Stunden geschafft haben, ihn innerlich loszulassen, merken Sie, dass es auch noch ein Leben ohne ihn gibt, das Spaß macht. Kümmern Sie sich jetzt erst einmal nur um sich. Das Wichtigste ist, dass Sie in guter Verfassung sind, dann wird alles gut.

Zerknirschtheit
Wenn Sie ihn gekränkt haben, bringen Sie die Sache so schnell wie möglich wieder in Ordnung. Hüten Sie sich vor einem weinerlichen, schuldbewussten oder problematisierenden Ton, davon würde er nur abgeschreckt. Erkennen Sie einfach die Fakten an. Seien Sie leichtherzig – und dabei schonungslos ehrlich. Legen Sie Humor und Entschlossenheit in Ihre Stimme. Und fassen Sie sich so kurz wie möglich: «Liebling, ich glaube, ich habe Mist gebaut, stimmt's? Ich hatte schlechte Laune, und es hat dich voll erwischt. Das tut mir total Leid. Kannst du mir verzeihen?»
Wenn er daraufhin «Ja» sagt oder «Na gut» brummelt, zeigen Sie Ihre Freude und geben Sie ihm Anerkennung. Strahlen Sie ihn an, umarmen Sie ihn, sagen Sie ihm so etwas wie «Du bist wirklich ein Schatz!» und wechseln Sie dann sofort das Thema: «Ich gehe

heute Abend schwimmen. Hast du Lust mitzukommen?» Oder: «So, ich muss jetzt rüber zum Supermarkt, hast du einen speziellen Wunsch?»

Widerstehen Sie Ihrem inneren Drang, jetzt sitzen zu bleiben und das vergangene Drama nochmal durchzusprechen. Disziplinieren Sie sich. Lassen Sie alle Schuldgefühle los, jetzt ist Handeln angesagt! Das bringt die Energie zwischen Ihnen wieder auf ein hohes Niveau.

Sie haben es in der Hand, ob Ihre Gefühle Sie schwächen oder stärken. Gehen Sie produktiv mit Ihren Gefühlen um, und Sie werden für Sie zu einer unerschöpflichen Quelle der Kraft!

Pflegen Sie Ihre Freundschaften.

Nutzen Sie Ihr Wissen über abnehmende und zunehmende Energie auch in Ihren Freundschaften. Wie fühlen Sie sich nach einem Treffen? Gehen Sie beschwingt und gut gelaunt nach Hause? War das Gespräch inspirierend? Oder fühlen Sie sich müde, niedergeschlagen, verärgert? Sich mit anderen Frauen zu treffen kann Ihnen viel Energie geben, wenn diese Frauen und Sie selbst positiv eingestellt sind.

Achten Sie in Zukunft darauf, welche Begegnungen Ihnen Kraft nehmen und welche Ihnen Kraft geben.

Natürlich geht es in Freundinnengesprächen gelegentlich auch um persönliche Probleme. Es tut gut, wenn man mal sein Herz ausschütten kann. Oft bekommt man dann mitleidsvolle Kommentare: «Du Arme, was du alles durchmachst!», oder: «Ja, das kenne ich gut, Männer sind so unsensibel!», bis hin zu: «Dem würd ich aber mal die Meinung sagen!»

Im ersten Moment fühlt man sich dann wohl. Endlich versteht jemand, wie schlecht ich dran bin! Doch tatsächlich zieht solch gut gemeintes Mitleid beide herunter, denn nun fühlen sich beide in ihren Urteilen über Männer bestätigt und werden, zurück zu Hause, sich noch stärker als Opfer sehen – und den Partner als Täter.

Wenn Sie Ihre Freundin bemitleiden, verstärken Sie deren etwaige Beziehungsprobleme.

Solange Sie Ihre Freundin in der Auffassung bestärken, ihr Mann sei das Problem, wird sie denken, es sei gerechtfertigt, ihm Vorwürfe zu machen, ihn zurechtzuweisen und zu bestrafen. Sie wird es für ihre Pflicht halten, an seine Einsicht zu appellieren und ihn auf den Pfad der Tugend zurückzubringen. Sie wird glauben, ihrem Partner und der gemeinsamen Beziehung damit einen Riesengefallen zu tun. Und wenn er sich sträubt, zu Kreuze zu kriechen und sich für seine Missetaten zu entschuldigen, wird sie ihm noch mehr zusetzen – und sich selbst noch mehr bemitleiden. Wie diese Geschichte ausgeht, können Sie sich ausmalen …

Wenn Sie Ihrer Freundin einen Gefallen tun wollen, dann bemitleiden Sie sie nicht. Inspirieren Sie sie, die Dinge aus einer anderen Perspektive zu sehen: «Ja, manchmal können Männer einen mit ihrem Kontrolltick ganz schön verrückt machen. Aber weißt du was? Das ist ihre Art, uns ihre Liebe und Fürsorge zu zeigen!» Ihre Leichtigkeit wird sie neugierig machen. Empfehlen Sie ihr dieses Buch. Dann kann sie selbst herausfinden, wie sie ihre Partnerschaft in eine glücklichere Richtung verändert.

Haben Sie keine Meinung. Coachen Sie Ihre Freundin lieber, ihre eigene Wahrheit zu finden, wenn sie es möchte.

Fühlen Sie ruhig mit Ihrer Freundin mit, aber widerstehen Sie der Versuchung, sich einzumischen und Partei zu ergreifen. Stimmen Sie dem, was sie sagt, nicht zu und lehnen Sie es genauso wenig ab. Lassen Sie sie ausreden. Dann können Sie ihr Coaching anbieten – orientieren Sie sich dabei an den konstruktiven Fragen aus dem Kapitel über *Neugier.*

Wenn sie lieber in ihrem Drama bleibt, akzeptieren Sie das. Sie müssen niemanden retten. Lenken Sie das Gespräch einfach auf ein anderes Thema und genießen Sie die Zeit mit Ihrer Freundin. Dann können Sie beide auftanken, und Ihre Freundin vergisst darüber womöglich den Kleinkram, über den sie sich vorhin noch so aufgeregt hat. Sie kommt entspannt und zufrieden nach Hause, und wer weiß, vielleicht ändert das schon alles.
Wenn Sie sich selbst Luft machen müssen, nur zu. Wir Frauen müssen über die Dinge reden, die uns bewegen, weil uns das hilft, unsere Gefühle zu verarbeiten und klarer zu sehen. Bitten Sie Ihre Freundin zuvor, Ihnen einfach zuzuhören, ohne Ihnen zuzustimmen oder Ratschläge zu geben. Zeigen Sie ihr das Kapitel über Neugier, vielleicht hat sie Interesse zu lernen, wie sie Sie coachen und in die Richtung lenken kann, die Sie zum Leuchten bringt.

Befreunden Sie sich mit Frauen, die Ihnen gut tun.

Schauen Sie sich in Ihrem Bekanntenkreis um. Welche Frauen lassen Ihnen Klagen und Selbstmitleid nicht durchgehen? Wer ermuntert Sie, die Dinge auch einmal anders zu sehen? Wer steckt Sie mit guter Laune an und stimmt Sie positiv?
Wählen Sie Frauen als Freundinnen, die Sie glücklich und erfolgreich sehen wollen – und die Sie dazu anhalten, selbstverantwortlich zu handeln. Treffen Sie sich regelmäßig mit diesen Frauen – es tut Ihnen gut!
Eine Studie der Harvard Medical School ergab: Keine engen Freunde oder Vertraute zu haben ist für die Gesundheit so abträglich wie Rauchen oder Übergewicht. Wer enge Vertraute und gute Freunde hat, kommt mit Krisen und Stress wesentlich leichter zurecht und lebt gesünder und länger. Nehmen Sie sich deshalb Zeit für Ihre Freundschaften – denken Sie an die Energie und Entspannung, die Ihnen ein gutes Gespräch mit einer Freundin gibt.

Vernetzen Sie sich mit Frauen, die wollen, dass Sie erfolgreich sind.

Hinter (und heutzutage auch neben und vor) jedem erfolgreichen Mann steht eine Frau, die an ihn glaubt. Aber hinter jeder erfolgreichen Frau steht ein ganzes Frauennetzwerk! Sie brauchen Frauen in Ihrem Leben, die Sie inspirieren, die ehrlich mit Ihnen sind und die Ihnen von Herzen Erfolg wünschen für alles, was Sie sich für Ihr Leben und Ihre Partnerschaft vorgenommen haben. Diese Frauen sind Ihre PowerConnections.

**Damit es mit Ihrem Partner klappt,
brauchen Sie kraftvolle Verbindungen mit Frauen.**

Sie kennen es sicher: Sie nehmen sich irgendetwas fest vor – zum Beispiel, frischen Wind in Ihre Beziehung zu bringen, indem Sie die Coaching-Skills ausprobieren. Sie beginnen voll Begeisterung. Sie erleben tolle Veränderungen. Doch nach einer Weile ist die Luft raus. Sie merken, dass die alte Routine zurückkehrt. Oder Sie stoßen an einen Punkt, an dem Sie allein nicht weiterkommen. Machen Sie sich keinen Kopf. Selbst die erfahrensten Frauen haben Momente, in denen sie denken, es geht nicht mehr weiter. Das ist absolut normal.
Manchmal ist man einfach in einem Zustand, in dem man einen Impuls von außen braucht, um wieder klar sehen zu können. Hier bekommen Sie von Ihren PowerConnections-Frauen Rückhalt: Wenn's mal brennt, können Sie einfach zum Hörer greifen und anrufen: «Ich brauch mal kurz Coaching, hast du Zeit?» Frauen wissen schnell, was los ist, und wenn Ihre Freundinnen die Skills beherrschen, können sie Sie durch das Dickicht hindurchführen.

Wie Ihre PowerConnections Sie weiterbringen:

1. **Wenn Sie sich mit Ihren PowerConnections treffen, können Sie Ihre Batterien aufladen.** Bei Frauen finden Sie viel

Wärme und Verständnis. Sie können sich austauschen, Sie bekommen Inspirationen, Sie sind auf einer Wellenlänge.

2. **Sie tauschen Informationen aus.** Ihre PowerConnections halten die Augen mit auf für Sie und werden all das für Sie finden, wonach Sie suchen: den richtigen Mann, die passende Einkaufsquelle, Ihren Traumjob, neue Kunden, eine neue Wohnung, den Friseur, der Sie endlich so stylt, dass Sie sich richtig wohl fühlen, etc. Frauen sehen eine Menge, und all ihre Weisheit steht Ihnen zur Verfügung.
3. **Sie geben einander Wertschätzung und Anerkennung.** Ihre PowerConnections erkennen, was Sie alles tun, und wertschätzen Ihren Beitrag.
4. **Sie geben und bekommen ehrliches Feedback.** Ihre PowerConnections haben keine vorgefasste Meinung über Sie, sondern sind offen und neugierig, Ihre Wahrheit zu entdecken. Sie achten auf Ihr Licht.
5. **Sie unterstützen einander.** Ihre PowerConnections sind an Ihrer Seite, wenn es darum geht, Ihre Ziele zu erreichen.
6. **Sie helfen Ihnen, am Ball zu bleiben.** Wenn Sie mal jammern müssen, stärken Ihnen Ihre PowerConnections den Rücken, erinnern Sie an Ihre Ziele und ermuntern Sie, Ihre Perspektive zu verändern.
7. **Sie motivieren einander.** Ihre PowerConnections wollen, dass Sie bekommen, was Sie sich wünschen. Deshalb hören Sie sich Ihre Anliegen nicht nur an, sondern bringen Sie zum Kern der Sache: Was willst du erreichen? Wie willst du es machen? Willst du es machen? Wirst du es machen? Bis wann?
8. **Sie machen ein Spiel draus.** Ihre PowerConnections ermuntern Sie, Ihre Vorhaben so zu gestalten, dass Sie dabei Spaß haben.
9. **Sie sehen einander groß.** Ihre PowerConnections kaufen Ihnen die Geschichten über sich selbst, mit denen Sie sich klein machen, nicht ab, sondern erinnern Sie an Ihre Fähigkeiten, Ihre Talente und an das, was Sie wirklich wollen.

10. **Sie ermutigen einander.** Nach einem Gespräch fühlen Sie sich gestärkt und inspiriert, in Aktion zu gehen. Mit gestärktem Rücken können Sie sich viel mehr trauen.
11. **Sie finden immer noch genügend Zeit, einfach nur Spaß zu haben und zu entspannen.**

Frauen brauchen Seilschaften,
um leichter nach oben zu kommen.

Vor einigen Jahren buchte ein amerikanischer Ölkonzern eines von Gigis Coachingprogrammen für seine weiblichen Führungskräfte. «Als ich dorthin kam, um das erste Training mit etwa vierzig Teilnehmerinnen durchzuführen, wurde deutlich, dass es kaum Kontakte unter den Frauen gab. Das geschäftliche Umfeld hatte sie voneinander isoliert. Einige von ihnen arbeiteten seit mehr als fünfzehn Jahren in diesem Unternehmen, und dennoch kannten sie einander nur flüchtig.
Ich zeigte den Frauen, wie sie in ihrem Unternehmen ein starkes weibliches Netzwerk aufbauen können, indem sie

- einander nicht als Konkurrentinnen, sondern als starke Seilschaft betrachten, in der jede eine spezifische Kombination von Stärken und Qualitäten hat;
- einander anrufen, wenn sie in einer Sache Unterstützung brauchen;
- sich gegenseitig über ihre Projekte auf dem Laufenden halten, sodass sie besser informiert sind über das, was im Unternehmen vor sich geht;
- einander informieren, wenn im Unternehmen interessante Positionen neu zu besetzen sind;
- sich gegenseitig Anerkennung und Ermutigung geben.

Nach einer Weile wurde die Atmosphäre im Unternehmen spürbar entspannter. Die weiblichen Führungskräfte nutzten jede Gelegenheit, um sich zu treffen und miteinander zu sprechen. Sie

kümmerten sich umeinander und versorgten sich gegenseitig mit Information. Schnell gewannen sie mehr Macht und Einfluss. Viele wurden befördert. Währenddessen stiegen Umsatz und Profit in ihren Bereichen überdurchschnittlich.
Frauen wissen von Natur aus, wie man kooperative Systeme errichtet, in denen man sich umeinander kümmert und einander entlastet. Heutzutage ist das Arbeitsklima in den meisten Unternehmen sehr stressig für Frauen. Ein starkes Frauennetzwerk kann den Druck verringern, das stärkende Gefühl von Verbundenheit vermitteln und die Erfolgschancen jeder einzelnen Frau immens steigern.»

Denken Sie groß.

Frauen brauchen ein bisschen Pfeffer im Leben. In uns steckt so viel mehr, als wir glauben! Denken Sie groß. Trauen Sie sich, scheinbar Unmögliches für möglich zu halten.

Machen Sie mit Ihrem Leben einen Unterschied.

Entwickeln Sie aus Ihren Herzensanliegen ein Ziel, das Sie begeistert – dann werden Sie sich auch nicht mehr über die kleinen Macken Ihres Partners aufregen, denn Sie haben Wichtigeres und Spannenderes zu tun und schätzen die Zeit, die Sie mit ihm haben, umso mehr. Lassen Sie sich inspirieren von Frauen, die Großes gewagt und geschafft haben, zum Beispiel:

- Anita Roddick, die 1976 «The Body Shop» gründete, um sich und ihre Kinder durchzubringen – heute gehört ihr Unternehmen zu den 20 bekanntesten der Welt.
- Joanne K. Rowling, Schöpferin von *Harry Potter*. Die ehemalige Sozialhilfeempfängerin und allein erziehende Mutter wurde durch Kreativität und Fleiß innerhalb kürzester Zeit zu einer der reichsten Frauen der Welt.

- Die deutsche Frauenfußball-Nationalmannschaft, die den Weltmeistertitel gewann, obwohl vorher niemand den Frauenfußball ernst nahm.

Was ist das Erfolgsgeheimnis dieser Frauen? Sie haben eine starke Vision, die die Herzen vieler Menschen berührt. Und sie glauben an sich selbst. Diese Kombination funktioniert immer!
Haben Sie eine Vision, die Sie gern verwirklichen würden? Dann entwerfen Sie das große Bild. Machen Sie einen Plan und entwickeln Sie einzelne Aktionsschritte. Sprechen Sie überall über Ihr Projekt, so ziehen Sie die Menschen und Mittel, die Sie brauchen, magnetisch an.
Auch mit einem Engagement «im kleinen Rahmen» können Sie viel bewegen. Was würde Ihnen Freude machen? Die Mithilfe in einer gemeinnützigen Organisation? Politische Arbeit? Schauen Sie sich um und wählen Sie klug.
Wenn Sie Kinder mögen, aber selbst keine haben, könnten Sie sich ein «Patenkind» suchen – es gibt viele Familien, für die Ihre Freundschaft eine Bereicherung wäre.
Wenn Sie Kinder haben, erinnern Sie sich daran, dass jedes von ihnen ein einzigartiges Wesen ist, das der Welt eines Tages einen wichtigen Beitrag leisten wird – die Fürsorge und Liebe, die Sie Ihrem Kind *jetzt* geben, reichen so viel weiter, als Sie sich je träumen lassen.

Nehmen Sie nichts persönlich – handeln Sie professionell.

Anfangs behandeln wir einander respektvoll, doch mit der Zeit werden wir immer lässiger im Umgang miteinander. Und wir nehmen alles schrecklich persönlich: «Wir müssen reden. Du beachtest mich gar nicht mehr, wenn du nach Hause kommst!»
Wir reagieren, statt zu wählen, wie wir handeln wollen. Wir zei-

gen ihm die kalte Schulter, kritisieren ihn, schauen ihn vorwurfsvoll an, beschweren uns … Klar, dass er sofort in die Defensive geht und beginnt, sich zu verteidigen. Oder er zieht sich zurück. Je öfter Sie Männern das Gefühl geben, etwas falsch gemacht zu haben, desto mehr drängen Sie sie dorthin, wo Sie sie nicht haben wollen: in die Flucht oder in die Konfrontation.

Gewohnheit führt oft zu Geringschätzung.
Bewahren Sie sich Respekt, indem Sie professionell handeln.

Ein professioneller Weg wäre zu sagen: «Gut, dich hier zu haben! Gibt es irgendetwas, das ich tun kann, damit du dich beim Nachhausekommen wohler fühlst?» Damit schaffen Sie eine Verbindung und geben ihm die Möglichkeit auszudrücken, was er in diesem Moment braucht. Wenn Sie professionell handeln, stimmen Sie ihn kooperativ.

Wenn Sie mit Männern gut zurechtkommen wollen, brauchen Sie eine professionelle Haltung. Würden Sie an Ihrem Arbeitsplatz alles persönlich nehmen und ständig ausflippen, müssten Sie damit rechnen, gefeuert zu werden. Weil Sie das wissen, und weil Sie in Ihrem Job gute Ergebnisse erzielen wollen, ist es für Sie selbstverständlich, dort professionell zu handeln. Wenn Ihnen etwas an Ihrem Partner liegt, machen Sie es zu Hause genauso!

Halten Sie die Dinge formal.

Sobald Sie etwas persönlich nehmen, reagieren Sie auf altgewohnte Weise: emotional. Was auch immer Sie nun tun, es wird Ihrem Partner das Gefühl vermitteln, nicht okay zu sein. Ihre Wertung teilt sich mit. Auch ohne Worte. Die Verbindung zueinander reißt ab.

Menschliche Beziehungen sind sehr zerbrechlich. Um nicht in Versuchung zu geraten, die Dinge persönlich zu nehmen, ist es sehr hilfreich, sich gewisse **Formalien** anzugewöhnen. Dann brauchen Sie nicht lange nachzudenken, sondern handeln automatisch auf eine erwachsene und professionelle Weise.

- **Bleiben Sie auch dann in Verbindung, wenn Sie verstimmt sind.** Gehen Sie in solchen Situationen prinzipiell niemals zu Bett, ohne eine Brücke gebaut zu haben. Sagen Sie zu Ihrem Partner: «Ich bin froh, dass du in meinem Leben bist.» Oder: «Ich bin zu hundert Prozent für dich da.» Lassen Sie sich nicht zu weiteren Erklärungen hinreißen. Belassen Sie es dabei. Dann wird Ihr Partner mit einem versöhnlichen Gedanken einschlafen, und Sie auch. Sobald Sie beide wieder einen klaren Kopf haben, können Sie über alles sprechen.

- **Nehmen Sie Niederlagen sportlich.** Denken Sie daran, wie Männer es machen: Sie kämpfen für ihre Ziele, aber wenn es trotz aller Bemühungen nicht klappt, machen sie kein Drama daraus. «Okay, so ist es eben.» Und dann richten sie ihre Aufmerksamkeit auf etwas anderes. Das ist Sportsgeist. Männer betrachten alles sportlich: Solange das Spiel läuft, ist es bitterernst, aber wenn das Spiel vorbei ist, geht man zusammen einen trinken und klopft sich gegenseitig auf die Schultern. Also, lassen Sie sich von einem «Nein» nicht verunsichern. Neues Spiel, neues Glück!

- Machen Sie sich klar, dass Missverständnisse ganz normal sind und passieren können. Wenn es geschieht, nehmen Sie es gelassen: «Oh, da haben wir uns wohl missverstanden.» Diskutieren Sie nicht darüber, wer Recht hatte. **Ignorieren Sie eventuelles Unbehagen und steuern Sie auf direktem Weg in Richtung Lösung:** «Wie können wir das jetzt machen? Sag mir, was ich wissen muss, damit es klappt.»

- Reizbarkeit ist ein Zeichen dafür, dass jemand müde und erschöpft ist oder unter Druck steht. Sind Sie selbst in dieser

Verfassung, machen Sie eine Pause, ziehen Sie sich zurück. Ist das nicht möglich, weil Sie noch zu tun haben? **Lockern Sie Ihren Körper und atmen Sie tief durch. Geben Sie den Druck nicht weiter, sondern lassen Sie ihn los.**

- Wenn Sie sehen, dass Ihr Partner reizbar ist, sagen Sie sich: «Aha, er steht sicher unter Druck.» **Machen Sie sich klar: Es hat nichts mit Ihnen zu tun. Entspannen Sie sich.** Ist die Spannung, die Ihr Partner ausstrahlt, für Sie unerträglich, machen Sie ihn nicht schlecht dafür. Sorgen Sie gut für sich, indem Sie friedlich woanders hingehen.

- **Geben Sie Ihrem Partner und Ihren Mitmenschen bei jeder Gelegenheit Anerkennung,** dann baut sich kein Groll in Ihren Beziehungen auf. Wenn Sie im Garten Unkraut wachsen lassen, breitet es sich schnell über die gesunden Pflanzen aus und nimmt ihnen das Licht und die Nährstoffe, die sie brauchen. Genauso ist es in Ihren Beziehungen. Wenn Sie Groll und Ärger aufkommen lassen, schadet es der Beziehung, und das Vertrauen bricht. Kontinuierliches Anerkennen lässt Ihre Beziehungen gedeihen.

«Fake it 'till you make it» – Tun Sie, «als ob», bis die neue Gewohnheit sich gebildet hat.

Anfangs dachte ich, Birgit: Wie unehrlich! «Fake it 'till you make it – Tu so, als ob.» – Ich soll mich also verstellen und ganz anders handeln, als ich mich im Moment fühle? Ich soll locker und happy tun, wenn ich gerade unter Druck stehe? Oder mit meinem Partner professionell sprechen, wenn ich am liebsten heulen würde? Nee, mit mir nicht!
Gleichzeitig spürte ich, dass das, was Gigi sagte, Substanz hatte.

Und dann war es ihr ganz offensichtlich auch völlig egal, welche Meinung ich dazu hatte. Ich grollte. Ich war hin und her gerissen. Ich mochte ihre freimütige Direktheit. Doch mein Stolz war getroffen, weil sie nicht auf meine Einwände einstieg. Dann sagte sie mir leichthin, in einem Nebensatz: «Birgit, nimm dich selbst nicht so wichtig.» Wie bitte? Ich war drauf und dran, sauer zu werden.

Ein paar Wochen später fiel der Groschen: Ich hatte die ganze Zeit erwartet, etwas Besonderes zu sein. Klar, ich bin etwas Besonderes. Jeder ist etwas Besonderes. Jeder hat einzigartige Qualitäten. Doch hier ging es nicht um meinen Wert an sich, sondern um meine Angewohnheit, andere in meine emotionalen Spiele hineinziehen zu wollen. Und wenn jemand da nicht mitmachte, wurde ich sauer.

Das zu erkennen und sich einzugestehen ist schmerzhaft. Da sieht man zum ersten Mal klar, wie das eigene Ego ständig seine Tänzchen aufführt. Wie peinlich! Und gleichzeitig: Es ist kein Grund, sich deshalb zu grämen und zu schämen. Es ist nichts Besonderes. Jeder macht das, mehr oder weniger. Wir alle haben diese Gewohnheit, uns und unsere Emotionen für wichtig zu halten. Genau das ist die Wurzel all unserer Kämpfe und all unseres Leidens: «Ich habe Recht. Ich weiß, was richtig ist. Sieh endlich ein, dass … ! Zeig mir, dass du meine Gefühle verstehst, zeig mir, dass ich Recht habe!»

Natürlich ist es wichtig, authentisch zu sein. Doch müssen wir uns deshalb zum Sklaven unserer Emotionen machen? Viele Leute haben durch Therapie und Selbsterfahrungsseminare gelernt, ihre Emotionen zu verarbeiten, indem sie ihren negativen Gefühlen viel Aufmerksamkeit widmen und intensive Ursachenforschung betreiben.

Auf diese Weise kann man ein tieferes Verständnis seiner selbst erlangen. Gleichzeitig gewöhnt man sich daran, eher auf das zu schauen, was nicht funktioniert, und zu meinen, man müsse alles bis zum Letzten «durcharbeiten». Natürlich kann einen auch die-

ser Weg zur Versöhnung mit sich selbst oder mit dem Partner führen. Doch er ist sehr, sehr anstrengend. Ständige Katharsis laugt die inneren Kräfte aus.
Oft spürt einer von beiden Partnern das instinktiv und drängt darauf, mit dem Drama aufzuhören. Meist ist das der Mann. Bewerten Sie das nicht als Verrat. Sehen Sie es mal so: Sein Unwillen, sich auf den emotionalen Prozess einzulassen, ist Ausdruck einer sehr gesunden Selbstliebe. Männer wollen, dass die Dinge funktionieren. Bei Gegenständen wissen sie, wie sie sie wieder in Gang bringen, bei Beziehungen sind sie meist ratlos. (Sie erinnern sich, Gefühle und Sprache funktionieren im männlichen Gehirn getrennt voneinander.) Allerdings spüren Männer sehr genau, in welche Richtung die Energien gehen, indem sie sich von einer Situation entweder angezogen oder abgestoßen fühlen. Nutzen Sie diese Eigenschaft Ihres Partners als Feedback! So können Sie deutlich sehen, welche Ihrer Verhaltensweisen Ihrer Beziehung gut tun – und damit auch Ihnen selbst.
Sie wollen wissen, wie «Fake it 'till you make it» funktioniert?

Reagieren Sie nicht. Entspannen Sie sich und dann wählen Sie, was Sie fühlen wollen.

Zählen Sie bis fünf, bevor Sie reden. Nutzen Sie diesen Moment, um sich körperlich zu entspannen. Wählen Sie, welche innere Haltung Sie einnehmen wollen: Neugier. Oder Güte. Oder Anerkennung.
Sie wissen ja, Ihre innere Haltung ist das Wichtigste überhaupt. Sie bestimmt Ihre Gedanken, Ihre Gefühle, den Ton Ihrer Stimme und Ihre Wirkung auf andere. Verändern Sie Ihre innere Haltung, daraus ergibt sich alles andere ganz natürlich.

Tun Sie das, was Sie tun, mit Vergnügen!

Welche Tätigkeiten tun Sie normalerweise eher widerwillig? Schreiben Sie sie in Ihr Notizbuch:

1. Die Küche sauber machen.
2. ____________________
3. ____________________

Ist Ihnen klar, dass andere Ihren Widerwillen bemerken? Die schlechte Laune, die Sie ausstrahlen, während Sie diese Dinge tun, hält andere von Ihnen fern. Vor allem Ihren Partner!

Lassen Sie es nicht zu, dass schlechte Laune Ihren Tag und Ihre Partnerschaft überschattet.

Versetzen Sie sich mal in ihn hinein: Sind Sie gern in seiner Nähe, wenn er muffelig oder genervt ist? Erfinden Sie für jede der drei Tätigkeiten einen Weg, wie sie für Sie zum Vergnügen wird:

1. Die Greatest Hits von «Abba» dazu hören.
2. ____________________
3. ____________________

Viel Spaß dabei! (Wenn Sie partout keinen Weg finden, eine Sache vergnüglich zu gestalten, dann muffeln Sie ruhig weiter – aber tun Sie's mit Humor!)

Schaffen Sie die Umgebung, in der Sie sich wie eine Königin fühlen.

Erwarten Sie nicht, dass Sie Ihre unerwünschten Launen mit Willenskraft oder durch Einsicht verändern können. Erwarten Sie das auch nicht von anderen. Damit setzen Sie sich dem Risiko aus, sich selbst und die Menschen, die Sie lieben, zu verletzen. Zwang funktioniert nicht, weder bei anderen Menschen noch bei uns selbst.

Was funktioniert, ist Freiwilligkeit. Menschen sind aufgeschlossen für Veränderung, wenn sie sich wohl und sicher fühlen. Dann blühen sie auf und zeigen ihre wahre Schönheit und Begabung.

Das Klima, das Sie durch Ihre Stimmungen schaffen, bestimmt Ihren Lebensstil!

Welcher Typ Mann Ihr Partner ist, welche Qualitäten er hat und welches Einkommen er erzielt – das alles steht in unmittelbarer Beziehung zu der magnetischen Kraft, die Sie durch Ihre Stimmungen erzeugen. Wenn Sie eine Eine-Million-Euro-Grundstimmung haben, wird Ihr Einkommen das mit der Zeit immer mehr reflektieren.

Wie Sie sich fühlen, ist das Resultat Ihrer genetischen Veranlagung, Ihrer Erziehung und Ihrer Umgebung. Die Gene sind, wie sie sind – also unbeeinflussbar. Die Prägungen durch Ihre Vergangenheit können Sie durch Umlernen zu einem gewissen Teil verändern. Doch was Sie zu hundert Prozent verändern können, ist Ihre Umgebung! Leben Sie Ihr Leben in einer Umgebung, die Sie in Hochstimmung versetzt, und Sie werden sich um Lichtjahre besser fühlen.

- Entrümpeln Sie Ihre Wohnung. Behalten Sie nur die Gegenstände, die Ihrem Auge Freude bereiten. Bringen Sie den aussortierten Kram nicht auf den Dachboden oder in den Keller, sondern verschenken Sie ihn oder werfen Sie die Sachen weg. Arrangieren Sie die verbliebenen Gegenstände neu.
- Schaffen Sie sich einen Raum oder eine Ecke, die nur Ihnen gehört. Gestalten Sie diesen Bereich so, dass Sie dort Ruhe finden und auftanken können. Nehmen Sie sich täglich etwas Zeit, um sich dorthin zurückzuziehen.
- Planen Sie eine Wohnungsverschönerung? Lassen Sie sich von Einrichtungsmagazinen inspirieren. Wenn Sie Zeit haben, streichen Sie die Wände frisch. Besorgen Sie sich neue Gardinen. Und dann richten Sie sich mit den Dingen, die Sie wirklich mögen, neu ein.

Ein wichtiger Tipp für alle kreativen Frauen: Kommen Sie bloß nicht auf die Idee, ohne sein Wissen die Wohnung Ihres Freundes oder das Büro Ihres Mannes umzugestalten, weil Sie für ihn eine Eine-Million-Euro-Umgebung schaffen wollen! Dieser Versuch wird Ihnen definitiv großen Ärger einbringen. Damit nehmen Sie ihm die Kontrolle über seinen ureigensten Bereich, und das wird er überhaupt nicht gut finden. Wenn Sie eine Eine-Million-Euro-Umgebung schaffen wollen, die ihn inspiriert und ihm das Gefühl gibt, großartig zu sein, dann machen Sie sich selbst und Ihre Wohnung zum Projekt. Investieren Sie Ihre Energie in sich selbst! Wenn Sie denken, dass ein neues Sofa oder modernere Gardinen seiner Wohnung nicht schaden würden, sprechen Sie ihn direkt darauf an – und dann überlassen Sie alles Weitere ihm.

Achten Sie auf Ihren Ton.

Sie haben es bestimmt auch schon mal erlebt: Sie sagen die gleichen Worte, aber mit einem anderen Ton. Und schon ist die Reaktion Ihres Mannes völlig anders. «Machst du bitte die Tür zu?» können Sie auf die unterschiedlichsten Weisen sagen: drängend. Vorwurfsvoll. Belehrend. Sachlich. Weinerlich. Lachend. Quengelnd. Unsicher. Pessimistisch. Verführerisch. Probieren Sie es aus, Ihnen fallen sicherlich noch viel mehr Varianten ein. Merken Sie, welchen Unterschied Ihr Ton macht?
Kommunikation hat viele Ebenen. Sie erinnern sich, die Worte machen lediglich sieben Prozent der Botschaft aus – die eigentliche Wirkung entsteht durch den Ton, mit dem Sie sprechen. Vor ein paar Seiten haben Sie bereits gesehen, wie wichtig die innere Haltung ist. Sie ist nicht nur wichtig – sie ist das A und O Ihres Erfolges.

Ihr Ton ist alles.

Stellen Sie sich eine Pianistin vor: Wenn sie stocksteif dasitzt, während sie spielt, werden Sie das hören. Die Musik klingt hölzern. Wenn sie «larifari» dahinklimpert, wird die Musik Sie nicht beeindrucken. Doch wenn sie ihre professionelle Arbeitshaltung einnimmt und mit ruhiger, aufrechter Selbstgewissheit spielt, werden Sie sich unwillkürlich entspannen und gern zuhören. Sie sehen, die innere Haltung und die Körperhaltung sind eins, sie bestimmen den Klang, und der Klang bestimmt das Ergebnis: Ob Sie, die Zuhörerin, sich angesprochen fühlen oder nicht.

Achten Sie darauf, wann bei Ihrem Gegenüber die Lichter ausgehen und wann sie angehen – so merken Sie, welche Haltung und welcher Ton funktionieren.

Doris war frustriert. Sie gab ihrem Partner oft Anerkennung, doch die Dinge, um die sie ihn bat, tat er trotzdem nur widerwillig. Sie besuchte das PowerConnections®-Seminar ein zweites Mal und erkannte während der Rollenspiele, dass ihr Ton das Problem war. Es lag immer eine Bewertung darin. Sie bemerkte, dass sie vor allem mit sich selbst immer sehr hart und streng umging. Deshalb begann sie nun, gelassener und freundlicher mit sich selbst zu sein. Sie lernte, sich selbst anzuerkennen, und ihr Ton änderte sich. Seitdem freut sich ihr Partner, wenn er etwas für sie tun kann.

Wir alle sind es gewohnt, eine soziale Maske von Nettigkeit und guter Laune aufzusetzen, sobald wir unter Leuten sind. So bemerken wir kaum, welche Botschaften wir tatsächlich vermitteln – denn die eigene Grundhaltung ist wie ein Lieblingsparfüm, das man ständig trägt und irgendwann gar nicht mehr riecht. Deshalb sind wir auf Feedback angewiesen. Mit zunehmender Übung werden Sie in der Lage sein, anhand dessen, was andere Ihnen zurückspiegeln, zu erkennen, welche unterschwelligen Botschaften Sie ausstrahlen: Achten Sie ab sofort darauf, wann bei anderen die Vitalität nachlässt und wann sie beginnen, aufzuleuchten.

Anfangs ist es sehr hilfreich, die Skills sozusagen «auf dem Trockenen» zu üben und durch ehrliches Feedback von anderen zu erfahren, wie man rüberkommt. Deshalb empfehlen wir Ihnen, einmal an einem PowerConnections®-Seminar teilzunehmen. Dort haben Sie die Möglichkeit, «live» zu erleben, wie die Skills funktionieren: Sie können es sehen, hören und spüren – und sich so leichter hineinfühlen. Anhand von Situationen aus Ihrem Leben trainieren Sie dann im Rollenspiel, genau den richtigen Ton zu finden.

Setzen Sie grundsätzlich seinen guten Willen voraus.

Wenn Sie einen Mann erreichen wollen, versetzen Sie sich in ein Gefühl von entspannter Selbstgewissheit: In das Bewusstsein, dass Ihre Bedürfnisse erfüllt werden. Eine Frau, die diese Gelassenheit ausstrahlt, ist für einen Mann sehr attraktiv. Denn bei dieser Frau kann er gewinnen:

- Sie ist im Reinen mit sich selbst, also hat sie keinen Anlass, ihn anzugreifen oder klein zu machen. Alles ist okay.
- Sie macht keinen Druck, sondern geht wie selbstverständlich davon aus, dass er gern etwas für sie tut. Das beflügelt ihn und lässt ihm gleichzeitig den Freiraum, selbst zu entscheiden, was er tut, wann er es tut und wie er es tut.
- Ihre Sicherheit gibt ihm das Vertrauen, sein Ziel erreichen zu können: Sie zu erfreuen.

Was Ihre Wünsche betrifft: Entspannen Sie sich. Sie wollen doch nicht aufdringlich oder verzweifelt rüberkommen. Gleichzeitig wollen Sie natürlich, dass Ihr Partner weiß, was Sie sich wünschen. Also reden Sie darüber! Nicht mit ihm, noch nicht mal zu ihm, sondern einfach so vor sich hin, freundlich, leichthin und entspannt. Sie räumen das Wohnzimmer auf und denken laut: «Ach, gelbe Blumen hätt ich gerne.» Sie sitzen zusammen beim Abendessen: «Oh, jetzt hätte ich Lust auf einen leckeren Bordeaux!» Sie sind gemeinsam im Auto unterwegs: «Was mich wirklich interessiert, ist die Biographie von Hillary Clinton. Die würde ich gern mal lesen.» Sie gehen zusammen spazieren, und Sie sinnieren so vor sich hin: «Diese Felsen hier erinnern mich an den Film über Kroatien, den ich neulich im Fernsehen gesehen habe. Da muss es unglaublich schön sein: Berge, Meer, traumhafte Küsten. Da würde ich gern mal Urlaub machen!»

Denken Sie daran, Ihre innere Haltung teilt sich mit. Sprechen Sie, ohne eine konkrete Erwartung zu haben. Seien Sie einfach spielerisch und vergessen Sie gleich wieder, was Sie gesagt haben. Wenn das Klima zwischen Ihnen gut ist, wird er entweder sofort anfangen zu überlegen, wie er Ihren Wunsch erfüllen kann – oder er wird sich zu einem späteren Zeitpunkt daran erinnern.

Sprechen Sie mit Männern in der Männersprache

Jetzt haben Sie gelernt, auch unter Druck locker und kooperativ zu bleiben und Ihre Wünsche im Blick zu behalten. Aber wie schaffen Sie es, dass Ihr Partner auch wirklich versteht, was Sie meinen? Oft ist es doch so: Sie redet und redet, und er sitzt ratlos vor ihr und fragt sich, was sie mit ihrem Wortschwall eigentlich erreichen will. Wenn Sie etwas von einem Mann wollen, müssen Sie mit ihm in der Sprache sprechen, die er versteht: in der Männersprache. Das ist die Sprache des Geschäftslebens: klar, knapp und direkt. In einem Wort: professionell. Oft sagen Frauen dann: «Das ist aber unpersönlich.» Oder: «Wie unromantisch! Da geht doch jegliche Intimität verloren.» Irrtum!

Wenn Sie mit Ihrem Partner auf professionelle Weise sprechen, wird Sie das auf direktem Wege zu mehr Nähe mit ihm führen und Ihnen eine Tiefe in der Kommunikation eröffnen, von der Sie nicht mal ahnten, dass sie existiert. Denn jetzt erreichen Sie ihn auf seinem Kanal.

Stellen Sie sich einmal vor, Sie reisen nach Frankreich, ohne ein Wort Französisch zu sprechen: «Pech für die Franzosen. Sollen sie doch Deutsch lernen.» Noch dazu würden Sie jeden, der Ihre Sprache nicht versteht, für einen Dummkopf halten. Wie würden Ih-

nen die Franzosen wohl begegnen? Höchstwahrscheinlich wären sie ziemlich reserviert. Und weil es mit der Verständigung nicht klappt, verpassen Sie viel.
Szenenwechsel. Stellen Sie sich vor, Sie hätten vor Ihrer Reise einen Crash-Kurs in Französisch belegt, einige Reiseführer gelesen und hätten großes Interesse, Land und Leute kennen zu lernen. Wie würden Ihnen die Franzosen nun begegnen? Sie würden Sie herzlich empfangen und alles dafür tun, dass Sie sich als Gast in ihrem Land wohl fühlen. Sie würden Ihnen interessante Orte zeigen, Ihnen Geheimtipps geben und Sie einladen, die schönen Seiten ihres Lebens mit ihnen zu teilen.
Das Gleiche gilt für Ihre Beziehung mit Männern: Je besser Sie die Sprache der Männer verstehen und zu sprechen imstande sind, desto mehr können Sie «die Reise genießen» – und desto leichter erreichen Sie bei Männern, was Sie wollen! Hier sind die wichtigsten Regeln:

1. Sprechen Sie nur dann mit einem Mann, wenn er «angeschaltet» ist.

Ein Mann wird Ihnen nicht zuhören, wenn er nicht in einem Zustand von Offenheit und Neugier ist. Deshalb müssen Sie zuerst sicherstellen, dass er gerade zugänglich ist. Nur in diesen Momenten hört er Ihnen tatsächlich zu.

Wenn die Lichter nicht an sind, ist keiner zu Hause.

Bei Männern gibt es nur zwei Zustände: angeschaltet oder abgeschaltet.

- Wenn Sie jammern, nörgeln, sich beschweren, ihn kritisieren oder belehren, machen Sie ihn schlecht. Damit schalten Sie ihn ab.
- Wenn Sie professionell mit ihm umgehen, zeigen Sie ihm Respekt. Damit schalten Sie ihn an.

Manchmal, wenn Annette nach einem langen Arbeitstag ins Bett sinkt, fallen ihr Dinge ein, die sie gern mit ihrem Mann Markus besprechen würde. Doch einmal im Bett, hat Markus keine Lust mehr zu reden. «Früher bin ich dann sauer geworden und habe ihm vorgeworfen, dass er sich nicht mehr für mich interessiert. Dann wurde er auch sauer, drehte sich von mir weg, und es herrschte Funkstille.

Auch in Sachen Sex. Als ich dann von Gigi hörte, dass Männer es mögen, wenn man mit ihnen professionell umgeht, fragte ich Markus mal beim Spazierengehen, wie es denn funktionieren könnte, dass er mir in solchen Situationen zehn Minuten Aufmerksamkeit schenkt. Er meinte, wenn es wirklich dringend sei, sollten wir einfach nochmal aufstehen und uns in mein Büro setzen, um zu sprechen. So machen wir das jetzt, und es klappt wunderbar.»

Statt ein Problem zu verursachen, fädeln Sie die Lösung ein: Sprechen Sie mit ihm auf professionelle Weise.

Annette hat bekommen, was sie wollte, weil sie professionell gehandelt hat. Sie hat ihren Mann in einem Moment, in dem er angeschaltet war (beim Spazierengehen) gebeten, eine Lösung zu finden. Sie hätte ihm natürlich auch eine Lösung vorsetzen können, die sie sich selbst überlegt hat. Wie gut hätte das funktioniert? Er hätte es, wenn überhaupt, nur widerwillig angenommen.

Seien Sie klug: Lassen Sie *ihn* das Problem lösen. Sagen Sie ihm: «So und so ist die Lage. Was würde für dich funktionieren?», oder «Wie könnten wir unsere Bedürfnisse an dieser Stelle unter einen Hut kriegen?» Männer lieben es, gute Problemlösungen zu finden. Geben Sie Ihrem Partner Gelegenheit dazu und denken Sie daran, ihn dafür anzuerkennen! Das ist eine professionelle Art, dafür zu sorgen, dass Sie beide zufrieden sind.

Schaffen Sie gute Voraussetzungen für das Gespräch.

- Drängen Sie ihn nicht in ein Gespräch, wenn er nicht bereit dazu ist. Wenn es nicht spontan geht, vereinbaren Sie einen **Gesprächstermin** mit ihm.
- Sorgen Sie dafür, dass es **keine Ablenkungen** gibt. Sie können aufmerksamer sein, wenn Sie beide ungestört sind. Bringen Sie die Kinder zu Freunden, stellen Sie Ihre Handys aus.
- Verlassen Sie Ihre gewohnte Umgebung, das holt Sie aus Ihren Gewohnheiten heraus und erhöht Ihre Energie. **Wählen Sie eine Umgebung, in der Sie sich professionell fühlen. Oder spielerisch. Oder luxuriös.** Hier ein paar Vorschläge: Gehen Sie ins Café. Setzen Sie sich eine elegante Hotel-Lobby. Machen Sie einen Spaziergang. Gehen Sie schwimmen.

2. Wenn Sie etwas von einem Mann wollen: Seien Sie klar und direkt.

Wenn eine Frau zur anderen sagt: «Die letzten Wochen waren heftig. Ich glaube, ich brauche mal eine Auszeit!», dann ist es wahrscheinlich, dass sie von ihren Freundinnen umgehend ein konkretes Unterstützungsangebot erhält: «Soll ich deine Kinder für einen Tag zu mir nehmen?», oder «Ich fahre morgen Abend in die Sauna, hast du nicht Lust mitzukommen?» Frauen haben eine feine Antenne für die Bedürfnisse anderer.

Da wir aus dem Umgang mit Frauen gewohnt sind, dass bereits leiseste Andeutungen funktionieren, erwarten wir Gleiches wie selbstverständlich auch von Männern: «Neulich habe ich ihm gesagt, ich würde gern mal wieder ins Kino gehen. Er hat nur gebrummt und sich weiter in den Sportteil der Zeitung vertieft.» «Ich dachte, ich versuche es mal mit Humor, und sagte zu ihm: Deine Socken auf dem Badezimmerboden sehen nicht gerade dekorativ aus!› ‹Na dann heb sie doch auf›, konterte er cool.»

Was nicht funktioniert:

- **Andeutungen**. Sagen Sie nicht: «Es wäre schön, wenn wir mal wieder essen gingen.» Für einen Mann klingt das nicht nach hoher Priorität. Also vergisst er es gleich wieder.
- **Ein vorwurfsvoller Unterton**. Sie wissen ja, Kritik, und sei sie noch so leise, bewirkt Widerstand.
- **Lange Vorreden**. Da schaltet er irgendwann ab oder ist irritiert, weil Sie nicht auf den Punkt kommen.
- **Komplizierte Sätze.** Mehr als ein Gedanke pro Satz ist zu komplex. Das verwirrt ihn, und er wird sauer, weil er Ihnen nicht folgen kann. Denken Sie daran, Männer denken linear, ein Schritt folgt auf den anderen.
- **Lange Erklärungen**. Wenn Sie ihm bereits gesagt haben, was Sie von ihm wollen, hat er genug Information, um loszulegen. Sich jetzt auch noch Ihr gesamtes inneres Hin und Her anzuhören macht ihn einfach nur müde. Er hat immer weniger Lust, etwas für Sie zu tun.
- **Ihm sagen, was Sie nicht wollen**. Viele Frauen reden zuerst über all das, was ihnen nicht gefällt, und äußern dann eine Bitte. Tun Sie das auch? So etwas macht Männer skeptisch: «Wenn sie so eine kritische Grundeinstellung hat, wird sie sicher auch unzufrieden sein, wenn ich ihr ihre Bitte erfülle.»

Einem Mann müssen Sie sagen, was Sie von ihm wollen, wie Sie es wollen und wann Sie es wollen. Wenn Sie sich sein Engagement wünschen, drücken Sie sich klar und effizient aus.

Was funktioniert:

- **Sie haben Klarheit darüber, welches Resultat Sie wollen.**

Schreiben Sie jetzt auf, was Sie sich von Ihrem Partner (oder Ihrem Sohn, Ihrem Vater, Ihrem Chef, Ihrem Geschäftspartner, Kunden, Klassenlehrer Ihres Kindes, Handwerker, Banker ...) wünschen. Seien Sie dabei möglichst konkret. Denn je präziser Sie

Ihre Wünsche formulieren, desto klarer wird Ihr inneres Bild davon und desto überzeugender kommen Sie damit rüber. Verwandeln Sie Ihre Wünsche in konkrete Bitten.

Unklarer Wunsch	**Konkrete Bitte**
«Du hörst mir ja gar nicht zu.»	«Hast du mal zehn Minuten? Ich muss mir mal was von der Seele reden. »
«Du könntest wirklich mal ein bisschen mehr im Haushalt tun.»	«Würdest du dich montags und donnerstags ums Abendessen kümmern?»
«Es wäre schön, wenn wir mal wieder tanzen gehen.»	«Nächsten Samstag gibt's eine karibische Tanznacht – du würdest mir eine große Freude machen, wenn du mit mir hingehst!»

- **Gewöhnen Sie sich an, in kurzen, klaren Sätzen zu sprechen.** Portionieren Sie das, was Sie einem Mann sagen wollen, in kleine, leicht verdauliche Happen – ein Gedanke nach dem anderen.
- **Handeln Sie professionell.** Stellen Sie sicher, dass er ansprechbar ist: «Ich habe eine Bitte. Hast du gerade ein offenes Ohr?» Wenn er zustimmt:
- **Kommen Sie direkt zur Sache**: «Ich würde gern mit dir chinesisch essen gehen. Passt dir Montagabend?»
- **Geben Sie klare Instruktionen.** Sagen Sie ihm ganz genau, was Sie von ihm wollen: «Montagabend bin ich zum Tennis

verabredet. Um acht bin ich fertig. Würdest du mich dann abholen?» Verzichten Sie auf Erklärungen, geben Sie präzise Eckdaten: Was, wann, wo, wie. – Und dann:

- **Lassen Sie es ihn auf seine Weise tun!** Wenn er Ihnen sagt, dass er sich darum kümmern wird, bekräftigen Sie seinen Entschluss, indem Sie seine Bereitwilligkeit anerkennen:
- **Geben Sie ihm Anerkennung**. Er hat kooperiert! Zeigen Sie ihm, dass er schon halb gewonnen hat. «Super, damit machst du mir eine große Freude!»

Sie wissen ja, Männer brauchen Herausforderungen. Lassen Sie Ihren Mann wissen, was Sie sich wünschen. Machen Sie daraus ein Spiel mit einem klaren Ziel, sodass er einen Weg sehen kann zu gewinnen.

3. Bleiben Sie am Ball. Geben Sie ihm neue Chancen zu gewinnen.

Wenn es ihm nicht passt, Montag mit Ihnen essen zu gehen, öffnen Sie seinen Blick für andere Möglichkeiten: «Gut! Gibt es nächste Woche einen anderen Abend, an dem du Zeit hast?» Wundern Sie sich über das Wörtchen «gut» in diesem Satz? Es ist sehr wichtig. Denn damit signalisieren Sie ihm, dass er in Ordnung ist. Ihr «Gut!» oder «Fein!» oder «Okay!» schaltet ihn an, vorausgesetzt, Sie haben einen munteren Ton angeschlagen. Damit hat er schon ein kleines bisschen gewonnen, und das macht ihm Lust, bei Ihnen noch mehr zu gewinnen. Männer sind es so sehr gewohnt, lauter kleine Niederlagen einzufangen, dass es sie sehr erleichtert, wenn sie sich mal nicht schuldig fühlen müssen. Wörter, die Männern die Lichter ausschalten, sind: «Schade!», «O nein!», «Och bitteeee!», «Tja …» Ein solches Wort beziehungsweise solch ein Ton, und Sie können einpacken. Versuchen Sie es gar nicht erst, mit ihm weiter über Ihren Wunsch zu diskutieren.

Das wirkt verbissen und unsouverän. Seien Sie spielerisch! Wechseln Sie das Thema. Mit Ihrem Anliegen haben Sie bei ihm erst dann wieder eine Chance, wenn Sie beide wieder auf einer entspannten Wellenlänge sind.

Wenn er sich sträubt, aber Sie haben das Gefühl, dass er sich grade selbst im Wege steht … Machen Sie ihm spielerisch klar, was Sie wollen!

Werden Sie zum Spaß ein bisschen wütend oder weinerlich. Kommunizieren Sie in einer humorvollen Weise, die ihn aufweckt und energetisiert. Überraschen Sie ihn, indem Sie sich auf seinen Schoß setzen und «Bitte!!!» sagen, während Sie ihn umarmen und küssen. Ziehen Sie einen süßen Schmollmund und strecken Sie Ihre Unterlippe hervor. Nehmen Sie sich selbst nicht so ernst. Werden Sie zum kleinen Kind, seien Sie spielerisch und leichtherzig!

Wenn er mal eine Bitte ablehnt: Nehmen Sie's leicht.

Sagen Sie sich selbst: Früher oder später bekomme ich, was ich will! Die beste Antwort auf ein Nein ist ein gut gelauntes «Okay!». Akzeptieren Sie sein Nein völlig. Damit geben Sie ihm die Freiheit, Ihnen beim nächsten oder übernächsten Mal mit Ja zu antworten.

4. Fragen Sie ziel- und lösungsorientiert.

Wenn Männer eine Bitte nicht gleich erfüllen, neigen Frauen dazu, sie immer wieder daran zu erinnern. Wir denken: Er muss doch merken, wie viel mir daran liegt. Das macht Druck, und Druck funktioniert nicht. Manchmal zögern Männer die Erfüllung einer Bitte nur heraus, um das Gefühl zu haben, dass sie aus freien Stücken handeln. Nörgeln hilft da gar nicht weiter. Was funktioniert, sind sachlich-freundliche Fragen, mit denen Sie ihn zum Ziel lenken: «Liebling, die Winterreifen müssen drauf. Wann willst du das machen?» Wichtig: Überlassen Sie ihm die Entscheidung, wann er es macht und wie er es macht.

5. Taten sprechen lauter als Worte. Seien Sie konsequent!

Falls er nicht kooperiert, schimpfen Sie nicht mit ihm und entziehen Sie ihm auch nicht Ihre Liebe. Lassen Sie einfach natürliche Konsequenzen folgen:

- Er zieht ein langes Gesicht, während Sie zusammen shoppen sind? Schicken Sie ihn freundlich, aber bestimmt nach Hause und shoppen Sie vergnügt allein weiter.
- Er besteht im Restaurant auf getrennter Kasse? Gehen Sie nicht mehr mit ihm aus.
- Sie sind verabredet, und er lässt Sie warten? Unternehmen Sie etwas anderes. Seien Sie jedoch für ihn erreichbar! Lassen Sie Ihr Handy angeschaltet. Wenn er sich meldet, machen Sie ihm keine Vorwürfe. Sie wollen ihn doch nicht dazu bringen, Sie nicht mehr anzurufen?! Begrüßen Sie ihn herzlich. Schließlich haben Sie auch ohne ihn eine Menge Spaß am Leben! Wenn Sie gut gelaunt sind, lernt er, dass es gut für ihn ist, Ihnen Aufmerksamkeit zu geben.
- Sie haben ihn schon x-mal gebeten, Ihnen Blumen mitzubringen, aber er stellt sich so was von stur, das gibt's gar nicht?! Lassen Sie das Thema für eine Weile ruhen. Wenn Sie gern Blumen in Ihrer Wohnung hätten, kaufen Sie sich selbst welche, oder bitten Sie Freundinnen, Ihnen einen Strauß mitzubringen. Mit der Zeit wird Ihr Partner sehen, dass frische Blumen zu Ihrem Lebensstil gehören. Er wird sehen, dass Sie einen gewissen Standard schätzen. Jede Wette: Das wird ihn herausfordern, sich Mühe zu geben, Ihren Geschmack zu treffen, wenn er das nächste Mal nach einem Geschenk für Sie Ausschau hält. Wenn es so weit ist – geizen Sie nicht mit Anerkennung!

6. Machen Sie niemals Kompromisse

Geben Sie und nehmen Sie. Sie können supergroßzügig und sehr entgegenkommend sein. Doch sorgen Sie gleichzeitig dafür, dass Sie immer bekommen, was Sie wirklich wollen. Das gilt für die kleinen Wünsche genauso wie für Ihre großen, wichtigen Anliegen. Die meisten Menschen denken, in Beziehungen müsste man Kompromisse schließen. *Sie* sollten das nicht tun. Sie können flexibel sein, was Zeit, Ort und Umstände anbelangt. Doch Sie sollten sicherstellen, dass Sie das, was Ihnen wirklich wichtig ist, tatsächlich bekommen. Denn sonst werden Sie ja doch wieder unzufrieden und nörgeln an Ihrem Partner oder Ihren Kindern herum.

Angenommen, Sie wollen an einem bestimmten Abend in eine bestimmte Discothek, weil dort «Ihre» Musik läuft, und Ihr Freund will unbedingt in eine andere Disco, weil er sich dort wohler fühlt. Was würde passieren, wenn Sie mit ihm mitgehen? Hätten Sie wirklich Spaß? Oder wären Sie genervt? Und würden ihm damit seinen Spaß verderben? Dann könnte es klüger sein, dass jeder allein bzw. mit Freunden loszieht. Machen Sie es sich zum Prinzip, auf freundliche, selbstbewusste Weise für Ihre eigene Zufriedenheit zu sorgen. Seien Sie professionell – auch im Umgang mit Ihren eigenen Wünschen.

Wenn das Kind in den Brunnen gefallen ist –
bauen Sie neues Vertrauen auf.

Oft sprechen Männer auf eine Weise, die uns nicht behagt: Sie sind kurz angebunden, flapsig oder sogar grob. Nehmen Sie niemals an, er würde Sie fertig machen wollen. Nehmen Sie es nicht persönlich! Wahrscheinlich war er die ganze Zeit ehrlich und authentisch, und irgendwann haben Sie negativ reagiert. Nun ist er «zu». Jetzt müssen Sie wieder Vertrauen aufbauen.

Wann ist er am lebendigsten? Wann hat er die meiste Energie? Wenn Sie ihn bedrängen? Oder wenn Sie entspannt und vergnügt sind? Wenn Sie wollen, dass sich die gepanzerte Tür zu seinem Innersten öffnet, müssen Sie zuerst dafür sorgen, dass *Sie* guter Dinge sind. Denken Sie nicht, Sie müssten sich dafür verstellen. Das wird nicht funktionieren. Was funktioniert, sind Güte, Gelassenheit und eine große Portion Humor. Bringen Sie sich selbst in diese Verfassung, indem Sie:

- etwas tun, das Ihnen die Lichter anschaltet,
- sich daran erinnern, wie sehr Sie ihn lieben und schätzen.

Mit der Zeit wird er entspannen und Ihnen wieder vertrauen. Denken Sie daran, wenn ein Mann einer Frau rundum vertrauen kann, wird er den Mount Everest besteigen, wenn er sie damit glücklich machen kann.

Denken Sie konsequent nur das Beste von ihm.

Erinnern Sie sich an den Pygmalion-Effekt? (Wir sprachen darüber auf Seite 23.) Menschen richten sich nach dem Bild, das wir von ihnen haben. Was denken Sie über Ihren Partner? Für wie kooperativ halten Sie ihn? Denken Sie daran, Ihre Wertung teilt sich ihm auf subtile Weise mit – und beeinflusst sein Verhalten. Wenn er Ihnen mal eine Bitte abschlägt, gehen Sie davon aus, dass er sich sehr bemüht hat, aber es diesmal eben nicht ging. Mit der Zeit wird Ihre positive Einstellung auf Ihren Partner abfärben: «Ich will sie nicht enttäuschen, sie hält so viel von mir, sie vertraut mir. Für sie will ich wirklich mein Bestes geben.»

7. Halten Sie Ihr Wort. Seien Sie berechenbar.

Wenn Sie mit einem Mann ein Vertrauensverhältnis aufbauen wollen, müssen Sie zuverlässig und berechenbar sein. Sind Sie das? Halten Sie sich an das, was Sie einmal gesagt haben? Oder neigen Sie dazu, sich manchmal kurzfristig umzuentscheiden?

Wir Frauen sehen so viele Möglichkeiten, unsere Stimmungen und Wünsche können sich jederzeit ändern. Ist es da nicht folgerichtig, das zu tun, was sich im Moment stimmiger anfühlt? Bei unseren Freundinnen kommen wir damit oft durch. Frauen sind eher bereit, sich flexibel auf neue Umstände einzustellen, auch wenn sie es nicht so toll finden. Sie tun es, weil sie beziehungsorientiert sind.
Männer sind statusorientiert. Je männlicher ein Mann ist, desto weniger wird er es schätzen, seine Pläne umzuschmeißen. Erstens ist es ineffizient, fertige Pläne zu ändern, zweitens verabscheut er das Gefühl, nach jemandes Pfeife tanzen zu müssen, und drittens wünscht er sich eine Frau, auf die er sich verlassen kann. Mit anderen Worten: Er ist wahrscheinlich nicht geneigt, Ihre Spontaneität als liebenswerte Marotte zu betrachten.
Bemühen Sie sich also lieber, ein großes Mädchen zu sein, und überlegen Sie dreimal, bevor Sie Zusagen machen. Wenn Sie es sich dann ausnahmsweise mal leisten, an der Kinokasse Ihren Filmwunsch zu ändern, geben Sie ihm reichlich Anerkennung dafür, dass er sooo flexibel ist!

8. Teilen Sie Ihr Herz mit Ihrem Mann – und klönen Sie mit Ihren Freundinnen.

Wir Frauen haben die Neigung, gerne viele Worte zu machen. Wenn wir beim Erzählen vom Hölzchen aufs Stöckchen kommen und dabei allerlei Andeutungen und Randbemerkungen einflechten, verstehen Männer das einfach nicht. Es verwirrt sie. Und deshalb werden sie ungeduldig, reagieren genervt oder schalten ganz einfach auf Durchzug.
Männer verlieren das Interesse am Zuhören meist in dem Moment, in dem ihr Gegenüber zu ichbezogen wird und sich in Gedanken-Schleifen verliert. Oft reden wir Frauen über unsere Gefühle und meinen, wir seien authentisch. Doch tatsächlich

spulen wir nur unsere Konzepte ab: «Mir geht es so schlecht, weil ...» Wir denken, das sei die Wirklichkeit, dabei sind es Interpretationen. Und damit schalten wir nicht nur ihm, sondern auch uns selbst die Lichter aus.

Gut, manchmal muss man mal ein bisschen jammern. Aber wenn Sie über Ihren Partner, über Ihre Beziehung oder Ihre Kinder reden müssen, gehen Sie besser zu einer Freundin. Hat die Sache nichts mit Ihrem Partner zu tun, können Sie auch ihn bitten, Ihnen zuzuhören. Bereiten Sie ihn vor, indem Sie so etwas sagen wie: «Ich muss mich mal aussprechen. Würdest du einfach zuhören? Du brauchst nichts zu tun. Du hilfst mir am meisten, wenn du mir einfach zuhörst.»

Frauen reden, um Verbundenheit zu erleben.
Männer reden, um Anerkennung zu erhalten.

Erzählen Sie Ihrem Partner ruhig von Ihren Gefühlen, von Ihren Plänen und Ihren Erlebnissen. Aber halten Sie es simpel und klar, dann kann er Ihnen gedanklich folgen, und Sie bleiben in Verbindung. Sprechen Sie über Ihre komplexen, ambivalenten Gefühle mit Ihren Freundinnen.

Inspirieren Sie Ihren Mann, seine Passion zu leben

Kennen Sie das? Er mag nicht ausgehen. Er hat keine Ideen. Er will kaum noch Sex. Für ihn ist es das Größte, auf dem Sofa zu sitzen und zu relaxen. Dabei konnte er doch gar nicht genug von Ihnen kriegen, als Sie frisch verliebt waren!

Wenn Männer heiraten oder mit ihrer Partnerin zusammenziehen, sinkt ihr Testosteronspiegel. Sie verlieren ein bisschen ihren Drive – jedenfalls zu Hause. Allerdings steigt der Testosteronspiegel rasant, wenn es in der Partnerschaft Konflikte gibt.

Manchmal zetteln Frauen daher aus lauter Unzufriedenheit einen Streit an, weil sie ihren Partner aus der Reserve locken und endlich mal wieder sein ursprüngliches Feuer erleben wollen, nach dem Motto: «Das Schönste am Streit ist die anschließende Versöhnung im Bett.» Das kann ein paar Mal klappen, doch irgendwann nutzt sich der Effekt ab. Das Vertrauen bleibt dabei immer mehr auf der Strecke. Diese Strategie führt früher oder später zur Trennung.

Wie also können Sie sein Feuer entfachen und gleichzeitig die Verbindung stark halten? Indem Sie ihn inspirieren, das zu tun, was ihn brennend interessiert! Dazu gehört Mut, doch es lohnt sich. Denn es stärkt Ihr gegenseitiges Vertrauen.

Ulrikes Mann Michael hat eine Leidenschaft: Er baut Segelboote. Das führt ihn oft für Wochen außer Landes. Natürlich hätte Ulrike ihn lieber bei sich zu Hause, doch sie weiß, dass er unglücklich wäre, wenn er nicht tun könnte, was er liebt. Also telefonieren und emailen die beiden täglich und genießen die Zeit, die sie zusammen verbringen können, doppelt.

Oft haben Frauen Angst, ihren Partner hinaus in die weite Welt ziehen zu lassen. Sie versuchen, ihn klein zu halten, um ihn nicht zu verlieren. Doch das macht beide unzufrieden: Er fühlt sich wie ein Tiger im Käfig und grollt ihr insgeheim – und sie ist unglücklich, weil sie einfach nicht an ihn herankommt.

Sie haben die Wahl: Sie können einen gelangweilten, frustrierten Mann haben, mit dem Sie sich allabendlich um die Fernbedienung streiten. Oder Sie können einen Partner haben, der zwar abgekämpft nach Hause kommt, aber nie zu müde ist, um Ihnen voller Begeisterung von seinen Erlebnissen zu erzählen, und der neugierig ist, was Sie in der Zwischenzeit getan haben. Der Sie anschließend ins Bett zieht und Sie mit Hingabe verwöhnt, weil er sich Ihnen so nahe fühlt.

Im Fernsehen gab es neulich ein Interview mit einer Frau, die ihre Ehe auf kreative Weise stark hält: «Mein Mann liebt außergewöhnliche Autos. Ich liebe es, interessante Menschen um mich zu versammeln. Also kam ich auf die Idee, Rallyes für seltene Edelkarossen zu veranstalten. Da sieht er lauter schöne Autos, kann sie Probe fahren und ist restlos begeistert. Manche Frauen würden denken, warum tut sie das für ihn? Nun, mir ist dieses Hobby bei ihm wesentlich lieber, als wenn er sich für junge Frauen interessieren würde! Außerdem treffe ich bei unseren Rallyes lauter spannende Leute. So sind wir beide glücklich.»

Halten Sie die Verbindung zu Ihrem Partner stark, indem Sie sich für seine Aktivitäten und Projekte interessieren und ihn dabei nach Kräften unterstützen!

Diskutieren Sie nicht mit Ihrem Partner, warum er unzufrieden ist oder warum er sich gehen lässt. Coachen Sie ihn mit *Neugier.* Dann sehen Sie, wo er gerade steht und was ihm gut tut, und können ihm ein ehrliches Feedback geben, das ihn inspiriert: «Immer wenn du von der Formel 1 sprichst, fangen deine Augen an zu leuchten. Wie wär's, wenn du dich mit deinen Geschäftspartnern zur Abwechslung mal nicht auf dem Golfplatz, sondern am Nürburgring verabredest? Ich bin sicher, die Hochspannungsatmosphäre dort könnte euch auf ganz neue Ideen bringen!»
Inspirieren Sie Ihren Partner, in die Richtung zu gehen, die ihn aufleben lässt, und bleiben Sie gelassen, wenn er nicht gleich begeistert aufspringt. Männer brauchen oft fünf Tage oder länger, bis sie Ideen durchdacht haben. Kümmern Sie sich einstweilen um Ihre eigene Zufriedenheit.

5. Coaching-Skill: *Ermutigen*

Jeder erfolgreiche Mann steht in Verbindung mit einer Frau, die an ihn glaubt.

Wenn Sie genauer hinschauen, sehen Sie, dass jeder erfolgreiche Mann in seinem Umfeld eine Frau hat, die fest an ihn glaubt. Das kann seine Mutter sein, seine Sekretärin oder seine Partnerin. Es ist jemand, der felsenfest davon überzeugt ist, dass er es einfach draufhat: «Du kannst das tun, ganz egal, was passiert.»

Männer sind wie Soldaten. Sie suchen jemanden, für den sie in den Kampf ziehen und erfolgreich sein können.

Jemanden in seinem Leben zu haben, der absolut daran glaubt, dass er großartig ist, bedeutet alles für einen Mann. Das ist seine Grundlage. Danach sucht er.

Auch Frauen wünschen sich einen Mann, der seine Sache gut macht. Doch preisgekrönte Rennpferde regnen nicht vom Himmel. Tatsache ist: Die meisten Männer haben emotionale Wunden. Wenn eine Beziehung endet, ist das gerade auch für einen Mann sehr entmutigend. Auch andere Verluste, wie zum Beispiel ungewollte Arbeitslosigkeit, können einem Mann seinen Drive nehmen. Wenn Sie willens sind, etwas Zeit und Aufmerksamkeit zu investieren, können Sie den Mann erschaffen, den Sie sich wünschen. Sie erinnern sich: Ihr Mann ist wie ein Rennpferd, dessen größter Wunsch es ist, für Sie ins Rennen zu gehen und die Siegesprämie zu erringen.

Vielleicht ist Ihr Partner beruflich sehr erfolgreich und hat bereits alles, was er sich wünscht – dann ermutigen Sie ihn, seine Lebensmission zu entdecken: eine Sache, die sein Herz so begeistert, dass er sich dafür mit allen seinen Kräften einsetzen will. Falls er sich nicht dafür interessiert, eine eigene Vision zu entwickeln, ist es gut möglich, dass er der geborene Unterstützer ist, der darin aufgehen könnte, Sie praktisch und beratend bei der Verwirklichung Ihrer Mission zu unterstützen.

Vielleicht ist Ihr Partner gerade arbeitslos. Oder er würde sich gern beruflich verändern. Oder einen Weg finden, mehr Geld zu verdienen. Vielleicht hofft er schon lange auf eine Gelegenheit, endlich einen Jugendtraum zu verwirklichen. Finden Sie heraus, wovon Ihr Partner träumt, und unterstützen Sie ihn dabei, seine Ziele zu erreichen!

Glauben Sie fest an seine Fähigkeiten, und er wird über sich selbst hinauswachsen.

Sandra, eine 37-jährige Apothekerin, war frisch geschieden und wollte sichergehen, dass sie mit dem nächsten Mann die richtige Wahl treffen würde. Deshalb nahm sie an einem PowerConnections®-Seminar teil. Damals ging sie mit verschiedenen Männern aus, mochte einen jedoch ganz besonders. Dominik war Lehrer an einer Privatschule und steckte voller Ideen. Er liebte seinen Beruf, doch sein Gehalt war zu gering, um sich seine Wünsche erfüllen zu können. Er sehnte sich nach einem anderen Lebensstil und dachte, er müsse das Unterrichten aufgeben, um in der Industrie mehr Geld zu verdienen.

Während des Seminars erkannte Sandra, dass Projekte ein Vehikel sein können, mit dem man seine Träume verwirklichen und gleichzeitig Geld verdienen kann. Als sie Dominik das nächste Mal traf, fragte sie ihn nach seinen Interessen und wollte wissen, was er den Kindern, die er unterrichtete, gern geben wolle. Sie sprachen vier Stunden lang über seine Träume und darüber, was er am Unterrichten so liebte. Während des Gesprächs entstand die Idee, einen Theater-Workshop auf die Beine zu stellen, den er an Samstagen anbieten konnte. In diesem Workshop würden die Kinder ihre Kreativität entwickeln, ihr Selbstwertgefühl würde steigen, und sie würden lernen, im Team zu arbeiten. Sandra ermutigte Dominik, ein Konzept zu schreiben und es dem Schulleiter zu geben.

Dominik war unsicher, doch Sandra unterstützte ihn und sprach mit ihm alle Schritte durch, die nötig waren. Sein Vorschlag wurde angenommen. Der Theater-Workshop wurde zu einer festen Einrichtung der Schule und bescherte Dominik rund zehntausend Euro zusätzliches Einkommen in diesem Jahr. Dominik war Sandra sehr dankbar, dass sie an ihn geglaubt hatte, und überschüttete sie mit Geschenken und einer Reise.

Glauben Sie an Ihren Mann,
selbst dann, wenn er es nicht tut.

Lassen Sie ihn nicht fallen, nur weil er einen schlechten Tag hat oder in einer schwierigen Phase steckt. Seien Sie absolut loyal. Ihr unerschütterlicher Glaube wird ihn ermutigen, einen neuen Versuch zu wagen – und er wird erleben, dass er auf Sie bauen kann.

5. Coaching-Skill: Ermutigen

Hier ist Ihr Trainingsprogramm für die nächsten 4 Wochen:

- Beharren Sie darauf, dass Ihr Mann genial ist.
- Werden Sie neugierig darauf, was ihm wichtig ist, und ermutigen Sie ihn, sich seine Wünsche zu erfüllen.
- Finden Sie heraus: Wer sind seine Helden? Wen bewundert er am meisten? Was ist seine Mission im Leben?
- Coachen Sie ihn, seine Mission oder Vision zu verwirklichen. Nutzen Sie dafür alle sieben Coaching-Skills.
- Schonen Sie ihn nicht. Feuern Sie ihn an, als wären Sie sein Cheerleader. Auf der Grundlage des gegenseitigen Vertrauens und Respekts, die Sie inzwischen aufgebaut haben, kommt er wunderbar damit zurecht, wenn Sie ihm sagen: «Tu das!» Ihr fester, fordernder Ton ist wie ein Kick, der in ihm das Gefühl von Stärke und Entschlossenheit wachruft. Er spürt: Sie ist felsenfest davon überzeugt, dass ich es schaffe. Sie sieht mich als Sieger!

6. Coaching-Skill: *Empfänglich sein*

Gehen Sie auf Empfang. Das gibt Ihnen die Kraft, das Leben fließen zu lassen.

Wenn Sie empfänglich sind, fließt das Leben. Sie sind offen dafür, alle Seiten einer Sache wahrzunehmen. Sie sehen nicht nur eine Seite, Sie sehen das gesamte Bild. Sie sind völlig entspannt und gleichzeitig hellwach.

Genau hier liegt die Quelle Ihrer Power! Stellen Sie sich vor, Sie sitzen mit zehn Leuten in einer Besprechung. Jeder will seinen Standpunkt durchsetzen. Sie selbst haben auch ein paar Ideen, aber keine feste Vorstellung davon, was richtig ist. Sie lehnen sich zurück, entspannen sich und hören interessiert zu. Sie sind neugierig darauf, was jeder Einzelne will. So sammeln Sie Informationspixel, die sich in Ihrem Kopf nach und nach zu einem Gesamtbild zusammensetzen. Sie sehen immer klarer, worauf es in dieser Angelegenheit ankommt und welche Bedingungen eine gute Lösung erfüllen muss.

Nachdem die Diskussion etwas zur Ruhe gekommen ist, stellen Sie Ihre Idee vor. Dabei können Sie nun jede einzelne Person so ansprechen, dass diese sich in Ihrem Lösungsvorschlag wiederfindet. Niemand hat Grund, Sie als Gegner zu sehen, weil Sie an der vorangegangenen Auseinandersetzung nicht beteiligt waren. Alle sind offen für Ihre Argumente, denn Sie sprechen von einer Position des Friedens aus, die alle einbezieht. Das ist die Macht einer Person, die empfänglich ist.

Seien Sie rezeptiv, statt zu reagieren.

Empfänglich zu sein setzt voraus, dass Sie nichts persönlich nehmen. Denn sobald Sie Dinge persönlich nehmen, kommen Emotionen ins Spiel und vernebeln Ihre Sicht – so wie bei den zehn Leuten im gerade beschriebenen Beispiel, die miteinander darum streiten, wer Recht hat. Um klar sehen zu können, müssen Sie Ihre

Gefühle für eine Weile beiseite stellen. Das verlangt eine Menge Disziplin, aber es lohnt sich.
Stellen Sie sich vor, Ihr Partner käme plötzlich mit der Idee, Ihre gemeinsam angesparten Rücklagen in eine Geschäftsidee zu investieren. Wie würden Sie reagieren?
Vermutlich wären Sie nicht gerade begeistert über so viel Risikobereitschaft. Genauso ging es Mary, einer von Gigis Coaching-Klientinnen. Neben ihrem Job als Hausfrau und Mutter hatte sie es innerhalb von zwei Jahren geschafft, eine profitable Wohnraumvermittlungsagentur aufzubauen und viele Unternehmen als Stammkunden zu gewinnen.
Mittlerweile warf ihr Unternehmen genügend Gewinn ab, sodass ihr Ehemann Jerry seinen Beraterjob aufgeben und ins Unternehmen einsteigen konnte: Ihr langjähriger Traum von einer gemeinsamen Karriere war endlich wahr geworden. Doch dieser Traum entpuppte sich bald als Albtraum.
Jerry entwickelte den Wunsch, mehr zu bewegen. Er wollte in Immobilien investieren – in seinen Augen eine perfekte Geschäftsgelegenheit. «Auf keinen Fall!», war Marys Standardantwort, wann immer er das Thema zur Sprache brachte. Sie hatte Angst, dass eine Investition dieser Art die finanzielle Sicherheit gefährden konnte, die sie sich eben erarbeitet hatten. Was, wenn sein Plan schief gehen würde? Sie fand es unverantwortlich, wegen irgendeiner verrückten Idee alles, was sie hatten, aufs Spiel zu setzen.
Jerry bekam immer stärker das Gefühl, dass Mary ihn kontrollieren und klein halten wolle. Es schien ihm, als glaube sie nicht mehr an seine Fähigkeiten, also begann er, sie ebenfalls abzulehnen und zurückzuweisen. Der Konflikt überschattete ihre Zusammenarbeit und ihre Ehe immer mehr.
Zurück zu Ihnen und Ihrer Partnerschaft: Was macht Ihnen Sorgen? Vielleicht plant Ihr Partner, in ein paar Jahren nach Australien zu gehen, doch für ein Leben Down Under können Sie sich absolut nicht begeistern. Vielleicht will er unbedingt ein Kind,

aber Sie fragen sich, wie es dann mit Ihrer Karriere weitergeht. Oder er würde sich gern für einen zweijährigen Auslandseinsatz bewerben, und Sie befürchten, dass Ihre Liebe das nicht überstehen würde.
Es bringt nichts, dieses Angst-Thema unter den Teppich zu kehren, denn dort treibt es weiter sein Unwesen, indem es Sie unterbewusst beunruhigt. Ihre unterschwellige Angst wird Ihnen weismachen, Ihr Partner sei nicht auf Ihrer Seite, und schließlich sind Ihre inneren Vorbehalte so stark, dass der ungelöste Konflikt sich an anderer Stelle Bahn bricht – womöglich an Kleinigkeiten. Bei Mary und ihrem Mann haben Sie gesehen, dass Ablehnung auch keine Lösung ist, sondern im Gegenteil den Graben weiter vertieft. Was also tun?

Indem Sie neugierig und empfänglich werden, können Sie Angst und Ablehnung überwinden und eine Win-Win-Situation schaffen.

Im PowerConnections®-Seminar erkannte Mary, dass sie nicht das kleinste bisschen neugierig darauf gewesen war, was Jerry eigentlich wollte. Es war wichtig, sich ihrer Ängste bewusst zu sein, gleichzeitig war es wichtig, für seine Wünsche empfänglich zu sein. Sie ging nach Hause, bereit zuzuhören. Am nächsten Morgen bekam sie zufällig mit, wie Jerry mit einem Geschäftspartner telefonierte. Er schilderte ihm, wie ein Investment in Immobilien ihr Unternehmen erweitern und ihre Erfolgschancen steigern würde. Zum ersten Mal hörte Mary unvoreingenommen zu. Sie war fast erschrocken, wie brillant Jerry klang. Er hatte sich offenbar intensiv mit der Materie beschäftigt.
Als er das Gespräch beendete, ging sie zu ihm und sagte: «Jerry, ich möchte, dass du die Investition machst. Es tut mir Leid, dass ich dir nie zugehört habe. Ich hatte Angst, ich dachte, ich schaffe es nicht, dir meine Sorgen und Bedenken nahe zu bringen.»
Die beiden sprachen zwei Stunden lang. Jerry erzählte ihr seinen Plan, und Mary teilte ihm mit, was sie sah. Sie entschieden,

monatlich einen Teil ihres Einkommens für die Investition beiseite zu legen, und entwickelten nebenbei ein Projekt, das ihren Verkauf ankurbeln konnte. Sie steckten sich ein Umsatzziel und beschlossen zu investieren, sobald sie dieses Ziel erreicht hatten.

Mary hatte versucht, ihre Sicherheit zu schützen, indem sie Risiken ablehnte. Nachdem sie sich für Jerrys Idee geöffnet hatte, sah sie, dass ihre finanzielle Sicherheit zunahm, weil nun mehrere Einkommensquellen Geld hineinbrachten. Ihre Empfänglichkeit öffnete die Tür für den größtmöglichen Gewinn: ihr Partner, ihr Business und ihre Ehe blühten auf, und das Vertrauen zwischen ihr und ihrem Partner vertiefte sich. Sie ist nun innerlich viel gelassener, weil sie weiß, dass ihr Partner auf sie hört und ihre Bedenken ernst nimmt, sobald sie offen für seine Ideen ist.

Wir Frauen haben die Gabe, tief zuhören zu können.

Sie können einen Mann coachen, indem Sie rezeptiv sind. Viele Männer sind kreativ, sie haben viele verschiedene Ideen, doch oft stoppen wir sie, bevor sie richtig in Fahrt gekommen sind. Denn wir haben Angst, dass es nicht gut ausgehen könnte.

Wir sind oft nicht so risikofreudig wie Männer. Doch wir können lernen, rezeptiv zu sein: Wenn ein Mann Ihnen erzählt, was er vorhat, können Sie zuerst einmal neugierig sein. Was ist das für eine Idee? Welche Information versucht er Ihnen mitzuteilen? Worum geht es ihm?

Stellen Sie für ein paar Augenblicke Ihre eigene Sichtweise und Ihre eigenen Wünsche und Pläne beiseite. Vertiefen Sie sich ganz in das, was Ihr Partner Ihnen sagt. Schauen Sie, welche Punkte von dem, was er sagt, Sie besonders interessieren. Bitten Sie ihn, Ihnen dazu mehr Informationen zu geben.

Und dann können Sie ihm sagen, was Sie sehen. Sie können ihm erzählen, was Ihre Intuition Ihnen sagt: «Vielleicht könnte es *so* funktionieren», oder: «Ich denke, dass ... ein guter Weg wäre», und er wird Ihnen wirklich zuhören – viel mehr, als wenn Sie ihn sofort unterbrechen und seine Idee in Zweifel ziehen. Probieren Sie es aus! Seien Sie rezeptiv, selbst wenn Sie das, wovon er spricht, für eine verrückte Idee halten. Schon so manche verrückte Idee hat sich im Nachhinein als brillantes Geschäft herausgestellt.

Wollen Sie Recht haben, oder wollen Sie reich sein?

Frauen haben den Radarblick. Wenn wir entspannt und interessiert sind, sehen wir die kleinen, bedeutsamen Details und hören die Zwischentöne. Die Informationen, die Sie auf diese Weise über Personen, Beziehungen, Situationen und geschäftliche Angelegenheiten sammeln, können sehr nützlich für Ihren Partner sein und ihm helfen, noch produktiver und erfolgreicher zu werden.

Bei Männern funktioniert Wahrnehmung anders. Männer haben den Tunnelblick. Er hilft ihnen, sich auf ihr Ziel zu konzentrieren. Ihre Stärke besteht darin, dass sie ihre Aufmerksamkeit bündeln wie einen Laserstrahl. Wenn Männer mit einer Aufgabe oder einem Projekt beschäftigt sind, denken und handeln sie wie Kampfpiloten. Jetzt bloß keine Ablenkung! Es geht um alles oder nichts, um Sieg oder Niederlage, um Leben oder Tod.

Wenn Sie diesen Unterschied zwischen den Geschlechtern akzeptieren, werden Sie diese männliche Qualität nicht mehr als bedrohlich empfinden.

Indem Sie von Kampf und Konfrontation («Ich hab Recht!») auf Ihre weibliche Stärke, Empfänglichsein, umschalten, können sein Mut und Ihre Weisheit nun zusammenwirken und den bestmöglichen Weg finden.

«It takes two to be Top Gun.»

Kennen Sie den Film *Top Gun* mit Tom Cruise? Der Film erzählt von einem Piloten und seinem Kampfjet. Einmal in der Luft, braucht der Pilot seine gesamte Aufmerksamkeit dafür, das Flugzeug zu fliegen. Es ist unmöglich, sicher zu fliegen und dabei

gleichzeitig alle Veränderungen zu erfassen, die das Radarbild zeigt. Deshalb ist er darauf angewiesen, dass sein Radaroffizier ständig die Gefahrenlage checkt und ihm mitteilt, was er sieht. Ein Pilot braucht klare Informationen, um zu wissen, inwieweit er seinen Kurs ändern muss.
Früher, als Flugzeuge noch keinen Radar an Bord hatten, gab es keine Möglichkeit, Gefahren so weit im Voraus zu erkennen. Heute, mit Radarunterstützung, haben Piloten größtmögliche Sicherheit.
Genau wie in einem Kampfjet der Pilot und sein Radaroffizier zusammenarbeiten, ergänzen sich männliche und weibliche Intelligenz. Frauen nehmen eine Fülle von Informationen wahr: Unsere Einfühlsamkeit lässt uns erkennen, was Menschen wollen und wie man am besten mit ihnen umgeht. Wir sehen messerscharf, was alles schief gehen könnte. Und wir spüren intuitiv, welche Gefahren von Dritten ausgehen, zum Beispiel, ob es jemand ehrlich meint oder nicht.

Wenn Sie beide Ihre Stärken einbringen und vertrauensvoll kooperieren, können Sie zusammen jedes Ziel erreichen!

Männern fliegen diese Informationen nicht in dem Maße zu wie uns. Deshalb profitieren sie sehr davon, wenn wir sie wissen lassen, was wir sehen. Das verbreitert ihre Entscheidungsgrundlage und gibt ihnen mehr Sicherheit und Selbstvertrauen. Mit einem guten Radar an Bord können Männer viel erfolgreicher sein!
Die Kehrseite der Medaille ist, dass wir Frauen durch unsere große Sensibilität leicht ablenkbar sind – hier können wir von der männlichen Stärke profitieren, ab einem gewissen Punkt alle Bedenken zu ignorieren und einfach zu handeln. Männer sind zielorientiert. Sie haben es von Natur aus drauf, alles andere auszublenden und sich so lange auf eine Sache zu konzentrieren, bis sie ihr Ziel erreicht haben: Den Marathon-Lauf zu schaffen, das Bad zu renovieren, mehr Geld zu verdienen …

Wir brauchen also beides, weibliche Sensibilität und männlichen Kampfgeist. Einmal angenommen, Männer würden jeden Einwand beherzigen und alles tun, was ihre Frauen ihnen sagen – es würde nicht funktionieren. Jedenfalls nicht langfristig. Männer, die für ihren Wagemut und ihre Entschlossenheit zu oft einen auf den Deckel bekommen, werden entweder quengelresistent und ziehen sich zurück, oder sie geben nach und werden saft- und kraftlos. Mit anderen Worten, sie verlieren nicht nur ihren Ehrgeiz, sondern werden auch ziemlich unattraktiv.
Tun Sie das Ihrem Mann nicht an. Lassen Sie ihn die Dinge auf seine Weise tun! Wenn er das nächste Mal sagt: «Liebling, ich hab's, ich werde es so und so machen», dann sagen Sie: «Super! Du machst das schon!» Und bitte, ohne Ironie. Es muss von Herzen kommen!

Überlassen Sie das Fliegen ihm.

Wenn Sie versuchen, einem Mann etwas vorzuschreiben, wird er in Widerstand gehen. Hier sind die Killersätze, bei denen jeder Mann sofort zumacht:
«Das kann nicht funktionieren.»
«Ich hab dir doch schon oft gesagt, …»
«Siehst du denn nicht, dass … »
«Ich denke, du solltest es so und so machen.»
«Versprich mir, dass … »
Wenn Sie versuchen, ihn zu einer Entscheidung zu drängen, die Sie für richtig halten, wird er sich wehren. Instinktiv.
Besser, Sie lassen ihn in Ruhe seine eigene Entscheidung treffen, selbst wenn er gelegentlich eine schlechte Wahl trifft. Er wird schon aus den Konsequenzen lernen.
Und sagen Sie ihm dann bloß nicht: «Ich hab's dir ja gesagt!» Seien Sie gütig: «Das kann jedem mal passieren. Beim nächsten Mal wirst du's super hinkriegen!»

Wenn Sie glücklich sein wollen, dann entspannen Sie sich. Je gelassener Sie sind, desto besser funktionieren Ihre Beobachtung und Ihre Intuition. Lehnen Sie sich zurück, machen Sie sich locker und schauen Sie mit gütigen, aufmerksamen Augen. Wenn Sie etwas sehen, das für Ihren Partner wichtig sein könnte, geben Sie ihm die Information auf eine Weise, die er annehmen kann: Sprechen Sie mit ihm in der Männersprache! Fassen Sie sich kurz und seien Sie präzise. Sagen Sie: «Ich habe da etwas gesehen, das könnte für dich interessant sein. Willst du's hören?»

Jürgen hatte sich selbständig gemacht und arbeitete von zu Hause aus. Weil er es in seinem früheren Job gewohnt gewesen war, ins Büro zu fahren, fand er es schwierig, nun den richtigen Arbeitsrhythmus zu finden. Die Lösung, dachte er, sei ein Büro, das außerhalb der Wohnung lag.

Eines Tages kam er freudestrahlend nach Hause und berichtete, er habe genau das Büro gefunden, nach dem er gesucht hatte: in einem alten Wasserturm, der in ein Bürogebäude umgewandelt worden war. Er sagte, dort hätte er die Ruhe, die er brauchte, und außerdem einen schönen Blick über die Stadt. Er bat Barbara, mitzukommen und sich das Büro anzuschauen.

Barbara mochte das Büro, bemerkte aber auch, dass es sehr klein war im Vergleich zu dem, was Jürgen gewohnt war. Sie fragte ihn, wie er das Büro einrichten wollte: Wo sollte sein Schreibtisch stehen? Wo sollte die Besucherecke sein? Als Jürgen begann, sein Büro zu planen, bemerkte er selbst, dass dieser Raum zu klein war. Daraufhin erzählte er Barbara von einem anderen Büro. Beim Besichtigungstermin kam Barbara der Raum recht dunkel vor, und als sie aus dem kleinen Fenster sah, ging ihr Blick über eine Industrielandschaft. Sie holte Jürgen ans Fenster und erinnerte ihn daran, wie wichtig ein schöner Ausblick für ihn war. Jürgen war erleichtert, dass Barbara auf seine Wünsche achtete.

Als sie nach Hause fuhren, sagte Jürgen, dass er eigentlich nur we-

nig Zeit im Büro verbringe. Die meiste Zeit war er ohnehin unterwegs bei Kunden, und er sah eigentlich gar keinen Grund, warum er mit seinem Büro umziehen sollte.
Später hörte Barbara, wie Jürgen einem Freund am Telefon erzählte, dass er entschieden hatte, das Büro nicht zu mieten. Dabei führte er die Gründe an, auf die sie ihn aufmerksam gemacht hatte. In den nächsten Wochen assistierte sie ihm, sein Home-Office so einzurichten, dass er sich dort produktiv fühlte und ungestört arbeiten konnte.

Wenn Ihr Partner spürt, dass Sie empfänglich sind, öffnet sich sein Herz.

Es ist wichtig, die Situation nicht kontrollieren zu wollen. Trennen Sie sich also am besten ein für alle Mal von der «Ich-weiß-es-besser»-Haltung. Drängen Sie ihm nichts auf. Sie werden ja auch nicht sauer, wenn er keine Sahne zum Kuchen will, oder? Sagen Sie ihm einfach, was Sie sehen. Werden Sie nicht ärgerlich, wenn er anfangs nicht zuhört. Wenn Sie ihn bestrafen, brechen Sie sein Vertrauen. Haben Sie Geduld. Denken Sie daran: Je mehr Ihr Partner bisher Grund hatte zuzumachen, desto länger wird er möglicherweise brauchen, um Ihnen wieder zu vertrauen.
Irgendwann merkt er, dass Sie keine Hintergedanken haben, und dann wird er langsam lernen, auf Sie zu hören. Einfach nur Informationen mitzuteilen ist nicht leicht, aber es zahlt sich aus. Je mehr Ihnen aufgeht, wie brillant Ihr Mann ist, desto empfänglicher werden Sie für all das Gute, das er Ihnen zu geben hat.
Die Brillanz von Männern liegt darin, dass sie Chancen sehen, sie schnell entschlossen ergreifen und dann alles daransetzen, damit es ein Erfolg wird. Männer haben eine immense physische Leistungsfähigkeit, die es ihnen erleichtert, anstrengende Aufgaben zu bewältigen. Frauen sind weise. Wir haben die Gabe, Männer auf wichtige Details aufmerksam zu machen, sodass sie klügere Entscheidungen treffen können. Wir können Männern Mut und Lust auf Erfolg machen, indem wir an sie glauben.

6. Coaching-Skill: Empfänglich sein

Hier ist Ihr Trainingsprogramm
für die nächsten 4 Wochen:

Wollen Sie, dass Ihr Mann mehr Erfolg hat, mehr Geld verdient und großzügiger wird? Dann werden Sie sein Radar. Tun Sie einfach das, was Sie sicherlich sowieso gern machen: Entspannen Sie sich!

Entspannen Sie sich. Hören Sie aufmerksam zu.
Coachen Sie Ihren Partner mit weiblicher Weisheit.

- Hören Sie ihm interessiert zu. Lassen Sie ihn seine Gedanken entwickeln, ohne ihn dabei zu unterbrechen.
- Seien Sie empfänglich für das, was er Ihnen mitteilen will. Lesen Sie zwischen den Zeilen und achten Sie auch auf die subtilen Hinweise.
- Versetzen Sie sich in ihn hinein: Aus welchem Blickwinkel schaut er? Was treibt ihn an? Was will er?
- Manchmal will man unbedingt etwas sagen. Zählen Sie bis fünf, bevor Sie den Mund aufmachen. Vielleicht hat sich Ihr Beitrag bis dahin schon erübrigt. Entspannen Sie sich und seien Sie rezeptiv. Je empfänglicher Sie sind, desto mehr wird Ihr Partner sich öffnen und Ihnen seine tiefsten Gedanken mitteilen.
- Wenn er Sie um Ihre Meinung bittet, legen Sie sich nicht gleich fest. Damit vermeiden Sie spätere Irritationen – bedenken Sie das Hin und Her, falls Sie neue Aspekte entdecken und Ihre Auffassung ändern. Sagen Sie also lieber so etwas wie: «Hm, interessant! Lass mich mal darüber nachdenken!», oder: «Lass mich später darauf zurückkommen.»
- Sammeln Sie Informationen aus allen Quellen, sodass eine weise Entscheidung gefällt werden kann.
- Sagen Sie ihm nicht, was er Ihrer Meinung nach tun soll. Wer weiß schon, was gut für jemanden ist? Was, wenn Sie ihn in «die richtige Entscheidung» hineinreden und dann stellt sich

heraus, dass Sie auf dem Holzweg waren? Am besten, Sie haben überhaupt keine Meinung – bleiben Sie weiter neugierig und achten Sie auf seine Lichter. Coachen Sie ihn mit *Neugier*, seine eigene Wahrheit herauszufinden – Sie wissen ja, wie das geht.

- Früher oder später wird er an einem Punkt ankommen, wo er sich alles von der Seele geredet hat: Geben Sie ihm als Erstes Anerkennung! Für die spannende Idee: «Ich bewundere, wie du die Dinge siehst!», für sein Engagement, für das inspirierende Gespräch, dafür, dass er Sie an seinen Gedanken teilhaben lässt …
- Jetzt können Sie ihm Hinweise geben. Seien Sie interessiert und spielerisch: «Ich glaube, ich sehe da einen Punkt, wo man aufpassen muss.» Und dann werden Sie konkret. Oder lassen Sie ihn selbst draufkommen: «Hast du schon mal darüber nachgedacht, was wäre, wenn …»
- Lösen Sie sich von allen Gedanken darüber, was er mit Ihren Hinweisen anfangen soll. Hintergedanken sind nur hinderlich. Geben Sie Ihrem Mann Informationen, ohne eine bestimmte Absicht zu verfolgen. Wenn kein Druck dabei ist, wird er anfangen, Ihnen zuzuhören, und lernen, Situationen immer öfter auch mit Ihren Augen zu sehen.
- Lassen Sie ihn seine eigenen Entscheidungen treffen.

Spiele, die Männer spielen

Es gibt viele unproduktive Beziehungsspiele. Uns sind vierzehn Spiele aufgefallen, vielleicht kennen Sie noch mehr. Und natürlich ist es wirklich nicht so, dass nur Frauen diese Spiele spielen. Auch Männer können sich hilflos geben, manipulieren, ichbezogen sein oder schrecklich nett tun. Ganz besonders oft spielen Männer allerdings die drei Spiele, die unmittelbar mit ihrem männlichen Dominanzstreben verknüpft sind: Einschüchtern, Verführen und Kontrolle.

Einschüchtern

Sie kennen das sicher: Männer schauen einen manchmal mit einem derart bedrohlichen Blick an, dass einem angst und bange werden kann. Und gelegentlich ist ihr Ton so grob, dass einem nichts anderes übrig zu bleiben scheint, als klein beizugeben – oder dem Raubein die Leviten zu lesen.

Männer wollen sehen, wie weit sie gehen können.

Männer haben einen eingebauten Killerinstinkt. Den brauchten sie über Jahrmillionen hinweg, um ihre Leute zu verteidigen und

zu versorgen. Wenn das Großwild, das ihnen die Lebensgrundlage sicherte, weiterzog, mussten neue Jagdgründe erobert werden. Die treibende Kraft dabei waren die Männer. Es war ihr Job, vorwärts zu streben, den eigenen Spielraum zu erweitern und Grenzen zu überschreiten – auch Menschen gegenüber. Denn innerhalb der Gruppe musste der Führungsanspruch immer wieder aufs Neue verteidigt werden. Ein Mittel, dies unter Schonung der eigenen Kräfte zu bewerkstelligen, war das Einschüchterungsspiel.
Zur Selbstdurchsetzung sind Bedrohungssignale sehr dienlich: Man jagt dem Gegenüber Furcht ein und fesselt damit seine Aufmerksamkeit. Dadurch ist er so abgelenkt, dass er seine Ziele nicht mehr verfolgen kann. Diese Strategie wenden Männer auch heute noch instinktiv an, um ihre Machtposition zu sichern: Ihr einschüchterndes Verhalten ist ein Versuch, andere klein und ungefährlich zu halten oder sie gefügig zu machen – im Business und oft auch im persönlichen Umfeld.

**Einschüchtern ist kein Verbrechen,
sondern einfach eine unproduktive Gewohnheit.**

Dieses Spiel ist, wie alle Spiele, unschuldig. Es ist einfach Teil des natürlichen Dominanzstrebens von Männern – und als unbewusste Gewohnheit ebenso verbreitet wie chronisches Unzufriedensein unter uns Frauen. So wie ein Mann nur verlieren kann, wenn er sich bemüht, eine chronisch unzufriedene Frau zufrieden zu stellen, kann eine Frau nur verlieren, wenn sie sich in das Einschüchterungsspiel eines Mannes verwickeln lässt. Für uns Frauen ist es von allergrößter Bedeutung zu verstehen, dass männliche Einschüchterungsversuche nicht gegen uns gerichtet, sondern ebenso wie unsere weiblichen Beziehungsspiele eine unproduktive Gewohnheit sind, die man tunlichst nicht persönlich nehmen sollte.

Einschüchterungsversuche sind eine Einladung, Stärke und Selbstsicherheit zu zeigen.

Beim Kennenlernen ist es Teil des männlichen Rituals, ihr Gegenüber einzuschüchtern. Sinn und Zweck dieses unbewusst ablaufenden Verhaltens ist es herauszufinden, wie stark, belastbar und vertrauenswürdig der andere ist. Ob er das Zeug dazu hat, ins Team aufgenommen zu werden. Vor allem im Business, speziell dort, wo Männer das Sagen haben, wird erwartet, dass Sie cool sind und Ihre Gefühle im Griff haben. Wenn Sie das unter Beweis stellen, erhöhen Sie Ihre Chancen, beruflich aufzusteigen. In Sachen Beziehung und Partnerschaft gilt das gleiche Prinzip: Männer wollen gewinnen. Ein nervenschwaches oder unsicheres Wesen an ihrer Seite zu haben ist für sie dabei eher von Nachteil – und folglich nicht wirklich attraktiv. Attraktiv ist eine Frau, die es gelassen nimmt, wenn Männer das Einschüchterungsspiel mit ihr spielen. Männer wünschen sich eine selbstsichere Frau.

Was nicht funktioniert: Kuschen oder kämpfen.

Wenn Sie sich von einem Mann einschüchtern lassen, haben Sie schon verloren. Denn sobald Sie sich seinen Angriff zu Herzen nehmen, spürt er Ihre Unsicherheit – Männer haben dafür einen untrüglichen Instinkt. In Zukunft wird er unterbewusst davon ausgehen, dass Sie ihm unterlegen sind, und Sie weniger respektieren, als wenn Sie standhaft geblieben wären.

Eine weit verbreitete Gegenstrategie von Frauen ist es, ärgerlich zu werden und verbal zurückzuschlagen. Wenn Sie so reagieren, können Sie ebenfalls nur verlieren. Denn in diesem Moment wird aus seinem spielerischen und im Grunde unschuldigen «Na, wollen wir doch mal sehen, wie stark sie ist!» ein echter Kampf. Und je vorwurfsvoller und verbissener Sie ihn angreifen, desto schlechtere Karten haben Sie.

Entweder er gewinnt die Auseinandersetzung, und dann fühlen Sie sich schlecht. Oder Sie triumphieren, doch dann wird er sich als Verlierer fühlen – und das Risiko ist groß, dass er Ihnen anschließend das Leben schwer macht, um die Demütigung zu kompensieren und sich wenigstens ein bisschen Genugtuung zu verschaffen. Wie schon gesagt, das alles läuft völlig unbewusst ab!

Was funktioniert: Schalten Sie auf Durchzug, wenn ein Mann versucht, Sie einzuschüchtern.

Natürlicherweise macht einschüchterndes Verhalten Angst. Der Blutdruck steigt, das Herz beginnt zu rasen, die Muskeln ziehen sich im Schock zusammen. Man spürt den Impuls zurückzuschlagen – oder zu fliehen. Sie können lernen, diese körperliche Reaktion abzumildern, indem Sie den Angriff weich annehmen und gedanklich herunterspielen: «Ach, nur eine kleine Kraftprobe», denken Sie sich, innerlich schmunzelnd, und dann vergessen Sie es sofort wieder und gehen zur Tagesordnung über.

- Falls ein Mann anfängt, in einer Weise zu reden, bei der Sie sich unbehaglich fühlen: Lassen Sie ihn kleine Verluste erleben, indem Sie ihm für einen Moment Ihre Aufmerksamkeit entziehen.
- Schauen Sie ihn nicht kritisierend oder strafend an. Er wird sich sonst von Ihnen angegriffen fühlen und aggressiver werden. Oder er wird Schuldgefühle entwickeln und sich von Ihnen fern halten.
- Nehmen Sie es nicht persönlich. Bleiben Sie locker und handeln Sie professionell.

Unterscheiden Sie zwischen unbewusstem, unschuldigem Einschüchtern und absichtlichen Gemeinheiten.

Bisher haben wir von harmlosen Fällen gesprochen, solchen, in denen einem Mann sozusagen die Pferde durchgehen. Da fahren Sie am besten, wenn Sie den kleinen Ausrutscher einfach ignorieren.

Anders liegen die Dinge, wenn ein Mann ganz bewusst aggressiv wird, um Sie zu verletzen, oder Ihnen Angst einjagt, um seinen

Willen durchzusetzen. Solche Situationen erfordern klare Gegenmaßnahmen, da müssen Sie gesunde Grenzen setzen und mit konsequentem Handeln zeigen, dass Sie dieses Verhalten nicht tolerieren.

Carmen war übers Wochenende bei einer Netzwerk-Konferenz gewesen. Als ihr Mann Thomas sie am Flughafen abholte, überschüttete er sie mit Vorwürfen. Statt es persönlich zu nehmen, hörte sie ihm ungerührt zu und sagte dann: «Es ist Zeit, damit aufzuhören.» Er beruhigte sich, und sie sprachen später darüber.

Carmen kannte dieses Muster bei ihrem Mann. Sie wusste, dass darunter die Furcht lag, sie womöglich zu verlieren. Dass dies derartige «Ausfälle» nicht rechtfertigte, war ihr ebenfalls klar. Doch sie kannte seine Stärken und wusste, dass sein Ausflippen nicht gleich das Ende der Welt bedeutete. Weil sie ihn liebte und als Partner sehr schätzte, achtete sie darauf, dass sie die Verbindung stark hielt, um ihm Sicherheit zu geben, sodass sein Vertrauen wachsen konnte.

Wenn er versuchte, sie einzuschüchtern, machte sie ihn nicht schlecht, weil sie wusste, dass sie dabei nur beide verlieren würden. Indem sie fest und gütig blieb: «Ich bin hier, und ich liebe dich», konnte er seine erwachsene Perspektive wiederfinden.

Reden Sie nicht, handeln Sie. Wenn Sie einem Mann mit Festigkeit und Güte begegnen, wird er sich beruhigen und Sie respektieren.

Männer machen mit ihrem gewohnten Verhalten solange weiter, wie sie damit durchkommen. (Frauen machen es übrigens genauso.) Deshalb müssen Sie von vornherein eine klare Linie ziehen:

Machen Sie sich Ihre eigenen Werte klar. Was wollen Sie in dieser Beziehung, in dieser Begegnung? Wo sind Ihre Grenzen?

Durchdenken Sie die natürlichen Konsequenzen. Wenn wir uns angegriffen fühlen, will ein Teil von uns spontan kämpfen und dem anderen seine Fehler aufzeigen. Gleichzeitig wissen wir, wie zerstörerisch der Drang ist, Recht haben zu wollen. Aus eigenem Interesse ist es daher klug, die Konsequenzen strategisch zu durchdenken. Wollen Sie, dass Ihre nächste Woche von einem inneren Aufruhr bestimmt wird? Oder wollen Sie das Ganze mit Eleganz meistern? Sie wissen ja, indem Sie aufs Rechthabenwollen verzichten, öffnen Sie die Tür zum Glücklichsein. Probieren Sie's einfach mal aus:

Kritisieren Sie nicht – teilen Sie Ihre Wünsche positiv mit. Wenn ein Mann Ihre Grenzen überschreitet, sagen Sie freundlich und fest: «... (setzen Sie hier den Namen des Mannes ein), so läuft das mit mir nicht. In der Zukunft will ich, dass du es so machst: ...» Beschreiben Sie hier das gewünschte Verhalten in positiven, klaren Worten. Indem Sie mitteilen, was Sie von dieser Begegnung wollen, bieten Sie dem Mann ein interessantes Spiel an, das sich zu gewinnen lohnt: «Ich möchte nicht streiten, ich möchte die Zeit mit dir genießen und Spaß haben!» oder: «Ich freue mich, wenn du kommst – solange ich weiß, dass wir einander respektvoll behandeln, was auch immer passiert.»

Installieren Sie ein berechenbares System.

Falls er nach dieser klaren Ansage die Grenze erneut überschreitet, lassen Sie ihn kleine Verluste spüren. Wird Ihr Partner zum Beispiel aus heiterem Himmel gemein und hört trotz Ihres freundlichen «Schluss jetzt» nicht damit auf, gehen Sie kommentarlos für einen Tag zu einer Freundin oder ins Hotel (und lassen Sie die Rechnung an ihn senden). Am nächsten Tag kommen Sie wieder, mit offenem Herzen und ohne nachtragend zu sein.

Haben Sie immer einen Plan B. Dann kann ein solcher Vorfall Sie nicht aus dem Lot bringen, denn Sie wissen sofort, was zu tun ist. Indem Sie nicht diskutieren oder dramatisieren, sondern professionell und konsequent handeln, signalisieren Sie: «Dein Verhalten ist nicht tolerierbar, aber auch nicht gleich das Ende unserer Beziehung. Ich werde dich dafür nicht schlecht machen, aber du kannst sicher sein, schlecht behandeln lasse ich mich nicht. Ich sorge gut für mich selbst, und ich würde es schätzen, wenn du das auch tust.» All das brauchen Sie ihm gar nicht zu sagen. Es ist viel wirksamer, wenn Sie mit freundlichem Selbstvertrauen und innerer Gelassenheit handeln.

Handeln Sie bei Bedarf sofort. Nur wenn Sie kompromisslos konsequent sind, wird er lernen, Ihre Grenzen zu respektieren und sein Verhalten daran anzupassen.

Coachen Sie ihn mit Ihrem Glauben. Begegnen Sie Ihrem Partner mit einer Haltung, die wie selbstverständlich voraussetzt, dass er auf erwachsene Weise handeln wird: «Ich weiß, du würdest mich lieber zu Hause behalten. Aber diese Konferenz ist wichtig für mich, deshalb werde ich fahren.»

Manche Statements, die uns einen Schreck einjagen, sind oft nichts weiter als ein unbewusster Test, mit dem ein Mann instinktiv abklopft: Wie wichtig bin ich ihr? Wie sehr vertraut sie mir? Wie steht sie zu mir? und: Ist sie bereit, mir meine Freiheit zu lassen?

Männer «testen» Frauen. Bleiben Sie locker!
Und zeigen Sie Profil.

«Ich komme nicht mit zum Familienfest, ich will lieber segeln gehen.» (Übersetzt: Ist sie bereit, meine Bedürfnisse zu respektieren, vertraut sie mir?)

«Du hast ja zu tun, dann gehe ich mal in die Kneipe.» (Übersetzt: Sie hat mich nicht um Hilfe gebeten, also tut sie es offenbar gern. Gut, da kann ich mich entspannen.)

«Mein Chef will mich eventuell für drei Jahre nach Südamerika schicken. Klingt nach einer spannenden Herausforderung.» (Übersetzt: Glaubt sie, dass unsere Beziehung eine Zukunft hat? Würde sie mit mir auch ans Ende der Welt gehen?)

Denken Sie daran: Sobald irgendetwas, was Ihr Partner sagt oder tut, Ihnen Angst macht, haben Sie es mit einer Testsituation zu tun. Bleiben Sie auf seiner Seite. Denken Sie nur das Beste von ihm. Natürlich würden Sie mit ihm bis ans Ende der Welt gehen – solange es in Ihren Terminkalender passt. Reagieren Sie heiter und gelassen, machen Sie klar, was Sie wollen («Es ist mir wichtig, dass du mitkommst. Könntest du ein anderes Mal segeln gehen?»), und seien Sie bereit, jede Antwort zu akzeptieren – schon haben Sie den Test bestanden.

Verführen

Wenn ein Mann sich ehrlich um Sie bemüht, ist das keine Verführung, sondern ein aufrichtiges Interesse daran, mit Ihnen zusammen zu sein. Zeigt ein Mann allerdings ständig und überall ein «Ich bin so unwiderstehlich»-Verhalten, haben Sie es mit einem männlichen Energie-Vampir zu tun, der nicht nur Ihre Aufmerksamkeit aufsaugen will, sondern die aller Frauen.

Lassen Sie sich von den Schmeicheleien eines Verführers nicht einwickeln.

Sie wissen ja, das Verführungsspiel ist sehr destruktiv, es kann Ihre Karriere, Ihre Beziehungen, Ihr Selbstvertrauen und Ihr Selbstwertgefühl ruinieren. Denn sobald ein Verführer seine Beute erobert hat, richtet sich sein Interesse schon auf das nächste potenzielle Opfer. Um dem Risiko zu entgehen, mit gebrochenem Herzen (und womöglich weit Schlimmerem, zum Beispiel dem Verlust des Arbeitsplatzes) zurückzubleiben, empfehlen sich folgende Vorsichtsmaßnahmen:

Kommen Sie zu einer realistischen Selbsteinschätzung. Wie anfällig sind Sie für die Avancen eines Womanizers? Frauen mit starkem Selbstwertgefühl und Selbstvertrauen sind nicht anfällig für billige Schmeicheleien, sie fühlen sich davon eher abgestoßen. Unsichere Frauen fallen leicht auf die spezielle Art von Aufmerksamkeit herein, mit der ein Verführer ihnen das Gefühl gibt, etwas Besonderes zu sein. Wenn

Sie wissen, dass Sie leicht schwach werden, machen Sie sich klar, wie viel Zeit und Energie Sie mit einem Verführer verschwenden würden. Lenken Sie Ihre Aufmerksamkeit lieber auf andere Schauplätze und stürzen Sie sich in interessante Aktivitäten, dann taucht Mr. Right von ganz allein auf.

Nehmen Sie sich die Freiheit, nach Ihren eigenen Regeln zu spielen. Manchmal gibt es diese spontane Chemie, ohne dass Liebe im Spiel ist. Pourquoi pas – warum nicht? Lassen Sie sich verführen! Genießen Sie das Spiel, solange und sooft Sie wollen – vorausgesetzt, Sie beherrschen die Kunst, sich dabei nicht zu verlieben. Falls nicht, lassen Sie besser die Finger davon.

Denken Sie an die langfristige Botschaft. In der Liebe gibt es keine Regeln. Ob Sie schon am ersten Abend mit ihm im Bett landen oder ein halbes Jahr warten, ist ganz allein Ihre Sache. Das Wichtigste ist: Folgen Sie Ihrer Intuition. Gehen Sie nie mit einem Mann, den Sie lieben, ins Bett, weil er Sie bedrängt. Sonst lernt er, dass er mit Druck bei Ihnen durchkommt. Eines Tages werden Sie ihm das vorwerfen, und dann geht es bergab. Wenn Sie eine dauerhafte Partnerschaft wollen, kann es klug sein, es langsam anzugehen und zuerst eine persönliche Verbindung aufzubauen. Die Art und Weise, wie Sie zu Beginn handeln, setzt den Ton für Ihre Beziehung.

Sie entwaffnen einen Verführer, indem Sie ganz gelassen eine Grenze ziehen.

Manchmal flirten Männer herum, weil sie wissen wollen, wie weit sie gehen können. Sie suchen geradezu nach klaren Grenzen. Eine Freundin erzählte uns, dass ihr Partner ihr vorwarf, zu anpassungsfähig und flexibel zu sein, weil sie tolerierte, dass er sich auch mit anderen Frauen traf: «Du bist zu großzügig mit mir! Wenn ich dir sage: ‹Melanie, ich werde herumschlafen›, dann will ich, dass du sauer wirst und sagst: ‹Vergiss es, ich bin fertig mit dir!› und zur Tür rausgehst!» Da verstand sie: Wenn sie

nicht eine klare Linie zog, wusste ihr Partner nicht, wie sie zu ihm stand.
Sie sehen, Männer testen uns überall. Sie wollen sehen, wie weit sie bei uns gehen können. Auch im Beruf. Es ist an uns, die Spielregeln klar zu machen und für deren Einhaltung zu sorgen.
Zeigt Ihr Chef, Kollege oder Geschäftspartner ein penetrantes Macho-Gehabe? Schließen Sie von dieser Eigenschaft nicht auf die Person an sich. Sie wissen ja, Männer wollen erobern – betrachten Sie sein Verhalten einfach als eine schlechte Gewohnheit, als unbedeutende Nebensache. Konzentrieren Sie sich auf die reine Geschäftsbeziehung. Indem Sie professionell handeln, erwerben Sie sich seinen Respekt.
Wenn ein Mann den Anschein erweckt, Sie herumkriegen zu wollen, geht es ihm oftmals nicht nur um den schnellen Spaß. Er will auch herausfinden, wie weit er mit Ihnen gehen kann. Er will testen: Ist sie verführbar?
Wenn eine Frau leicht zu haben ist, halten Männer sie für nicht vertrauenswürdig. Andererseits kann es einen Mann auch heftig kränken, abgewiesen zu werden. Deshalb ist es gerade im beruflichen Umfeld wichtig, mit Männern, die auf dem Verführungskanal funken, den richtigen Ton zu finden.

- Nehmen Sie die Komplimente freundlich an. Ein leichtes Lächeln, ein selbstbewusstes «Danke», und dann gehen Sie, oder sprechen weiter im Text. Lassen Sie sich nicht aus dem Konzept bringen. Es ist einfach ein kleiner Test, um zu schauen, ob Sie standhaft sind.
- Seien Sie insgeheim ruhig sauer, wenn ein Mann Sie plump anmacht, aber bewahren Sie ihm gegenüber Haltung und handeln Sie professionell – so wie oben beschrieben. Sie wissen ja, sobald Sie ihn schlecht machen, wird eine Konfrontation daraus. Er wird seine Aufmerksamkeit bald woanders hinlenken, wenn Sie ihm keine besondere Beachtung schenken.
- Wenn ein Mann einen klaren Hinweis braucht, dann können

Sie so etwas sagen wie: «Vielen Dank. Das ehrt mich. Ich arbeite gern mit Ihnen zusammen, und ich möchte, dass es geschäftlich bleibt.» Das macht die Rahmenbedingungen klar.

- Lassen Sie es nicht zu, dass eine isolierte Situation entsteht. Beziehen Sie die Leute in Ihrer Umgebung immer mit ein.

Kontrollieren

Männer fühlen sich nur dann wohl, wenn sie das Gefühl haben: Alles ist okay, ich habe alles im Griff. Dann können sie entspannen.

Gehören Sie erst einmal zu seinem Team, wird Ihr Partner daran interessiert sein, dass auch Sie alles im Griff haben – und ist das mal nicht der Fall, wird ihn das nicht kalt lassen. Manche Männer schießen an dieser Stelle ein wenig übers Ziel hinaus, indem sie herumkritisieren oder die Kontrolle an sich reißen.

Jeder Mann will, dass seine Partnerin berechenbar ist.

Jetzt liegt es an Ihnen, wie es weitergeht. Wollen Sie sich von ihm bevormunden lassen? Oder wollen Sie ihn dafür fertig machen, dass er es wagt, sich in Ihre Angelegenheiten einzumischen? Schauen Sie auf Ihren Glückskompass auf S. 132, und Sie wissen, wie das ausgehen wird.

Sabine war für einen Monat zu Besuch bei ihrem Freund Andreas, um dort in Ruhe an ihrer Diplomarbeit zu schreiben, während ihre Kinder zu Hause von ihrer Mutter betreut wurden. Bereits in den ersten Tagen beschwerte sich ihr Freund unablässig über Kleinigkeiten, die Sabine seiner Ansicht nach nicht richtig machte. Die Atmosphäre wurde immer gereizter. Sabine rief Ulrike, ihren PowerConnections®-Coach an, weil sie nicht mehr weiterwusste. Die empfahl ihr, dem Druck nachzugeben und ihrem Freund Gelegenheit zu geben, seine Regeln klar zu machen. Daraufhin bat Sabine Thomas um ein Gespräch: «Ich möchte die nächsten Wochen nicht mit Diskussionen verbringen. Bitte sag mir, was ist für dich wirklich wichtig? Gib mir klare Anweisungen, ich möchte gern mein Bestes tun, damit wir uns beide wohl fühlen.» Von diesem Moment an gab es keine Reibereien mehr; beide konnten sich entspannen und hatten wieder Freude aneinander. Oft nimmt bereits das Zuhören den Druck aus einer Situation heraus.

Durch Ihr Handeln setzen Sie gesunde Grenzen.

Gehören Sie erst einmal zu seinem Team, wird ein Mann versuchen, Sie zu kontrollieren. Stoßen Sie sich nicht daran. Das ist eine Art, Ihnen seine Liebe zu zeigen! Akzeptieren Sie diesen Eigenschaft und lenken Sie sie in Bahnen, die Ihnen dienlich sind: Wenn er Unverständnis äußert, dass Sie mit der Badrenovierung immer noch nicht zu Potte gekommen sind, übergeben Sie ihm die Projektverantwortung. Wenn er kritisiert, dass Sie seit Jahren im selben Job festhängen, machen Sie ihn zu Ihrem Karriereberater, der für Sie eine Bewerbungsstrategie entwickelt und Ihre Bewerbungsunterlagen zusammenstellt. Wenn er meint, Sie würden zu wenig Sport machen, überlassen Sie ihm die Oberhoheit über den Wochenendeinkauf und gehen Sie ins Fitness-Studio. (Und denken Sie immer ans Anerkennen!)

Jeder Mann liebt es, zuständig zu sein. Überlassen Sie ihm Bereiche in Ihrem Leben, die ihm das Gefühl geben, Kontrolle über Ihr Leben zu haben.

Tun Sie, was Sie tun wollen, und nehmen Sie männliches Kontrollverhalten nicht persönlich. Sehen Sie es professionell: Ihr edler Ritter hat aus irgendeinem Grunde Druck. Warum, wissen Sie nicht, und das müssen Sie auch gar nicht herausfinden. Richten Sie Ihre Aufmerksamkeit nicht auf das Problem, sondern bewegen Sie sich in Richtung Lösung: Geben Sie nach – so verwandeln Sie den Druck in eine Kraft, die Sie beide wieder zueinander bringt.

▪ 7. Coaching-Skill: *Nachgeben*

Wenn Sie nachgeben, läuft es darauf hinaus, dass Sie führen.

Haben Sie bisher gedacht, Nachgeben würde bedeuten, die eigenen Wünsche und Ziele aufzugeben? Oder sich dem Willen des Partners mehr oder minder zu unterwerfen? Diese Auffassung ist weit verbreitet, vermutlich deshalb, weil kaum jemand weiß, was für ein machtvolles Mittel Nachgeben in Wirklichkeit ist.
Es ist wichtig, dass Sie bekommen, was Sie wollen. Wenn Sie allerdings von vornherein annehmen, enttäuscht zu werden und leer auszugehen, dann schaffen Sie im Kopf bereits den Kriegsfall – und ergreifen spontan die entsprechenden Mittel: Kampf oder Flucht.
In diesem Fall bedeutet Flucht, sich zurückzunehmen und es zu vermeiden, die eigenen Wünsche überhaupt auszudrücken. Kampf bedeutet, Druck auszuüben, indem man Forderungen stellt, sich beschwert oder herumnörgelt. In Beziehungen ist beides, Kämpfen und Fliehen, äußerst unproduktiv, denn es führt zu Gegnerschaft und Entfremdung.

Schalten Sie um von Kampf auf Kooperation, indem Sie nachgeben. Das schafft Vertrauen und ermöglicht, dass Sie beide Ihre Ziele erreichen. Gemeinsam.

Sagen Sie bei einer Meinungsverschiedenheit auch manchmal Dinge wie: «Du spinnst ja!» oder: «Kannst du das nicht mal anders machen?» Oder sagen Sie nichts, reagieren aber mit einem genervten Gesichtsausdruck, der Bände spricht? Sie wissen ja, auf diese Weise kicken Sie sich aus seinem Team und werden zum Feind. Wenn Sie wollen, dass seine Kraft sich nicht gegen Sie richtet, sondern Sie unterstützt, dann müssen Sie bereit sein, als guter Teampartner zu handeln und nachzugeben.
Vielleicht denken Sie jetzt: «Ich bin schon bereit nachzugeben,

aber nur dann, wenn er den ersten Schritt macht!» Gut, dass Sie so ehrlich sind! Wir alle kennen den Widerwillen, als Erster nachzugeben. Doch Sie werden gleich sehen, dass Sie (und auch Ihr Partner und Ihre Beziehung) viel mehr davon haben, wenn *Sie* damit anfangen!

Bitten Sie eine Freundin, mit Ihnen das folgende Experiment zu machen: Bestimmen Sie, wer A und wer B ist, und dann stellen Sie sich Rücken an Rücken. Versuchen Sie nun beide gleichzeitig, die andere Person durch den Raum zu dirigieren, indem Sie viel Druck ausüben. Wer gewinnt?

Niemand. Zwei Leute, die gegeneinander kämpfen, verbrauchen zwar eine Menge Kraft, kommen aber nirgendwohin.

Nun verändern Sie das Spiel: Zunächst drücken Sie beide so stark gegeneinander wie vorhin. Dann beginnt B langsam, nachzugeben und sich von A schieben zu lassen. Dabei sorgt B dafür, dass beide Rücken zusammenbleiben. Bewegen Sie sich auf diese Weise drei Minuten lang durch den Raum. Wer hat geführt?

B hat geführt. Denn sie musste den Kurs bestimmen, sonst wäre sie über Möbel gestolpert oder gegen die Wand gelaufen. A hat die Kraft gegeben und B die Richtung. Um das zu erreichen, gab es für B nur einen Weg: Indem sie nachgegeben hat.

Nachgeben heißt, dem Druck in einer Situation nachzugeben – und in Verbindung zu bleiben.

Wechseln Sie die Rollen, sodass nun B Druck ausübt und A nachgibt. Bewegen Sie sich auf diese Weise wieder für drei Minuten durch den Raum. Jetzt kennen Sie beide Perspektiven.

Machen Sie sich bewusst: In der Rolle der Nachgebenden haben Sie lediglich dem Druck in der Situation nachgegeben, nicht der Person. Die Richtung haben Sie bestimmt. Dabei haben Sie die Schubkraft genutzt, die von Ihrer Partnerin kam. Das war möglich, weil Sie mit ihr in Verbindung geblieben sind.

Indem Sie in einer angespannten Situation nachgeben, erreichen Sie Ihr Ziel auf eine dynamische Weise!

Durch Ihr Nachgeben haben Sie ermöglicht, dass Sie diesen Moment gemeinsam auf produktive Weise meistern konnten. Das ist Teamwork!

Lesen Sie, wie Uta wieder Zugang zu ihrem Freund Gunnar fand, indem sie den Druck aus der Beziehung herausnahm: Nach einem Streit herrschte zwischen den beiden dicke Luft. Sie hatte ihn (nicht zum ersten Mal) heftig kritisiert, sie zu vernachlässigen. Seitdem behandelte er sie beinahe wie Luft. Das verstärkte ihre Angst, ihn zu verlieren. In dieser Situation kam sie zum PowerConnections®-Training. Dort erkannte sie, dass sie sich selbst vernachlässigt hatte, lange, bevor ihr Freund damit anfing. Und sie sah, wie sie ihn mit ihrem Nörgeln erst dazu gebracht hatte, gleichgültig zu werden.

Als Uta an diesem Abend nach Hause kam, fühlte sie sich ihrem Freund sehr nah und hatte große Lust, ihm von ihren Erlebnissen zu erzählen – und nach all den Tagen der Funkstille auch endlich einmal wieder mit ihm zu schlafen. Doch Gunnar war bereits müde und wollte nur noch eins: Ins Bett gehen. Und zwar allein.

Uta war frustriert. Was sollte sie nun machen? Spontan folgte sie Gunnar zum Badezimmer. Im Flur schnappte sie sich ihn, umarmte ihn und versuchte ihn zu küssen. Erfolglos. Denn er entzog sich ihr, ging ins Bad und schloss die Tür hinter sich. In diesem Moment bemerkte Uta, dass sie versuchte, den Widerstand ihres Freundes mit Druck zu brechen. Weil sie just an diesem Tag gelernt hatte, dass Druck bei Männern nicht funktioniert, beschloss sie, auf *Nachgeben* umzuschalten. Sie machte sich innerlich weich und nachgiebig. Dann klopfte sie an die Tür und bat Gunnar, noch einmal herauszukommen, sie wolle ihm etwas Wichtiges sagen.

Verärgert öffnete er die Tür. Uta schaute ihn an und sagte mit Wärme und Leidenschaft: «Ich würde total gern mit dir schlafen heute Abend!» Sie lächelte ihren verdutzten Freund an, drehte sich um und ging in ihr Zimmer.

Wenn Sie in strategischen Momenten überraschenderweise nachgeben und empfänglich sind, gewinnen Sie die Macht, Resultate hervorzubringen, wo andere scheitern.

Zehn Minuten später kam er zu ihr, «um nochmal gute Nacht zu sagen» – und blieb bis zum nächsten Morgen. Am darauf folgenden Abend kam Gunnar pünktlich von der Arbeit und lud Uta zum Essen ein. Die beiden unterhielten sich den ganzen Abend und waren einander so nah wie seit Monaten nicht mehr.

Statt den Machtkampf weiter zu treiben, hat Uta die siebte Coaching-Fertigkeit eingesetzt: *Nachgeben.*

- Sie hörte auf zu kämpfen und entspannte sich (sie gab dem spürbaren Druck nach),
- sie schenkte ihrem Partner ein Lächeln (damit zeigte sie ihre Verbundenheit und signalisierte ihm: Alles okay!),
- sie teilte ihrem Partner ihren Wunsch mit, ohne ihn dabei unterschwellig zu kritisieren (ihr positiver Ton energetisierte ihn)
- und sie ging in ihr Zimmer (sie gab ihm den Freiraum, den er wollte, blieb für ihn empfänglich und überließ alles Weitere ihm).

Sie sehen, *Nachgeben* geht immer Hand in Hand mit den anderen Coaching-Werkzeugen wie Beobachten, Akzeptieren, Ermutigen und Empfänglichsein. Überall dort, wo Druck herrscht, insbesondere bei Auseinandersetzungen und Konflikten, öffnet *Nachgeben* die Tür zu einer guten Weiterentwicklung.

Es ist unser Job, als Erste nachzugeben und Vertrauen aufzubauen.

«Kooperation funktioniert durch Geben und Nehmen. Normalerweise muss die Frau zuerst (nach)geben. Es liegt an uns, die ersten

Schritte zu machen und Vertrauen aufzubauen. Denn meistens wissen Männer nicht, wie das geht. Es ist nicht Teil ihrer Natur, in einer Konfrontation nachzugeben. Sie sind dazu geschaffen zu kämpfen. Doch Männer können lernen nachzugeben, wenn sie sehen, dass es Vorteile bringt, und wenn Vertrauen da ist.» Basierend auf ihren persönlichen Beobachtungen und Erfahrungen, entwickelte Gigi Tomasek 1988 diese Hypothese und baute ihre Methode darauf auf.

1999 wurde bekannt, dass es Frauen tatsächlich leichter fällt, sich in Stresssituationen zu entspannen. In einer Aufsehen erregenden Studie an der Universität von Kalifornien, Los Angeles, entdeckten die Verhaltensforscherinnen Dr. Laura Klein und Dr. Shelley Taylor: Wenn eine Frau unter Druck steht, werden in ihrem Körper nicht nur die bekannten Stresshormone, sondern auch das weibliche Bindungshormon Oxytocin ausgeschüttet. Das entspannt – und macht Lust, Verbindung mit anderen aufnehmen, ein kleines Schwätzchen zu halten oder sich um andere zu kümmern.

Männer erleben diese beruhigende Hormon-Antwort nicht.

Stattdessen erhöht sich ihr T-Faktor rasant. Zusammen mit den Stresshormonen entsteht so in Sekundenschnelle ein Power-Cocktail, der aus jedem Mann einen angespannten Krieger macht. Das Resultat dieser unterschiedlichen physiologischen Reaktionen:

Bei Stress ziehen Männer sich zurück und kämpfen, während Frauen Kontakt aufnehmen und reden wollen.

Verstehen Sie jetzt, warum es nichts, aber auch gar nichts bringt, wenn Sie Ihren Partner drängen, doch mal ein bisschen Verständnis zu haben? Solange Sie unbedingt wollen, dass er Sie versteht, bauen Sie Erwartungsdruck auf. Und wenn ein Mann Druck spürt, schaltet er automatisch um auf Kampfmodus – Sie wissen schon, die Stresshormone. Wenn Sie ihn dann auch noch dafür kritisieren, dass er unwirsch und ungeduldig ist, kicken Sie sich selbst raus aus seinem Team. Wieder hineinzukommen kann dauern …

Mittlerweile kennen Sie effektivere Mittel, Ihre Ziele zu erreichen: Zum Beispiel Empfänglichsein. Zuerst hören Sie zu, dann reden Sie. Oder Anerkennen: Sie zollen nur den Punkten Beachtung, die gut funktionieren. Außerdem kennen Sie ja nun die Sprache, mit der Sie jeden Mann erreichen: die Männersprache. Und Sie wissen, wie Sie allein durch Ihren Ton eine völlig andere Atmosphäre schaffen können. Kurzum, Sie haben mittlerweile viele gute Werkzeuge und eine Menge Know-how, mit denen Sie Ihre Ziele viel leichter erreichen und gleichzeitig die Verbindung mit Ihrem Partner stärken!

Und wenn sich dann hier und da doch mal Druck aufbaut, in Ihnen, in Ihrem Partner, zwischen Ihnen oder bedingt durch irgendwelche Umstände – geben Sie nach! Ihnen fällt das leichter als Ihrem Partner, also lockern Sie Ihren inneren Widerstand, indem Sie sich weich machen und entspannen. Sie werden sehen, Ihre Gelassenheit wird sich auf ihn übertragen.

Sie wissen ja, unbedingt siegen zu wollen ist die Leidenschaft jedes Mannes. Sehen Sie dies nicht als eine Schwäche, sondern als eine Stärke an! Machen Sie sich immer wieder klar: Männer wollen jagen, weil es ihnen Spaß macht und weil sie uns mit den Früchten ihrer Anstrengung erfreuen können. Sie laufen zur Höchstform auf, wenn sie ein interessantes Ziel haben – und eine Partnerin, die zu ihnen hält.

Stellen Sie sich einem Mann daher nicht in den Weg, wenn er drauflospowert. Halten Sie sich aus seiner Schusslinie heraus und reagieren Sie nicht auf den Druck, der von ihm kommt. Denken Sie daran, es ist nicht persönlich. Machen Sie sich locker und geben Sie dem Druck, den Sie spüren, nach. Wenn Sie nicht dagegenhalten, wird er wissen, dass Sie in seinem Team sind.

Seien Sie bereit, im richtigen Moment auf Druck mit Sanftheit zu antworten, und Sie gewinnen die Loyalität Ihres Partners.

Bleiben Sie gelassen, egal, was passiert. Kultivieren Sie die Kunst, sich in jedem Moment zu entspannen, bei allem, was Sie tun. Je entspannter Sie sind, desto glücklicher wird Ihre Beziehung!

7. Coaching-Skill: Nachgeben

Hier ist Ihr Trainingsprogramm für die nächsten 4 Wochen:

- Beobachten Sie, was geschieht, wenn Sie Druck ausüben.
- Beobachten Sie, was geschieht, wenn Sie nachgeben.
- Wenn Sie in einer Situation mit Ihrem Partner Druck oder inneren Widerstand spüren, machen Sie sich weich und locker. Finden Sie einen Weg, die Situation zu genießen – meist geht das am besten, wenn man die Gelegenheit nutzt, um zu relaxen.
- Hören Sie zu, lassen Sie ihn ausreden, mischen Sie sich nicht ein – Sie kennen das ja schon.
- Sprechen Sie erst dann, wenn er sich alles von der Seele geredet hat und wenn Sie selbst klar und ruhig sind.

Nachgeben bedeutet nicht, dass Sie mit der Position Ihres Partners einverstanden sind. Sie sollten sich niemals auf etwas einlassen, das Ihnen nicht behagt – sonst werden Sie unzufrieden und verärgern ihn später umso mehr. Seien Sie immer Sie selbst und leben Sie nach Ihren eigenen Regeln. Bleiben Sie Ihren Werten und Wünschen treu!
Wenn Ihr Mann auch mal nachgibt, schön. Doch erwarten Sie es nicht von ihm. Das würde ihm seinen männlichen Drive nehmen – das ist die Power, die Sie an ihm so attraktiv finden und die ihn antreibt, bei dem, was er tut, erfolgreich zu sein.

Erfinden Sie Ihre Partnerschaft immer wieder neu

Beziehungen laufen in Phasen. Neigt sich eine Phase dem Ende zu, nehmen Sie es, wie es ist – nun geht Ihre Beziehung in eine neue Phase! Beziehungen bleiben lebendig, wenn man es zulässt, dass Wünsche und Bedürfnisse sich ändern. Es kommen neue Ideen hinzu, alte Ideen gehen. Seien Sie immer wieder neugierig auf Ihren Partner – bleiben Sie mit ihm Gespräch! Nehmen Sie sich Zeit für gemeinsame Spaziergänge, laden Sie ihn mal ins Café ein, machen Sie hin und wieder einen Kurzurlaub: Wechselnde Schauplätze sind sehr belebend.

Wenn es mal ein bisschen langweilig oder schwierig wird, rufen Sie sich in Erinnerung, was Sie an ihm haben. Machen Sie eine Liste: Was gibt er mir? Was liebe ich an ihm?

Verhalten Sie sich so, dass Ihr Partner auf Sie bauen kann.

Verhalten Sie sich absolut loyal. Geben Sie Ihrem Partner das Gefühl, dass Sie beide ein starkes Team sind. Sprechen Sie mit anderen gut über Ihren Partner – nichts ist für einen Mann schlimmer als Gesichtsverlust in der Öffentlichkeit. Stellen Sie sich bedingungslos auf seine Seite.

Gelegentliche Rückschläge sind normal. Stehen Sie wieder auf

und bleiben Sie am Ball! Lesen Sie hin und wieder in diesem Buch. Wenden Sie die Skills an. Fragen Sie sich: Will ich Recht haben, oder will ich glücklich sein? Geben Sie Ihrem Partner und sich selbst viel Anerkennung.
Niemand ist perfekt, wir alle machen Fehler. Eine Basis bekommt eine Beziehung erst dann, wenn man mal runtergefallen ist. Dann kann man zusammen wieder hochklettern. Gemeinsame Projekte helfen, oben zu bleiben!

Machen Sie nicht ihn, sondern ein gemeinsames Interesse zum Projekt

Widerstehen Sie der Versuchung, Ihren Partner in den Mittelpunkt Ihres Lebens zu stellen. Wenn Sie Ihre Aufmerksamkeit direkt auf Ihren Mann richten, findet er das im ersten Moment angenehm. Jeder Mensch mag Aufmerksamkeit. Doch dann wird es ihm schnell zu viel, und es macht ihn nervös. Richten Sie deshalb Ihre Aufmerksamkeit nicht direkt auf ihn, sondern auf das, was Sie zusammen tun. So geben Sie ihm die indirekte Aufmerksamkeit, bei der er sich wohl fühlt und aus sich herausgeht.
Männer lieben es, gemeinsam mit anderen etwas zu tun. Wofür könnten Sie sich beide begeistern? Kreieren Sie ein gemeinsames Projekt. Hier sind ein paar Anregungen:

- Erweitern Sie zusammen Ihre Kochkünste und entdecken Sie am heimischen Herd die Gaumenfreuden aus aller Welt. Überlegen Sie zusammen, welche Länder Sie interessieren, und besorgen Sie sich inspirierende Kochbücher und Bildbände. Seien Sie kreativ! Wenn Sie die französische Küche entdecken, könnte daraus ein romantisches Candlelight-Dinner nur für Sie beide werden. Zelebrieren Sie die spanische Küche mit einer bunten Paella, zu der Sie Freunde einladen. Ziehen Sie einen Sari an und bringen Sie mit Räucherstäbchen und Bollywood-Musik einen Touch Indien in Ihr Wohnzimmer, wenn auf dem Herd das Chilichutney köchelt. Dokumentieren Sie Ihre Koch-Events mit der Kamera, und Sie werden später eine Menge zu lachen haben!

- Schreiben Sie zu zweit Gedichte. Denken Sie sich Sketche aus. Inszenieren Sie ein Theaterstück. Entwickeln Sie ein Comedy-Programm. Bringen Sie das gemeinsam Produzierte auf die Bühne, zum Beispiel bei Hochzeiten, Familienfesten, Betriebsfeiern oder Geburtstagspartys. Wer weiß, vielleicht haben Sie so viel Talent, dass sich daraus eine Karriere als Entertainer entwickelt.
- Legen Sie mit Ihrem Partner einen Zen-Garten an.
- Lernen Sie zusammen Tango, oder werden Sie Mitglied in einem Tanzsport-Club.
- Wollten Sie nicht schon immer mal Musik machen? Kaufen Sie sich eine Gesangsanlage und einen Synthesizer, lassen Sie sich die Basics zeigen und gründen Sie eine Band!
- Durchwandern Sie zusammen Ihr Heimatland von Osten nach Westen oder von Nord nach Süd. Wann immer Sie ein paar Tage freihaben, setzen Sie sich in den Zug, fahren dorthin, wo Ihre letzte Etappe geendet hat, und wandern weiter. Wandertage sind eine wunderbare Gelegenheit, sich aus dem Alltag auszuklinken und einander wiederzufinden.

Statt jede Woche aufs Neue darüber nachzudenken, wie Sie mit Ihrem Partner Ihre Freizeit gestalten, haben Sie nun dieses Projekt, durch das Sie in Verbindung bleiben. Hier können Sie beide Ihre Talente einbringen und gemeinsam etwas schaffen, das größer als die Beziehung ist. Also, einigen Sie sich auf eine Sache, die Sie beide spannend finden, und legen Sie los. Ihre innere Haltung, damit es ein Erfolg wird: entspannt, neugierig und aktionsbereit! Legen Sie von Anfang an einen zeitlichen Rahmen (wie oft? wie lange? bis zu welchem Ergebnis?) für Ihr Projekt fest, dadurch wird es verbindlich und überschaubar.

Folgen Sie gemeinsam Ihrer Neugier und seien Sie empfänglich für die Herausforderungen des Lebens, dann bleibt es spannend!

Sie erinnern sich, in der Liebe wollen Frauen einen Seelenpartner, während Männer sich einen Teampartner wünschen. So bekommen Sie beides unter einen Hut:
Solange Sie etwas tun, zum Beispiel: den Salat putzen, die Wände streichen, das Auto packen, einen Songtext schreiben – seien Sie professionell und haben Sie Spaß dabei. Diese Art Kameradschaft mit einer Frau zu erleben ist für Männer das Größte. Wenn Sie dann anschließend bei einem Glas Wein zusammensitzen, fühlt er sich sehr mit Ihnen verbunden. Nun können Sie Ihr Herz mit ihm teilen.

Egal, was passiert, ab sofort ist Ihre Devise: «Ich komme damit zurecht, und es ist meine Aufgabe, es zum Funktionieren zu bringen.» Mit dieser Einstellung wird es Ihnen nicht mehr passieren, dass Ihre Beziehung Sie lenkt, denn jetzt lenken Sie Ihre Beziehung!
Finden Sie zuerst heraus, was Sie wirklich wollen: in Ihrem Leben, in Ihrer Partnerschaft, beruflich. Und dann setzen Sie Ihre Coaching-Fertigkeiten ein, um Ihre Ziele zu erreichen: *Beobachten, Neugier, Akzeptieren, Anerkennen, Ermutigen, Empfänglichsein* und *Nachgeben.* So können Sie Ihr Leben Schritt für Schritt in Balance bringen und mehr Freude an allem haben.
Lernen Sie, authentisch und klar zu kommunizieren, dann nehmen die Konflikte ab und Sie erreichen Ihre Ziele leichter. Sie wissen ja, je mehr Sie erreichen, was Sie wollen, umso tiefer und glücklicher werden Ihre Beziehungen.
Öffnen Sie Ihr Herz: für Ihre Weiblichkeit. Für Ihre Wünsche und Ziele. Und für die Männer – sind sie nicht einfach faszinierend? Genießen Sie die Stärke, Intelligenz und Brillanz von Männern. Lassen Sie sich von ihnen inspirieren und praktisch unterstützen. Erkunden Sie, wie Sie in jeder Hinsicht bessere Resultate erzielen, je entspannter Sie sind. Halten Sie enge Verbindung mit Ihren Freundinnen und Mentorinnen, pflegen und erweitern Sie Ihr persönliches Netzwerk unablässig.
Ihren Partner – und vor allem sich selbst – zu coachen ist eine lebenslange Lernerfahrung. Sie werden dabei Höhen und Tiefen erleben. Nehmen Sie alles, was geschieht, mit Humor. Seien Sie gütig mit sich selbst und bleiben Sie am Ball! Behalten Sie dieses Buch in Ihrer Nähe und lesen Sie sich im ersten Jahr jeden Monat durch, wie die Skills funktionieren. Es braucht Zeit umzulernen.

Gewohnheiten, die man über Jahre und Jahrzehnte gebildet hat, lassen sich nicht mit einem Fingerschnippen umwandeln. Geben Sie sich Anerkennung für Ihre Entschlossenheit! Ihre neuen Gewohnheiten werden Ihnen ermöglichen, Ihr Leben Schritt für Schritt glücklicher und schöner zu gestalten.
Ein guter Coach zu werden ist ähnlich wie Klavierspielen-Lernen: Zuerst machen Sie sich mit den Grundlagen vertraut, dann lernen Sie, kleine Melodien zu spielen, und Sie haben erste Erfolgserlebnisse. Dann heißt es: Üben, üben, üben! Mit der Zeit entdecken Sie die Feinheiten und subtilen Nuancen. Ihr Spiel wird immer flüssiger, und bald brauchen Sie nicht mehr auf die Tasten zu schauen. Bleiben Sie konsequent dran, so werden Sie allmählich zur Meisterin in der Kunst, mit Ihrem – ach was, mit jedem! – Mann so umzugehen, dass er Ihnen nicht widerstehen kann …

Dank und Anerkennung

Nach 17 Jahren des Sammelns, Trainierens, Coachens und Beobachtens ist dieses Buch nun geschrieben. Eine spezielle Anerkennung gebührt Marc Deragon, einem brillanten Lehrer und Coach. Sein Glaube, seine Güte, seine Ermutigung und seine organisatorischen Fähigkeiten haben mir die Kraft und die Unterstützung gegeben, überhaupt anzufangen.
Tiefe Wertschätzung an Martin Sage dafür, dass er vor 19 Jahren in mir «ein Feuer entzündet» und seine Ideen, Beobachtungen und Trainings mit mir geteilt hat. Seine Philosophie ist die Leinwand, auf der ich meine Kunst kreiert habe. Durch unsere Zusammenarbeit wurde meine Arbeit geboren.
Über die Jahre haben mir sehr viele Menschen assistiert und mich unterstützt. Sonja Becker hat mir die Tür nach Deutschland geöffnet. Jahrelang unterstützte, förderte, coachte, füllte und übersetzte sie meine Seminare in Deutschland. Sie ist ein inspirierendes Vorbild für Frauen in der ganzen Welt. Meinen Dank an Sonja, Henrike Dorndecker und Barbara Müller für das Engagement und die Zeit, die sie investiert haben, um mich bei der Geburt von Power Connections® in Deutschland zu unterstützen.
Ich bin dankbar für meine Freundschaft mit Beth Ellenby, die ein großartiger Business Coach und eine brillante Rednerin und Schreiberin ist. Seitdem wir uns begegnet sind, haben ihre Herzenswärme, Kreativität, Kooperation und ihr Enthusiasmus jeden Tag meines Lebens bereichert. Vielen Dank an Michael Ellenby dafür, dass er ein wirklicher Teamplayer ist und gemeinsame Projekte mit mir gewagt hat.
Das Leben schenkt uns Momente der Synchronizität, und so trat Birgit Engel in einem entscheidenden Moment in mein Leben.

Vielen Dank für ihre Entschlossenheit und Ausdauer; sie hat das Buch geschrieben, das ich begonnen habe. Ihre Fähigkeit, «die Seele meiner Arbeit einzufangen» und zu Papier zu bringen, ist inspirierend.

Meine Wertschätzung an Fran Goldsmith für unzählige Stunden des Zuhörens, Entwerfens und der Unterstützung, indem sie mich daran erinnert hat, dass ich es wirklich tun kann. Danke für die Geduld, Beharrlichkeit und den Willen, mit mir den größeren Traum zu sehen.

Ich bin Melody Pritchard dankbar für ihre Liebe, Hingabe und Verpflichtung mir und meiner Familie gegenüber während der letzten 17 Jahre. Ohne Melody wäre nichts von dem möglich gewesen. Sie gab meinen Kindern die zusätzliche Stabilität und Liebe, während ich arbeitete und auf Reisen war, um meine Karriere aufzubauen.

Danke an all die lizenzierten PowerConnections®-Trainerinnen, die meine Mission aufgenommen haben und sie den Frauen dieser Welt zur Verfügung stellen.

Danke an Pattie Finley für ihre Loyalität und Offenheit, dafür, dass sie «auf Abruf» bereitstand und dass sie zu mir gehalten hat, wenn die Arbeit hart war.

Debbie Kearns gab mir Struktur, Klarheit und Glauben. Ihr hervorragendes Coaching hat mich auf dem Weg gehalten. Wenn ich daran gezweifelt habe, dass ich es wirklich schaffen kann, hörte ich ihre Worte:

«MACH, DASS DEIN BUCH FERTIG WIRD.»

Aus tiefstem Herzen danke ich meinen Kindern Tiffany, Brianna, Makena, Mariah und McLaren. Ich bin so stolz und habe große Freude an jedem Einzelnen von ihnen. Sie waren geduldig, gelassen, inspirierend und verständnisvoll, während ihre Mutter erwachsen wurde. Sie sind meine besten Freunde.

Was ich auch gemacht habe, mein Vater und meine Mutter gaben mir immer das Gefühl, dass es großartig sei. Ich habe großes Glück, dass ich ihre Liebe und Unterstützung habe.

Danke an Robert and Cloe Watters für ihre Freundschaft. Roberts strategisches Denken und seine großzügige Bereitschaft, mit mir zu reisen und zu denken, gab mir das Vertrauen weiterzumachen.
Ed und Mary Borsage für ihre Güte. Mary ist ein Engel, der seine Empfindsamkeit, seinen Glauben und seine Weisheit mit mir geteilt hat.
Danke an Roland und Ruth Dieterle für ihr kreatives Design des Logos und Materials von PowerConnection®.
Nicole Szucs für ihre tiefe Großzügigkeit und für ihre Bereitwilligkeit, mit mir zusammen Risiken einzugehen.
Nicole Mackenzie dafür, dass sie da war, als alles angefangen hat auf Maui. Sie und ich entwickelten und hielten mein erstes Seminar über Beziehungen gemeinsam.
Es gibt viele, die zu diesem Buch beigetragen haben. Ich danke jeder einzelnen Person.
Ein spezieller Dank geht an meine Klientinnen dafür, dass sie ihre Geschichten mit mir geteilt und Resultate erzielt haben. Ich sehe den Wert dessen, was ich tue, an ihren Errungenschaften und an ihrem Erfolg.

Gigi Tomasek

Gigi, dein immenses Vertrauen hat dieses Projekt möglich gemacht und gelingen lassen. Was du mir in etwas mehr als einem Jahr erklärt und gezeigt hast, ist atemberaubend. Die losen Enden fügen sich zusammen. Alles ergibt nun Sinn. Ich bin glücklich und dankbar, dein Geschenk an die Welt so intensiv mit dir teilen zu können.
Vielen Dank an meine ehemalige Englischlehrerin Frau Dr. Below: Das starke Fundament, das Sie vor mehr als zwanzig Jahren gelegt haben, hat dieses zweisprachige Buchprojekt hervorragend funktionieren lassen.
Martin, du bist dir selbst immer treu geblieben: stark, eigensinnig

und warmherzig. Das hat mich neugierig gemacht, dich tiefer kennen zu lernen. Deine Liebe hat mein Herz für die Welt der Männer geöffnet.
Dein fester Glaube an meine Fähigkeiten, Papa, deine Anteilnahme und deine großzügige Unterstützung haben mir die Kraft gegeben, dieses Buch fertig zu stellen.
Ich habe nicht genug Worte, um dir, Mama, für deine bedingungslose Unterstützung zu danken. Du bist ein wahrer Segen.
Mira und Sofia, ihr seid ein Super-Team. Euch auf dem Weg ins Leben begleiten zu können, und eure Bereitwilligkeit, mit mir durch dick und dünn zu gehen, ist das größte Geschenk in meinem Leben. Mit Freude sehe ich, wie ihr euch zu den einzigartigen Personen entwickelt, die in euch stecken!
Danke an Gabriele van der Mehr, Barbara Müller und Henrike Dorndecker – ihr habt mich zu PowerConnections® gebracht.
Von ganzem Herzen danke ich dir, Jutta, für deine beständige Ermutigung. Dir widme ich dieses Buch.

Birgit Engel

Gemeinsam möchten wir danken:

Dem gesamten Wunderlich-Team – und ganz besonders unserer Lektorin Katharina Naumann, die von Anfang an an dieses Buch geglaubt und «wie eine Löwin» dafür gekämpft hat, für die vertrauensvolle und inspirierende Zusammenarbeit.
Dem Illustrator Donald Rae für die wunderbaren Zeichnungen.
Unserer Kollegin Ulrike Tuzar für ihre großzügige und warmherzige Unterstützung.
Allen PowerConnections®-Trainerinnen für ihre «Geschichten aus dem Leben».

Gigi Tomasek und Birgit Engel

The Fabulous Factor®

- Wollen Sie, dass Männer auf Sie hören – auch im Beruf?
- Möchten Sie mit Ihrem Partner mehr Nähe, Leichtigkeit, Vergnügen und Verstandenwerden erleben?
- Würden Sie gern Ihre tiefsten Wünsche entdecken?
- Sehnen Sie sich danach, Ihren Lebenstraum zu verwirklichen?
- Wollen Sie beim nächsten Mann alles anders machen?

Besuchen Sie ein The Fabulous Factor®-Seminar. Freuen Sie sich auf einen außergewöhnlichen Tag voller Spaß und Inspiration! Alles über unser Programm: www.thefabulousfactor.com
www.powerconnections.net

Möchten Sie gleichgesinnte Frauen treffen? Dann besuchen Sie eine der regelmäßig stattfindenden **Coachinggruppen**. Hier können Sie trainieren, Ihre Fähigkeiten erfolgreich anzuwenden, beruflich wie privat. Sie erleben Spaß und Entspannung, Coaching und Erfahrungsaustausch! Unabhängig davon können Sie jederzeit **individuelles Coaching** per Telefon erhalten.

Schauen Sie ins Internet: Unter www.thefabulousfactor.com finden Sie alle Trainerinnen und die akuelle Terminübersicht, oder schreiben Sie eine E-Mail an gigi@thefabulousfactor.com.

Gigi Tomasek steht zur Verfügung für:

- Interviews
- Vorträge für Konferenzen, Organisationen und Unternehmen
- Firmentrainings & Coaching-Programme
- Business-Coaching für Führungskräfte, Existenzgründerinnen und Unternehmerinnen

Nähere Informationen: www.thefabulousfactor.com